高等职业教育精品系列教材·连锁经营管理类

特许经营实务

主　编　韩翠兰
副主编　张雪芬　马　静
　　　　王凤国　牟华杰

北京理工大学出版社
BEIJING INSTITUTE OF TECHNOLOGY PRESS

版权专有 侵权必究

图书在版编目（CIP）数据

特许经营实务 / 韩翠兰主编 . —北京：北京理工大学出版社，2021.1（2021.2 重印）

ISBN 978-7-5682-8790-6

Ⅰ.①特⋯　Ⅱ.①韩⋯　Ⅲ.①特许经营-高等学校-教材　Ⅳ.①F713.3

中国版本图书馆 CIP 数据核字（2020）第 134236 号

出版发行 / 北京理工大学出版社有限责任公司	
社　　址 / 北京市海淀区中关村南大街 5 号	
邮　　编 / 100081	
电　　话 /（010）68914775（总编室）	
（010）82562903（教材售后服务热线）	
（010）68948351（其他图书服务热线）	
网　　址 / http：//www.bitpress.com.cn	
经　　销 / 全国各地新华书店	
印　　刷 / 三河市天利华印刷装订有限公司	
开　　本 / 787 毫米×1092 毫米　1/16	
印　　张 / 17	责任编辑 / 王晓莉
字　　数 / 399 千字	文案编辑 / 王晓莉
版　　次 / 2021 年 1 月第 1 版　2021 年 2 月第 2 次印刷	责任校对 / 周瑞红
定　　价 / 49.00 元	责任印制 / 施胜娟

图书出现印装质量问题，请拨打售后服务热线，本社负责调换

前　言

本教材编写以培养学习者职业能力为重点，通过分析职业岗位技能，明确典型工作任务，确定学习领域，在学习任务中融入课程思政，增强了教材的实用性和思想性，有助于学习者自学。本教材具有以下特点：

（1）配套新兴专业，服务产业升级

信息技术的升级，尤其是移动互联网的普及，促进了连锁经营领域的产业变革。本教材在把握特许经营核心内涵的基础上，针对产业升级的需求，归纳了一整套简单、清晰、易于操作的特许经营体系设计和构建的理念、原则、流程、步骤和方法，使内容保持科学性和可操作性。

（2）配套信息化教学，便于学生自学

为了便于教师使用信息化教学手段和学生线上线下自由学习，本教材增加了教学目标、教学课件、项目实训、案例分析及答案、测试题库及答案、教学大纲、教学标准。学生学习部分增加了项目引导案例、微课、项目测试习题及答案、职场指南等模块。学生学习提升部分，增加了扫描二维码，链接拓展视频、动画、案例阅读、特许经营最新资讯、特许经营相关法律等内容，是基于"互联网+"新形态理实一体化的数字教材。

（3）配套课程思政，融入社会主义核心价值观内容

以培养学生的综合职业能力为向导，突出课程思政，融入社会主义核心价值内容，设置了特许经营故事、拓展案例讨论、职场指南等学习模块，将社会主义核心价值观灌输其中，完成课程思政教学。

本教材在编写中吸收了个别专家和其他特许经营教材的观点和方法，山东广播电视台的杨军同志为本教材做了大量矫正、修改工作，在此一并致谢！

本教材为校企合作教材，以产学融合为基础，旨在培养学生的综合职业能力、创新能力、创业能力，具有职业教育的鲜明特色。本教材可满足高等职业院校特许经营教学的需要，也可供成人教育、自学教育、企业培训和社区下岗工人、退伍军人、职业农民培训使用。

目　录

项目一　认识特许经营 ……………………………………………… 001
学习任务一　特许经营的内涵及经营原理 ……………………………… 002
一、特许经营的概念 ………………………………………………… 003
二、特许经营的"3S"原则 ………………………………………… 006
学习任务二　特许经营的类型及本质特征 ……………………………… 010
一、特许经营的类型 ………………………………………………… 011
二、特许经营的本质特征 …………………………………………… 020
三、特许经营与直营连锁、自由连锁的关系 ……………………… 024
学习任务三　特许经营常用的专业术语 ………………………………… 026
一、特许经营体系及其构成 ………………………………………… 027
二、特许经营术语 …………………………………………………… 028

项目二　特许经营体系开发准备 …………………………………… 038
学习任务一　实施特许经营的条件 ……………………………………… 039
一、实施特许经营的条件 …………………………………………… 041
二、《商业特许经营管理条例》中的规定 ………………………… 050
学习任务二　特许经营的可行性分析 …………………………………… 051
一、特许经营可行性分析概述 ……………………………………… 052
二、特许经营可行性报告的内容 …………………………………… 057
学习任务三　特许经营发展战略规划 …………………………………… 068
一、特许经营发展战略规划的基本概念 …………………………… 069
二、特许经营发展战略规划的意义 ………………………………… 070
三、特许经营企业经营战略内容 …………………………………… 070

项目三　特许权组合 ………………………………………………… 078
学习任务一　特许经营权组合的相关要素 ……………………………… 079
一、特许经营权组合及其构成 ……………………………………… 080
二、特许费用的确定与设计 ………………………………………… 082

学习任务二 特许经营合同 ········· 085
一、特许经营合同概述 ········· 086
二、特许经营合同的类型、条款 ········· 088

学习任务三 特许经营的法律法规 ········· 090
一、特许经营法律概况 ········· 092
二、中国特许经营的有关法律法规 ········· 094
三、国外特许经营法律法规概述 ········· 101

项目四 特许总部系统设计 ········· 107

学习任务一 特许总部系统设计概述 ········· 108
一、总部系统的定义与构成 ········· 109
二、总部在特许经营体系中扮演的重要角色 ········· 110
三、总部系统的功能 ········· 112
四、总部系统设计步骤 ········· 113

学习任务二 总部经营系统设计 ········· 114
一、总部经营模式设计概述 ········· 116
二、总部经营模式设计步骤 ········· 117

学习任务三 总部管理系统设计 ········· 127
一、总部运营管理系统设计概述 ········· 127
二、总部运营管理系统客户的设计 ········· 128
三、总部系统输出的设计 ········· 129
四、总部运营管理流程的设计 ········· 130
五、总部组织架构设计 ········· 132
六、总部系统输入的设计 ········· 133
七、总部系统供应者的设计 ········· 134
八、总部经营目标的设计 ········· 135

项目五 特许门店的设计与管理 ········· 141

学习任务一 受许人的选择与管理 ········· 142
一、受许人的选择 ········· 143
二、受许人管理 ········· 144

学习任务二 单店系统设计 ········· 146
一、单店系统的定义和构成 ········· 147
二、单店系统的分类 ········· 148
三、单店系统扮演的重要角色 ········· 148
四、单店系统设计与构建的流程 ········· 151

五、单店识别系统设计 …………………………………………………… 155

　学习任务三　单店经营模式设计 …………………………………………… 156

　　一、单店经营模式设计概述 ………………………………………………… 156

　　二、单店客户定位设计 ……………………………………………………… 158

　　三、单店商品服务组合设计 ………………………………………………… 159

　　四、单店获利模型的设计 …………………………………………………… 160

　　五、总部对单店的战略控制设计 …………………………………………… 160

项目六　特许经营手册 …………………………………………………… 166

　学习任务一　特许经营手册概述 …………………………………………… 167

　　一、特许经营手册的概念 …………………………………………………… 169

　　二、特许经营手册的性质 …………………………………………………… 170

　　三、特许经营手册的基本分类 ……………………………………………… 170

　　四、特许经营手册的设计原则 ……………………………………………… 171

　　五、特许经营手册的有关规定 ……………………………………………… 172

　学习任务二　特许经营总部手册 …………………………………………… 182

　　一、培训手册 ………………………………………………………………… 183

　　二、营销手册 ………………………………………………………………… 184

　　三、广告手册 ………………………………………………………………… 184

　　四、地区支持手册 …………………………………………………………… 184

　　五、质量控制手册 …………………………………………………………… 184

　　六、现场检查手册 …………………………………………………………… 185

　学习任务三　特许经营单店手册 …………………………………………… 187

　　一、门店开店手册 …………………………………………………………… 189

　　二、市场分析和选址 ………………………………………………………… 190

　　三、门店营运手册 …………………………………………………………… 193

项目七　特许经营体系加盟 ……………………………………………… 202

　学习任务一　特许经营体系加盟概述 ……………………………………… 203

　　一、特许经营加盟的概念 …………………………………………………… 205

　　二、加盟的形式 ……………………………………………………………… 205

　　三、加盟活动的一般步骤 …………………………………………………… 206

　学习任务二　特许经营加盟活动准备 ……………………………………… 207

　　一、学习特许经营知识 ……………………………………………………… 208

　　二、受许人自我评估 ………………………………………………………… 209

　　三、目标行业定位 …………………………………………………………… 211

四、选择特许经营体系 ……………………………………………………… 213
　学习任务三　特许经营加盟实施 …………………………………………… 216
　　一、筹措开店资金与选址 …………………………………………………… 218
　　二、店址选择的一般标准 …………………………………………………… 219
　　三、商圈的确定与分析 ……………………………………………………… 223
　　四、签订加盟合同 …………………………………………………………… 224
　　五、接受特许人培训 ………………………………………………………… 227
　　六、加盟店开业 ……………………………………………………………… 228

项目八　特许经营关系的维护 …………………………………………………… 235
　学习任务一　认识特许经营关系 …………………………………………… 236
　　一、什么是特许经营关系 …………………………………………………… 237
　　二、特许经营关系的四个阶段 ……………………………………………… 240
　　三、特许经营体系的内容 …………………………………………………… 242
　学习任务二　特许经营关系的维护 ………………………………………… 247
　　一、引发特许经营关系危机的常见因素 …………………………………… 248
　　二、特许经营关系的维护 …………………………………………………… 249
　　三、特许经营体系的管理 …………………………………………………… 250

参考文献 …………………………………………………………………………… 259

项目一
认识特许经营

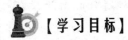【学习目标】

知识目标
- 了解特许经营概念的基本概念和内涵；
- 了解特许经营的本质特征及类型；
- 了解特许经营在中国的发展；
- 领会特许经营常用的专业术语。

技能目标
- 能够运用自己的语言清楚地表达特许经营的概念，并能解释其内涵；
- 能够熟练掌握特许经营的本质特征及类型，分析特许经营这种商业模式的广泛适应性；
- 能够利用特许经营的专业术语，分析特许经营这种商业模式的特殊性及优越性。

素质目标
- 认识特许经营这一经营模式，并对特许经营产生兴趣；
- 认识到特许经营的优越性；
- 通过了解特许经营，初步接受特许经营的契约精神。

【项目导入案例】

肯德基"不从零开始"的特许加盟模式

百胜餐饮集团是全球性的餐饮集团，在全球110多个国家和地区拥有超过35 000家连锁餐厅和100多万名员工。旗下包括肯德基、必胜客、小肥羊、东方既白、塔可钟等餐饮品牌。百胜中国2016年从百胜餐饮集团分拆出来，同年9月2日，百胜餐饮集团宣布与春华资本及蚂蚁金服达成协议，二者共同向百胜中国投资4.60亿美元，百胜中国于2016年11月1日独立在纽约证券交易所上市。百盛中国目前在中国的足迹遍布所有省（市、自治区），在1 100多座城镇经营着7 600余家餐厅。百胜中国在中国市场拥有肯德基、必胜客和塔可钟三个品牌的独家运营和授权经营权，并完全拥有东方既白和小肥羊连锁餐厅。

1987年中国第一家肯德基餐厅在北京前门开业，目前已经在中国开了3 500多家店铺。肯德基以"特许经营"作为一种有效的方式在全世界拓展业务，自2000年起其在中国的特许经营只采取"不从零开始"加盟模式，这种加盟模式是肯德基的"中国特色"。

"不从零开始"的特许经营,就是将一家正在营业的肯德基餐厅,按照百胜的评估价格整体转让给通过了资格评估的加盟申请人,同时授权其在原餐厅位置使用肯德基品牌继续经营。即:加盟商是接手一家已在营业的肯德基餐厅,而不是开设新餐厅,加盟商无须从零开始筹备建店,避免了自行选址、开店、招募及训练新员工的大量繁复的工作,从而降低了加盟商风险,提高了成功机会。肯德基采取"不从零开始"的加盟策略,使得加盟店的成功率接近100%。

【案例启示】

1. 肯德基在全球的迅速扩张,得益于采取"特许经营"这种有效的商业模式,在全世界拓展业务。

2. 肯德基在中国采取的"不从零开始"的加盟模式,是肯德基在中国市场开展特许经营的一个最佳方式。

3. 肯德基"不从零开始"的加盟模式降低了受许人的加盟风险。受许人无须自建店铺,避免了招聘、培训员工、广告宣传、业务推广等大量繁复的工作,大大降低了加盟风险。

4. 对于特许人来说,加盟费用高,特许人能快速回笼资金。

(资料来源:饶君华. 特许经营原理与实务[M]. 北京:高等教育出版社,2015.)

肯德基在中国的熟店转让加盟模式

学习任务一　特许经营的内涵及经营原理

●●●【案例导入】

创建于1927年美国得克萨斯的"7—11"公司,起初名为南方公司,是全球最大的便利店,同时,它也是全美最大的汽油独立零售商。在1999年4月28日的股东大会上更名为美国"7—11"公司。

"7—11"的名称源于1946年,借以标榜该商店营业时间为上午7时至晚上11时,后由日本零售业经营者伊藤洋华堂于1974年引入日本,从1975年开始变更为为顾客提供每周7天,每天24小时的服务。发展至今,店铺遍布中国、美国、日本、新加坡、马来西亚、菲律宾、泰国等国家和地区。截至2016年年底,"7—11"在全球17个国家和地区拥有61 554家门店,是全球最大的连锁便利店集团,也是全球店铺最多的特许经营企业。

【案例分析】

1. "7—11"便利店之所以成为全球最大的便利店,得益于他的特许经营制度。"7—11"连锁体系采取三种方式进行规模扩张:一是总部直营;二是区域许可;三是直接特许经营。

2. 特许总部培训受许人及其员工。"7—11"公司为了使受许人适应最初的经营,在新的特许分店开业之前,对受许人实行课堂训练和商店训练,使其掌握POS系统的使用方法、接待顾客的技巧、商店的经营技术等。另外,总部还应店主的要求,为提高员工的业务经营能力,围绕商店营运和商品管理、接待顾客等内容,集中进行短期的基础训练。

3. 特许总部给予加盟店多项指导。总部对加盟店进行开业前的市场调查工作,并从经营技巧培训、人才的招募与选拔、设备采购、配货等方面对分支店给予支持。总部还指导分支店的日常经营、财会事务等工作。总部还负责向分店提供各种现代化的信息设备及材料。

(资料来源:联商网,http://www.linkshop.com.cn/web/archives/2017/377426.shtml?sf = wd_search)

揭秘便利店之王7—11的发展及开店秘诀

特许经营

一、特许经营的概念

特许经营作为一种全新的经营模式,在国外已经有很长的发展历史,在我国也有十几年的发展时间。随着我国经济的迅速发展,国内的许多企业开始认识到特许经营的魅力,纷纷把它作为企业发展的一种重要方式。无论从国家外部竞争环境,还是企业发展的自身需要看,特许经营必将在中国有广阔的发展前景。

特许经营最早起源于美国,1851 年 Singer 缝纫机公司为了推广其缝纫机业务,开始授予其他人缝纫机的经销权,在美国各地设置加盟店,撰写了第一份标准的特许经营合同书,在业界被公认为是现代意义上的商业特许经营起源。特许经营(Franchise)也称为经营模式特许(Business Format Franchise)或特许连锁(Franchise Chain),在我国台湾地区又被称为加盟经营。

(一) 特许经营的内涵

特许经营的定义有很多种,在国际上广泛通用的是国际特许经营协会(International Franchise Federation)的定义,该定义如下:特许经营是特许人和受许人之间的契约关系,对受许人的经营领域,经营诀窍和培训,特许人有义务提供或保持持续的兴趣;受许人经营是在由特许人所有和控制下的一个共同标记、经营模式和过程之下进行的,并且受许人从自己的资源中对其业务进行投资。

中国特许经营协会对特许经营定义如下:特许人将自己拥有的商标、商号、产品、专利和专有技术、经营模式等以特许经营合同的形式授予受许人使用,受许人按合同规定,在特许人统一的业务模式下从事经营活动,并向特许人支付相应的费用。

欧洲特许经营联合会(European Franchise Federation)也对特许经营下了定义:特许经营是一种营销产品、服务或技术体系,是在法律和财务上分别独立的当事人(特许人)和他的单个受许人之间紧密、持续的合作,单个受许人依据特许人授予的权利和附加义务,并根据特许人的约定进行经营。

中国商务部对特许经营的定义是:通过签订合同,特许人将有权授予他人使用的商标、商号、经营模式等经营资源,授予被特许人使用,被特许人按照合同约定在统一经营体系下从事经营活动,并向特许人支付特许经营费。

从以上四个对特许经营的定义可以看出,对特许经营的理解不外乎是表 1 – 1 中所列的几种定义。

表 1–1　特许经营的几种定义

商业机会	特许经营可以被定义为一种商业机会，某种服务或者某种经过商标注册的产品的所有者（生产商和分销商）将指定区域的分销和销售其服务或产品的专有权授予某人，该人要向所有者支付一定的报酬或专利使用费，并保证达到服务或产品的质量标准
商业运作模式或方法	受许人被授予在特许人指定的市场营销的模式下从事提供、销售、分配商品或服务项目的权利
特许经营机会	三个主要部分组成：①商标或标志。②根据营销计划来经营某一商品或服务。③费用或专利使用费构成特许经营的核心
授权关系	某种产品、服务或商业模式的特许人赋予其经销商（受许人）销售权，这些权利通常包含进入某一特定地理区域的专有权
长期合作关系	特许人为受许人提供商业运作的合法特权、管理和技术支持及培训，并收取一定报酬

特许经营（Franchise）是国际公认的 21 世纪最成功的商业模式。它的本质是以知识产权的许可使用为核心的产权交易，是一种成功的商业模式、经济发展模式乃至社会发展模式。特许经营管理硕士（MFM）和注册特许经营经理人（CFE）认证课程更是成为国际上热门的商业管理课程。

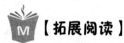
【拓展阅读】

特许连锁加盟领域发展新趋势

趋势一：四线城市成为投资热点

"2017 年度行业发展状况调查"统计显示，2017 年中国特许连锁 100 强企业在开店区域的选择上，四线城市开始备受关注。具体而言，各个连锁企业在选择加盟商时，更多倾向于四线城市的"草根"投资者。

一是一二线城市中，各个品牌布局较早，市场已经十分成熟，竞争也十分激烈，作为盟主而言赚钱很难，所以他们倾向于转战四线城市；二是三四线城市，特别是四线城市，刚刚发展，发展空间大，也更容易盈利，能大幅缩短回报期；三是现在已经明确将重点放在四线城市的行业有超市、干洗、饰品专卖、快餐、汽车后市场等，这些都是民生结合度较高的行业，颇适合"草根"投资者介入。

趋势二："互联网+"成为大趋势

调查显示，"互联网+"在特许加盟各行业均有运用，97%的百强企业已开始发展 O2O 业务。有 60%的企业选择自建网络平台开展网上业务，有近 25%的企业选择自建平台与入驻第三方平台相结合的方式开展网上业务。同时，有 40%的企业支持支付宝或微信支付。

趋势三：服务业成为加盟领域新宠儿

在消费增长放缓、电商冲击加大的背景下，零售行业参展品牌有所减少，而汽车后市场、教育培训、大众餐饮、休闲饮品、家政、健康等服务行业参展品牌增多，折射出中国消费结构调整由实物消费向服务消费转型的大趋势。

趋势四：美容美体服务业需求稳中有升

受到外部经济环境疲软的影响，作为连锁加盟领域最主要的领域——零售业遭遇了近年来的最低增速，增速只有个位数。而服务业因为具备损耗小、物业要求低、增长空间大和附加值高的特点，成为投资者的新宠。其中，美容美体服务业备受欢迎。

趋势五：追逐海外特许品牌成为新潮流，韩式项目最受欢迎

进入2017年，海外特许品牌越来越受国内投资者的关注。在第十七届连锁加盟展上，共有韩国、泰国、马来西亚、美国等国家，几十个加盟品牌，这些品牌大多数都是首次进入中国市场。而这些品牌几乎都聚集了大量的人气，像韩国某餐饮特许企业，三天的展会收集到了400多名意向投资者的资料，大大超出了该企业的预估。

（资料来源：BFE北京连锁加盟展览会网，https：//mp.weixin.qq.com/s?__biz=MzA4MDUwOTIwNg%3D%3D&idx=1&mid=2649331048&sn=dccd75d5427ef97b4e18faf3cce9b110，2018.05）

（二）特许经营的性质

特许经营是许可证贸易的一种变体，特许权转让方将整个经营系统或服务特许经营系统转让给独立的经营者，后者则支付一定金额的特许费（Franchise Fee）。特许经营是一种销售商品和服务的方法，而非一个行业。由于特许企业的存在形式具有连锁经营统一形象、统一管理等基本特征，因此也称为"特许连锁"。

特许经营作为一种商业经营模式，在其经营过程和方法中有以下四个特性。

（1）契约性。在当今商业世界，几乎每一项商业交易都离不开契约，特许经营也不例外，但特许经营的特殊性决定了特许经营合同不同于一般的商业合同。特许人和受许人同属一个特许经营体系，但是又是相互独立的经济实体，这种特殊的关系，就要求要有详细的合同作为保障。因此，特许经营合同在很大程度上决定特许经营事业的成败。

（2）复制性。可复制性是一个非常复杂的特性，也是特许经营成功的关键。首先要求必须有成功并可复制特许经营单店的母体，特许经营单店可复制性有一个基本要求，就是要符合"3S"原则（简单化、标准化、专业化）。

（3）持续性。特许人授予受许人特许权并非意味着一项商业交易的结束，而是刚刚起步。特许经营合同一般是中长期合同，少则三五年，长则十年二十年，如麦当劳特许经营合同长达二十年。根据特许经营合同约定，特许人对受许人进行监督与培训，并对受许人的经营活动进行长期指导，特许经营合约到期时，受许人有优先续约权。

（4）合作性。任何一项商业活动都可以说是交易双方的合作，但特许人和受许人比起一般的商业合作更加紧密。因为他们是共生体，特许人的成功是建立在受许人成功基础上的，受许人的成功很大程度上依赖特许人的支持。所以，特许经营的成功需要特许人和受许人亲密无间的合作。

林伟贤整合资源

【案例】

唯美度荣获 2019 年最受关注品牌大奖

2019 年 5 月 11 日，中国连锁经营协会主办的"第 52 届中国特许加盟展"在北京隆重开幕。中国特许加盟大会是中国特许加盟行业的饕餮盛宴，被誉为特许加盟行业的"晴雨表"，是每年业内人士翘首以盼的重要会议。

作为数次蝉联中国特许连锁百强的企业，唯美度集团偕旗下各品牌再次受邀亮相展会，并在众多品牌中脱颖而出，实力斩获 2019 年"最受关注品牌"大奖。同时获此殊荣的，还有福奈特、21 世纪不动产、如家、北大青鸟、嘉和一品等知名连锁企业。

唯美度，十八年来一直坚持做的事情就是对产品的研发和创新，企业要在同行业中保持竞争力并能够占有市场份额，就必须不断地开发出新产品，并快速推向市场，满足多变的市场需求，唯美度的研发占收入比从来没低于 8%，而且每年递增，这也是唯美度成功的原因之一。

唯美度全新升级后的 VN 智能光电美肤馆凭借其国际爆品的超级流量以及市场空白的独特项目，引来众多投资人排队咨询及体验，更有香港艺人陶大宇亲临现场助阵，受到狂热追捧。VN 智能光电美肤馆开创的"流量＋智能"模式，解决了门店缺流量、缺人才、缺管理的三大痛点，开创了美容业消费升级下的新潮流。

（资料来源：央广网，http：//www.cnr.cn/rdzx/cxxhl/zxxx/20190514/t20190514_524612219.shtml）

二、特许经营的"3S"原则

特许经营的"3S"原则的"3S"是简单化（Simplification）、标准化（Standardization）、专业化（Specialization）三个英文单词的第一个字母，如图 1-1 所示。

图 1-1 特许经营的"3S"原则

（1）简单化（Simplification）。简单化是指作业流程简单化，作业岗位活动简单化。简单化可以节约管理成本，提高工作效益，以最少的时间和体力支出获得最大的效益。连锁经营扩张是全盘复制，不能因为门店数量的增加而出现紊乱。连锁系统整体庞大而复杂，必须将财务、货源供求、物流、信息管理等各个子系统简明化，去掉不必要的环节和内容,以提高效率,使"人人会做、人人能做"。特许经营总部必须制定出简明扼要的操作手册,受许人按手册操作。特许人对作业流程和岗位工作中的每一细节做深入的研究,并通过手册归纳出来,将作业流程尽可能地"化繁为简",减少经验因素对经营的影响。麦当劳的操作手册中甚至详细规定了营业员应当怎样拿杯子、开机、取出灌装饮品的所有程序,使所有的员工都能依照手册规定操作,即使新手也可以依照操作手册的工作程序,迅速完成操作技能。

(2)标准化(Standardization)。标准化是指特许人对整个运营模式、业务流程、操作环节以及外在形象等方面进行提炼总结后,制定的适应各个地区加盟店的一套统一模式。标准化的目的是便于特许经营模式的复制、特许经营体系的管理和控制,是保持整个特许经营体系的一致性的体现。特许经营的标准化表现在两个方面:一是作业标准化。总部、分店及配送中心对商品的订货、采购、配送、销售等各司其职,并且制定规范化规章制度,整个程序严格按照总公司所拟定的流程来完成。二是企业整体形象标准化。店铺的开发、店铺的设计、设备购置、商品的陈列、广告设计、技术管理等都集中在总部,总部提供连锁店选址、开店前的培训、经营监督指导和交流等服务,以此保证连锁店整体形象的一致性。麦当劳在全世界的餐厅都有一个金黄色"M"形的双拱门,都以红色和黄色为主。根据统计,最适合人们从口袋里掏出钱来的高度是92厘米,因此,麦当劳柜台设计以92厘米为标准。店铺内的布局也基本一致:壁柜全部离地,装有屋顶空调系统;厨房用具全部是标准化的,如用来装袋用的"V"型薯条铲,可以加快薯条的装袋速度;用来煎肉的贝壳式双面煎炉,可以将煎肉时间减少一半;所有薯条采用"芝加哥式"炸法,即预先炸3分钟,临时再炸2分钟,从而令薯条更香更脆;同麦当劳与汉堡包一起卖出的可口可乐,据测在4 ℃时味道最甜美,于是全世界麦当劳的可口可乐温度统一规定保持在4 ℃;面包厚度在17厘米时,入口味道最美,于是所有的面包做17厘米厚;面包中的气孔在5厘米时最佳,于是所有面包中的气孔都为5厘米。严格的标准,使顾客在任何时间、任何地点所品尝的麦当劳食品都是同一品质的。

【拓展阅读】

锦江之星国外首家特许经营酒店正式开张

2014年12月锦江之星韩国首尔明洞酒店正式营业,这是锦江之星在国外开业的首家单店特许经营酒店,也是中国经济型连锁酒店进军海外市场的新里程碑。

锦江之星韩国首尔明洞酒店是韩国首家开业的中国品牌经济型连锁酒店,主要面向前往韩国旅居的华人。酒店位于韩国首尔中心钟路艺馆洞,可便捷前往首尔市区各处,地理位置极佳。

据锦江都城公司首席运营官、锦江之星酒店品牌总经理李予恺先生介绍,锦江之星韩国店主要面向华人客户,着力打造温暖、舒适的酒店氛围,同时还将增加一些人性化、差异化的服务。

随着国内出境游市场的日趋火热,国内的连锁酒店品牌也开始实施走出国门的战略，锦江之星是积极开拓海外市场的先行者。2011年9月，锦江之星与菲律宾的上好佳（国际）正式签约，以品牌输出的方式跨出国门，通过品牌授权经营使锦江之星品牌正式落户菲律宾，成为中国经济型酒店品牌正式走向海外的第一例；2011年11月，锦江之星与法国卢浮酒店集团在上海举行签约仪式，以品牌联盟的方式正式亮相法国；2014年1月，锦江之星将品牌在印尼的特许经营总代理权授予当地的金锋集团，这也是锦江之星进军海外市场的第四站。

（资料来源：网易新闻，http://news.163.com/14/1203/02/ACGOM9UD00014Q4P.html）

锦江之星连锁酒店

锦江酒店加盟成功案例分析

（3）专业化（Specialization）。专业化是指特许经营体系各基本组成部分的总体分工。因为分工会提高工作效率，所以为了保障特许经营网络这个可能很庞大体系的良性运转，必须把不同的职能交由不同的部门来完成，然后各个部门有机协调、合作，使特许经营体系成为一个具有自我发展和良好适应外部环境能力的有机整体。这种专业化既表现在总部与各成员店及配送中心的专业分工上，也表现在各个环节、岗位、人员的专业分工上，使得采购、销售、送货、仓储、商品陈列、橱窗装潢、财务、促销、公共关系、经营决策等各个领域都有专人负责，从而做到采购的专业化、库存的专业化、收银的专业化、商品陈列的专业化、店铺经理在店铺管理上的专业化等。采购的专业化是通过聘用或培训专业采购人员来采购商品，其优点是专业采购人员对供应商的情况比较熟悉，能够选择质优价廉、服务好的供应商作为供货伙伴，同时还具有很强的采购议价能力。库存的专业化是指专业人员负责库存，他们善于合理分配仓库面积，有效地控制仓储条件，善于操作有关仓储的软硬件设备，按照"先进先出"等原则收货发货，防止商品库存过久变质，减少商品占库时间。收银的专业化是指经过专门培训的收银员可以迅速地操作收银机，根据商品价格和购买数量完成结算，减少顾客的等待时间。商品陈列的专业化是指由经过培训的理货员来陈列商品，其善于利用商品的特点与货架位置进行布置，能及时调整商品位置，防止缺货或商品在店内积压过久。店铺经理在店铺管理上的专业化是指店铺经理负责每天店铺营业的正常维持，把握销售情况，向配送中心进货，监督管理各类作业人员，处理店内突发事件。另外，专业化还有公关法律事务的专业化、店铺建筑与装饰的专业化、经营决策的专业化、信息管理的专业化、财务管理的专业化、教育培训的专门化。

特许经营的本质

特许经营通过资源共享，发挥各自的专长，将一种成熟的技术、产品和服务快速地、大范围地渗透到市场的每一个角落。由于具有统一的品牌和服务、强大的技术和市场支持、及时的业务培训服务，加之规范性的管理，所以加盟合作商降低了投资风险，减轻了人力负担。特许经营这种现代商业销售形式在过去几十年内取得了长足的发展，无论是发达国家还是发展中国家都用实践证明了特许经营是一种行之有效的分销商品和服务的方法。

商业特许经营模式综述

特许经营无壁垒的商业模式

 【拓展阅读】

特许经营成功八要素

特许经营被著名未来学家奈斯比特称为"21世纪的主导商业模式"。如今特许经营渐进火爆，消费结构的变化为国内特许经营行业带来广阔的发展空间。不少传统销售企业为此纷纷下海，欲在此经营市场上"圈地跑马"，提升自我品牌形象。

特许企业如今已是遍地开花，关于特许加盟店的广告也是屡见不鲜，是不是特许经营一本万利呢？也不尽然，即使在特许经营最为发达的美国，特许经营店的失败率也为45%，近一半的特许经营店开业5年后就会关门，其中风险不言而喻。作为一种新兴的投资行业，其成功要素有哪些呢？

（1）品牌及专有技术。特许经营作为知识产权交易的一种形式，企业商标、产品品牌是维系特许商和加盟商的纽带。作为特许方，要扩大加盟体系，必须拥有较高知名度的商标，除此之外，拥有可传授的专有技术也是特许经营的必要因素之一。

（2）样板店。值得注意的是，只有当每个加盟商复制的经营条件与样板店试验成效的条件一样时，一项特许经营方案才能确保成功。所以，样板店的一个基本作用是验证将要传授给整个特许经营体系的经营模式是否可行，对需要改进的地方加以修改。同时，样板店还在不同阶段起着稳固经营的重要作用，如充当新加盟商的培训中心，作为新经营体系、新产品和新服务的试验室等。所以，在不同情况下试验的样板店数量越多、时间越长，加盟商承担失败的风险就越小。

（3）必要文本。尽管许多特许加盟体系是在总部进行了多年的正规特许经营基础上总结经验发展起来的，但是特许经营毕竟有别于其他经营体系，它对组织结构、运作体系、法律规范、文件准备等方面都相应提出了调整的新要求。

特许商在开展特许经营业务之前应事先进行一些必要文本的准备，其中包括特许经营合同、向潜在加盟商提供的公开文件、特许经营宣传手册，以及作为专有技术传授的特许经营运作手册（包括质量管理手册、关系管理手册、产品管理手册和流程管理手册）、VI/CI设计手册、加盟店营建手册等。

（4）加盟费用体系。加盟费用的设定是一个非常关键的问题，它将直接影响特许事业的顺利发展。因为投资者在费用方面通常相当敏感，费用定得过高，可能将一些潜在的高素质加盟者挡在门槛外，另外可能影响投资者不能获得预期利润，影响加盟商的招募和加盟体系的发展。

（5）加盟发展战略。不同的特许商在不同阶段可能采取不同的发展战略，或是零散设店，或是区域型地毯式轰炸地集中开店，以达到不同的预期目的。

（6）加盟商招募。与其他经营类型不同的是，特许商的推广传播不仅为吸引消费者的注意，同时也有吸引潜在加盟商的目的。

理想的加盟商应是以下两个极端的中和：一个是有着清晰的商业概念、极强的主动性、很少受制于规定条款的人；另一个是有着雇员的概念，抱着与己无关的态度，对于仅有的权限范围内的事情没有最基本的积极性。

（7）培训、指导支持。一旦完成了加盟商的选择，便应着手于对加盟商的支持和指导，即初期培训，包括经营理论到实践的培训和开业期间的现场指导。对加盟商的培训不应只是开业前和开业期间的初期培训，还要有为适应日常经营中千变万化的市场需要而进行的经营方式修改和更新的培训，我们称之为继续培训。

加盟商应定期接受循环式的课程或指导，这样可以增强日常经营活动的能力。这些培训涵盖许多方面：如何销售，如何对待顾客，如何经营，如何以团队方式开展工作，等等。当然，还应包括为了能更好地适应经营体系或者研究引入新产品或服务的效果而设置的后续培训。

（8）加盟店监控。为了使加盟店经营成功，一个关键要素就是对加盟店实施严格的监督和管理。对经营网络的控制，如检查加盟店、安排神秘顾客等，与其说是特许商的义务还不如说是他的权利。这将对保证整个特许经营系统的必要水平及改进具有非常意义。

（资料来源：百度文库，https：//wenku.baidu.com/view/c249092eb4daa58da0114a6e.html.）

学习任务一 认识特许经营

特许经营将迎来发展新契机

 网上学习平台

国家精品课程资源网

国家精品开放课程建设是"十二五"期间"本科教学工程"的重要组成部分，旨在利用现代信息技术，发挥高校人才优势和知识文化传承创新作用，组织高校建设一批精品视频公开课，广泛传播国内外文化科技发展趋势和最新成果，展示我国高校教师先进的教学理念、独特的教学方法、丰硕的教学成果。国家精品开放课程包括中国大学视频公开课与精品资源共享课。

1. 精品视频公开课

精品视频公开课是以高校学生为服务主体，同时面向社会公众免费开放的科学、文化素质教育网络视频课程与学术讲座。精品视频公开课着力推动高等教育开放，弘扬社会主义核心价值体系，弘扬主流文化，宣传科学理论，广泛传播人类文明优秀成果和现代科学技术前沿知识，提升高校学生及社会大众的科学文化素养，服务社会主义先进文化建设，增强我国文化软实力和中华文化国际影响力。

2. 精品资源共享课

精品资源共享课是以高校教师和学生为服务主体，同时面向社会学习者的基础课和专业课等各类网络共享课程。精品资源共享课旨在推动高等学校优质课程教学资源共建共享，着力促进教育教学观念转变、教学内容更新和教学方法改革，提高人才培养质量，服务学习型社会建设。

学习任务二 特许经营的类型及本质特征

●●●【案例导入】

全球最大的家具和家居用品零售商——宜家

宜家家居（IKEA）于1943年创建于瑞典，目前瑞典宜家集团已成为全球最大的家具家居用品商家，截止到 2015 年，宜家在 27 个国家和地区拥有 328 家商场，其中直营店 290 家，特许加盟店 38 家。主要销售座椅/沙发系列，办公用品，卧室系列，厨房系列，照明系列，儿童产品系列等约 10 000 种产品。

"2014 中国家具市场十大品牌排名榜"中，宜家家居位于掌上明珠、曲美家具、联邦家私世界知名家居品牌之后，排名第四。

宜家 2015 年度财政报表中显示，年营业额 319 亿欧元，门店访客达 7.71 亿人次。华润万家作为我国连锁超市行业的龙头老大，2015 年总营业额为 1 094 亿人民币（汇率换算约 146 亿欧元），全国遍布 3 400 多家门店；而宜家，在全世界仅有 328 家门店，是什么因素成就了宜家全球最大的家居用品零售商地位呢？

首先是宜家高质量、低价格的产品。从 1943 年成立至今，宜家家居一直都是以服务和价格赢得全世界消费者的青睐，也正是在这个原因，它成了世界 500 强企业。

其次是宜家的名牌效应。广大的消费者在选择商品的时候首选一定是知名品牌，消费者信任名牌，认为名牌不但有质量保障，更能彰显消费者自身的地位与品位。

最后是对加盟商进行的严格训练和全方位的管理支持。宜家加盟拥有丰富的特许经营管理经验，不时对经理、雇员实行密集培训。同时，注重产品知识的提供，增加销售过程的知识性和趣味性。

【案例分析】

名牌是开展特许经营的必要条件，宜家家居（IKEA）借助无与伦比的名牌效应，先声夺人地主导当地建材市场潮流。宜家集团特许总部负责运营整个价值链，包括从产品系列战略、产品开发到生产、分销、零售。集团自身拥有生产机构、贸易服务部、顾客分拨中心和 27 个国家和地区的 290 家直营商场，为特许加盟店提供了强大的资讯支持，导入全球最新产业动态，链接行业高端技术知识，传播新家园品牌文化，提供营运指导及投资顾问等，保证了特许门店的经营成功率。

（资料来源：联商网，http://www.linkshop.com.cn/web/Article）

宜家家居寻求转型，电商平台正式上线

一、特许经营的类型

特许经营可以分为商业特许经营与市政公用事业特许经营（后者亦可称为行政特许经营）。

（一）商业特许经营

商业特许经营是指拥有注册商标、企业标志、专利、专有技术等经营资源的企业（以下称特许人），以合同形式将其拥有的经营资源许可其他经营者（以下称被特许人）适用，被特许人按照合同约定在统一的经营模式下开展经营，并向特许人支付特许经营费用的经营活动。

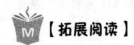【拓展阅读】

特许经营的起源

美国胜家缝纫机公司（Singer Sewing Machine Company）是现代特许经营的鼻祖。美国胜家缝纫机公司于1865年成立，当时该公司的产品属于美国领先的新产品，但由于消费者对该产品的性能及产品本身的认识不足，其在市场推广时碰到了两个巨大的障碍：一是消费者在购买之前必须被教会如何使用该项新发明；二是Singer缺乏批量制造机器所需的资本。为了解决培训消费者和拓展资金这两个问题，Singer想出了一个绝妙的计策。这就是，Singer把销售其机器及培训用户的权利以一定的价格出售给当地商人，称他们为受许人。这样，以上两个问题就迎刃而解了：培训缝纫机用户的事项转给了受许人负责，而Singer只需培训这些受许人；同时，受许人为购买许可权而支付的费用被用作Singer批量制造机器所需的资本。采取了特许经营方式之后，Singer的产品迅速为广大消费者所接受。结果，一举打开了国内市场的尴尬局面，产品销售额连年大幅度上升，很快占领了国内市场，Singer获得了巨大的成功。从此，特许经营便以其并不成熟但十足的魅力为广大美国企业所看好并纷纷效仿。1899年，随着可口可乐第一家加盟店的开张，特许经营这种新的经营模式正式在美国出现。

从胜家的案例里可以看到，特许经营的运用之初是一个企业的摸索与尝试的结果，也是企业和时代商业诉求的具体体现，当这种创新模式第一次成功之后，所带来的是一个时代的革新，这也启示我们：特许经营体系的顺利开展，必须具备一定的前提条件，不仅包括资金、人员、知识产权和法律支持，也包括对社会资源的优化配置、统筹管理。特许经营作为一种特殊经营方式，于19世纪在美国得到实际运用，在其诞生之际至今，不管是商业模式还是商业理念，都是具有创新性、服务性的，有较强的借鉴度，这恰与市场经济自由度、成熟度充分挂钩，美国的市场经济模式更自由，是诞生特许经营的温床，更有利于特许经营的持续、繁荣发展，同时也正是特许经营本身强大的生命力和挑战性将美国的经济发展带入了一个全新的天地。

（资料来源：孙玮琳，韩雨廷. 特许经营原理与实务 [M]. 北京：高等教育出版社，2014.）

（二）商业特许经营的分类

商业特许经营按其特许权的形式、授权内容与方式、总部战略控制手段的不同，可以分为三种类型。

1. 生产特许（Production Franchise）

受许人投资建厂，或通过OEM的方式，使用特许人的商标或标志、专利、技术、设计和生产标准来加工或制造取得特许权的产品，然后经过经销商或零售商出售，受许人不与最终用户（消费者）直接交易。典型的案例包括：可口可乐的灌装厂、奥运会标志产品的生产。

生产特许具有以下特征。

(1) 授权的内容以商标、标志、专利技术、特种工艺等知识产权为主，同时加上产品的分销权及其他特许人许可的专属权利。

(2) 特许人一般都是产品专利或强势品牌的拥有者，对受许人产品的生产组织、工艺流程以及产品的分销价格拥有较高的统一要求。同时，特许人有权过问受许人对产品的广告宣传及推销方法。受许人有义务维护特许人的商标、标志、专利等不受侵犯。

(3) 受许人主要依赖单件产品的生产利润和分销利润获利。

(4) 受许人不与产品的最终客户直接交易。

【案例】

特许经营成就可口可乐品牌价值

特许经营对社会经济发展有很多益处，如对技术的发展、文化的延伸、产品的销售、管理的完善均有相当大的影响。它也是企业发展连锁体系惯用的成长策略，是创业者一圆人生梦的捷径。

特许经营对品牌价值的增长也功不可没。特许经营对品牌的扩张往往是"四两拨千斤"，远非常规的品牌培育、拓展、延伸式的"慢工出细活"过程相比。特许经营通过统一品牌运作和管理，集聚各方资源，满足最大范围的消费者需求，造就了许多国际知名品牌。如可口可乐公司的特许装瓶系统巧妙地将品牌扩张和企业扩张结合在一起，别出心裁地营造出了一个世界级的可口可乐"红色世界"，达成了可口可乐品牌在世界上的快速成长，促成了"可口可乐"成为世界第一品牌的可能，成就了该品牌的巨大市场价值。

可口可乐公司在全球180多个国家和地区销售其碳酸饮料系列产品，"可口可乐"的品牌价值已达七百多亿美元。可口可乐公司于20世纪早期尝试性地向一些地方性企业授予装瓶和销售经营权，逐渐建立了一个全国性的生产销售网络；第二次世界大战后通过向全球各地区扩大生产和销售，建立起操作规范和内涵丰富的特许经营网络，使可口可乐系列品牌在当地茁壮成长，取得品牌的飞速发展和扩张。

在实施特许经营策略前夕，可口可乐公司虽经过四五十年的发展，但受资金、信息等因素的影响，一直未能跨上国际化的路途。

(1) 因未实施独特的特许装瓶厂网络，"可口可乐"仅仅是一个地方性的软饮料产品品牌。可口可乐公司自有资金能力有限，经销商和消费者的要求得不到及时的满足，品牌滋长缺乏土壤。

(2) 由于品牌信息来源不足，不能透彻地了解当地情况，分析问题脱离实际，决策准确性不强，品牌发展受到局限。"可口可乐"饮料虽然是单一的碳酸饮料，但各地的品牌具体策划和实施还必须针对实际情况而有所差别。市场信息的缺乏和不符合当地市场实际，是可口可乐全球化发展的掣肘。

(3) 实施特许经营前，企业创始人未曾想能将其企业发展成跨国巨鳄，拱手将企业出卖，将品牌发展的机遇白白奉送于人，差点也失去了品牌发展的机遇。可口可乐公司的创立者、可口可乐产品的开发者、可口可乐品牌的最初拥有人——彭伯顿先生,虽然研制出了可口可乐产品,并扩大了国内销售,但不是他让可口可乐走向了世界,这也成了他经营企业的一个极大遗憾:他找不到企业发展的最佳路径,最后他不得不将自己一手创立的企业出售,将世界上的第一个可乐品牌、未来的世界第一品牌交给他人去经营。

(资料来源:马瑞光. 连锁经营发展历史给我们的启示 [J]. 企业管理, 2012 (1).)

2. 产品—商标特许 (Product – trade Mark Franchise)

受许人使用特许人的商标和零售方法来批发和零售特许人的产品。作为受许人仍保持其原有企业的商号,单一地或在销售其他商品的同时销售特许人生产并取得商标所有权的产品。

产品—商标特许的主要特征:授权的主要内容以产品商标、标志、产品销售方法和服务方法等知识产权为主,同时加上产品的分销权及其他特许人许可的专属权利。

特许人一般都是将成品或半成品销售给受许人的产品制造商,对受许人产品的分销价格以及内部经营管理一般没有严格要求。受许人在其运作过程中仍保持其原有的商号,单一地或在销售其他商品的同时销售特许人生产并取得商标/标志所有权的产品。作为特许人的分销商,受许人在销售产品的同时,还负责向客户提供售前和售后服务。此外,受许人有义务维护特许人的商标、标志等不受侵犯。

维系特许人与受许人关系的重要纽带是产品供应和产品价格。受许人获利的主要来源是单件产品的进销差价。

【案例】

联想"1+1"特许专卖店

电脑的科技含量较高,使用和维护都有一定的难度,商场销售人员无法满足家庭用户专业化服务的需求。因此,联想针对家庭用户建立全新的专卖店体系,由代理制转变为特许经营是市场的选择。基于上述思想,联想开始做联想"1+1"专卖店,其核心的成功要素是"三赢",即客户要认可,加盟方要挣钱,联想也要盈利。

联想"1+1"专卖店的建立填补了信息产业在特许经营专卖领域的空白。在此之前,国外品牌电脑进入中国都是采用找总代理的销售模式。由总代理再一层层地进行分销。总代理的分销中,各个层次都要赚取自己的利益,市场秩序非常混乱,尤其是价格的不统一。特许经营的方式就很好地解决了这些问题。特许门店的组织利益体只有一个,多家连锁店共享着管理资源、资金。联想"1+1"特许专卖店采取6个统一的模式,即统一的产品和价格、统一的理念、统一的布局、统一的形象、统一的管理和统一的服务。从联想"1+1"特许专卖店来看,联想给予合作伙伴的不仅仅是产品和技术,更重要的是联想的企业形象标识系统和管理运营经验等无形资产,联想通过这种特许经营的方式与合作伙伴紧密联系在一起,形成利益共同体。

那么,联想"1+1"专卖店是哪种类型的特许经营门店呢?

天长联想专卖店企业宣传片

3. 经营模式特许（Business Format Franchise）

受许人有权使用特许人的商标、商号、企业标志以及广告宣传，完全按照特许人设计的单店经营模式、单店运营管理系统和单店的 VIS 系统来经营加盟店；受许人在公众中完全以特许人企业的形象出现；特许人对加盟店的内部运营管理、市场营销等方面实行统一管理，具有很强的控制力。典型案例包括麦当劳、肯德基和假日酒店等企业的特许经营。

经营模式特许是特许经营的高级形式，是知识和技术含量非常高的一种商业模式，采用此类特许经营的特许人通常是那些拥有比较全面自主知识产权的企业。受许人在公众中完全以特许人企业的形象出现；特许人对受许人的内部运营管理、市场营销等方面实行统一管理，具有很强的控制力。由于市场竞争层次的提高，经营模式特许在全球范围内正被越来越多的企业采用，过去许多采用产品—商标特许的企业也开始向经营模式特许转型。

【拓展阅读】

小肥羊的特许经营发展之路

2008 年 6 月，小肥羊在香港上市，其是中国首家在香港上市的品牌餐饮企业（股份代号 HK 0968），被誉为"中华火锅第一股"。截至 2010 年 1 月 31 日，公司拥有 454 家连锁店，其中包括 161 家直营餐厅以及 293 家特许经营餐厅，并在美国、加拿大、日本等国家和地区拥有 20 多家餐厅。2011 年 11 月 8 日，中国商务部宣布批准百胜集团提出全面收购小肥羊的反垄断收购审批，小肥羊创办人兼董事会主席张钢将作为品牌创始主席参与管理。从"中餐百强企业""中国企业 500 强"再到新加坡特许经营与授权组织（FLA）授予的"年度国际特许经营大奖""25 大典范品牌"，小肥羊用十年的耕耘，取得了令人欣慰的成就，也为中餐标准化、品牌化、国际化探索树立了典型。小肥羊的成功归功于它的"三步走"发展战略。

第一阶段：加盟为主，重点直营（1999—2002 年）

1999 年，小肥羊火锅店成立以后，很多商家捕捉到特色美食的商机，纷纷开始加盟小肥羊。从 2000 年开始，出现了一股加盟热潮。

这一阶段，小肥羊把加盟政策定为"以加盟为主，重点直营"，在全国各地设立了省、市、县级总代理及单独加盟店。这一政策为小肥羊早期快速发展起到了积极作用，不仅满足了市场、加盟者、消费者三方面的需求，也创造了良好的品牌效益，使小肥羊的足迹在短短的两三年时间里遍布全国各地，一举提高了知名度。

第二阶段：直营为主，规范加盟（2003 年—2007 年 4 月）

2001 年年初小肥羊就开始了以加盟为主的快速扩张。虽然此战略一举提高了知名度，但是快速扩张留下的问题也开始迅速显现出来。为了实现"百年老店"的理想，从 2003 年年初开始，小肥羊开始采取一系列的措施以扭转加盟市场的混乱局面，将加盟政策调整为"以直营为主，规范加盟"。在这一阶段，小肥羊关闭和修整了大部分不合格店面。

第三阶段：重启加盟，全球扩张（2007 年 5 月—2011 年 11 月）

2007年5月起，小肥羊公司进入"不唯数量重质量"的发展阶段，制定了新的、适应发展需要的加盟政策。在国际市场，在开设直营店并取得充足经验的基础上，适度开设加盟店。其形式灵活多样，既可以设置必要的总代理，也可以设置个体加盟店，以全面打开国际市场。另外，为了保障加盟者获得合理利润，小肥羊公司还做出维持原加盟费用不变的决定，确保加盟店长久经营，长久盈利。

小肥羊连锁经营模式分析

特许经营按特许双方的构成划分为以下几种类型。

（1）制造商和批发商。

这种经营系统由制造商发起并提供特许经营权，批发商则是特许经营人。软饮料制造商建立的装瓶厂特许体系属于这种类型。具体方式是，制造商授权被特许者在指定地区使用特许者所提供的糖浆并装瓶出售，装瓶厂的工作就是使用制造商的糖浆生产饮料并装瓶，再按照制造商的要求分销产品。可口可乐是最典型的例子。

（2）制造商和零售商。

这种经营系统由制造商发起并提供特许经营权，零售商则是特许经营人。汽车行业首先采用这种特许方式建立了特许经销网。石油公司和加油站之间有同样的特许加盟关系。它的许多特征同经营模式特许经营有相似之处，并且越来越接近这种方式，汽车制造商指定"分销商"的方式已经成为经营模式特许。

（3）批发商与零售商。

这种类型的业务主要包括计算机商店、药店、超市和汽车维修业务。它是由一个批发商发起，同时吸收大量零售店加入所形成的经营系统。

（4）零售商与零售商。

这种类型是典型的经营模式特许，代表企业是快餐店。

特许经营按授予特许权的方式划分：

（1）单体特许。

单体特许是指特许者赋予被特许者在某个地点开设一家加盟店的权利。特许者与加盟者直接签订特许合同，被特许者亲自参与店铺的运营，加盟者的经济实力普遍较弱。目前，在该类被特许者中，相当一部分是在自己原有网点基础上加盟。单体特许适用于在较小的空间区域内发展特许网点。

优点：特许者直接控制加盟者；对加盟者的投资能力没有限制；没有区域独占；不会给特许者构成威胁。

永和大王的单店加盟模式（1）

缺点：网点发展速度慢；总部支持管理加盟者的投入较大；限制了有实力的被特许者的加盟。

（2）区域开发特许。

特许者赋予被特许者在规定区域、规定时间开设规定数量的加盟网点的权利。由区域开发商投资、建立、拥有和经营加盟网点；该加盟者不得再行转让特许权；开发商要为获得区域开发权交纳一笔费用；开发商要遵守开发计划。该种方式运用得最为普遍，适用于在一定的区域（如一个地区、一个省乃至一个国家）发展特许网络。特许者与区域开发商首先签署开发合同，赋予开发商在规定区域、时间的开发权；当每个加盟网点达到特许者要求时，由特许者与开发商分别就每个网点签订特许合同。

永和大王的单店特许加盟模式（2）

优点：有助于特许人尽快实现规模效益；发挥开发商的投资开发能力。

缺点：在开发合同规定的时间和区域内，特许者无法发展新的加盟者；对开发商的控制力较小。

【案例】

亚光亚装饰区域特许

亚光亚装饰全国特许加盟只采用区域开发特许这种特许模式，不采用二级特许、代理特许模式。加盟商必须直接与亚光亚公司签订特许合同，且直接投资、建立、拥有和经营加盟公司，不得向第三方转让特许经营权；区域开发特许即区域买断经营，加盟商必须首先与亚光亚公司签署区域经营合同，区域开发特许加盟商应严格遵守开发计划。

4. 二级特许

特许者赋予被特许者在指定区域销售特许权的权利。二级特许者扮演着特许者的角色；对特许者有相当的影响力；要支付数目可观的特许费。它是开展跨国特许的主要方式之一。特许者与二级特许者签订授权合同；二级特许者与加盟者签订特许合同。例如，1998年起联想电脑公司开始建立联想"1+1"特许经营专卖店体系。经过一年多的建设，"联想1+1专卖店"逐渐落户到20多个城市，建成60多家特许店。

优点：扩张速度快；特许者没有管理每个加盟者的任务和相应的经济负担；二级特许者可根据当地市场的特点改进特许体系；

缺点：把管理权和特许费的支配权交给了二级特许者；过分依赖二级特许者，特许合同的执行没有保证；特许收入分流。

5. 代理特许

特许代理商经特许者授权为特许者招募加盟者。特许代理商作为特许者的一个服务机构，代表特许者招募加盟者，为加盟者提供指导、培训、咨询、监督和支持。它是开展跨国特许的主要方式之一。特许者与特许代理商签订代理跨国合同，必须了解和遵守所在国法律；代理商不构成特许合同的主体。例如，M Missoni作为Missoni的第二品牌，是一个完全女装的品牌，通过代理、加盟、自营、联营等在全国发展专卖网点。短短几年间，便发展了500多家专卖店，市场网络覆盖除西藏、青海等偏远省份外的全国各地。M Missoni品牌的成长，是一个奇迹——一个200多人的加工厂转型，通过特许经营这块跳板，进入了自主品牌经营，是一个成功转型的案例典范。

混合特许加盟模式设计

优点：扩张速度快；减少了特许者开发特许网络的费用支出；对特许权的销售有较强的控制力；能够对被特许者实施有效控制而不会过分依赖代理商；能够方便地中止特许合同；可以直接收取特许费。

缺点：特许者要对代理商的行为负责；要承担被加盟者起诉的风险；要承担汇率等其他风险。

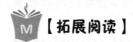【拓展阅读】

特许经营模式：如何做好代理商

品牌特许经营模式可能是不错的选择，代理商要做好品牌代理，首要的就是了解特许经营的游戏规则。

特许经营的核心是统一，是一个"成功模式"的拷贝过程。代理商受许的不是商品，而是整个"模式"，包括品牌名称、商标、标识、店名、统一装潢装饰风格、陈列、产品和服务的质量标准、经营方针等，这些都必须按照总部的全套模式进行。

代理商在选取了代理的品牌后，务必深入认真地理解总部的经营模式、经营理念、品牌文化、品牌特性和品牌的市场定位；严格按照"统一"的原则，对辖区市场进行贯彻和传播，再严谨地结合当地资源，最大限度地保证辖区市场与总部的要求保持一致，这样我们才能将品牌的有利资源充分运用和发挥，使品牌真正成为我们的摇钱树。

除此之外，还应掌握以下几类基本素质。

1. 科学合理地规划、开拓市场

代理商选定加盟的品牌后，首先要深入认真地理解总部的经营模式、经营理念、品牌文化、品牌特性和品牌的市场定位，然后根据所掌握的确切信息，对辖区的市场进行战略规划。招商加盟一定要把好质量关，严格挑选加盟商，不要急功近利，以免给自己留下后患。做完招商之后还要及时跟踪维护，督促、协助终端严格贯彻特许经营的模式。

2. 学会科学订货、科学备货

这就要求每位代理商，首先是卖场陈列专家，其次是高明的买手。你必须弄清楚属下每种规格的卖场最佳陈列方案可分几个区，每个区要陈列哪些货，这些货要有几个系列、几种款式、几个色系。因此，要做到科学订货，首先要懂得基本陈列的重要性，然后再利用专业买手的高明眼光，来规划你的陈列内容，也就是选货。

选货要根据当地的人文环境、时尚潮流、消费者穿着情趣、习惯特点等，以一个高明买手的眼光，给每个下属卖场科学配货。买手必须能准确把握当地的流行趋势、穿着喜好、消费心理等，如果自己吃不准，也可以在加盟商、导购员中发掘、培养买手。

总的说来，从事品牌代理，要真正理解并切实贯彻品牌特许经营的游戏规则，并通过公司化运作，强化执行效果；要有规划地开拓市场建设网络，真正做到"千店一面"和"保姆式"的终端维护；要利用科学订货、科学备货的手段，巧妙运用进、销、存、调系统，规避风险，促进销售。如此一来，就能摸索出一套成功的品牌区域运作模式。

（资料来源：新浪博客，http://blog.sina.com.cn/s/blog_823c0d7c0100uzmj.html）

（三）市政公用事业特许经营

2004 年 3 月出台的《市政公用事业特许经营管理办法》规定："市政公用事业特许经营，是指政府按照有关法律、法规规定，通过市场竞争机制选择市政公用事业投资者或者经营者，明确其在一定期限和范围内经营某项市政公用事业产品或者提供某项服务的制度。"因为这种特许经营是政府授权的特许经营，所以可称为"行政特许经营"。

市政公用事业特许经营管理办法

市政公用行业实行特许经营的范围包括：城市供水、供气、供热、污水处理、垃圾处理及公共交通等直接关系社会公共利益和涉及有限公共资源配置的行业。

（四）商业特许经营与政府特许经营的区别

1. 活动目的不同

商业特许经营的目的就特许人而言主要是通过授权，达成其知识产品快速复制与扩散，并在其中获取品牌价值和经济利润等多重回报。而政府对自然资源和公共产品服务生产实施授权的目的则是通过市场化运作机制的引入，使公用事业的经营及公共资源的开发配置更具效率，并使之成为吸引民间资本、减轻财政负担的有力手段。

2. 授权主体和授权行为性质不同

商业特许经营中授权主体是合法拥有经营资源的企业，而政府特许经营中授权主体为政府或其授权职能部门。由此可见，商业特许经营中的特许人授权行为属于一种典型的私权授权活动，而政府及其授权职能部门的授权行为具有明显的行政行为特征。这是区分商业特许经营和政府特许经营的要旨所在。

3. 授权内容不同

商业特许经营中，特许权是特许人拥有的知识产权和其他专属权利，而政府特许经营中授权的内容是公共产品、公共设施、自然资源的开发权、建设权和一定期限内的经营权、收益权。

4. 应用领域不同

商业特许经营主要应用于生产制造、商品流通、消费服务等领域中，其涉及的行业多具有竞争充分的特点。政府特许经营的主要应用领域则一般局限在公共设施建设和自然资源开发中，其涉及的行业多半具有垄断性强或直接与社会公众利益紧密相关的特点。

【拓展阅读】

办理商业特许经营备案申请条件

（一）拥有注册商标、企业标志、专利、专有技术等经营资源的企业；

（二）从事特许经营活动应当拥有成熟的经营模式，并具备为被特许人持续提供经营指导、技术支持和业务培训等服务的能力。

（三）从事特许经营活动应当拥有至少 2 家直营店，并且经营时间超过 1 年。

特许人向商务主管部门备案，应当提交下列文件、资料：

（一）营业执照复印件或者企业登记（注册）证书复印件 1 份；

（二）特许经营合同样本；

（三）特许经营操作手册；

（四）市场计划书；

（五）表明其符合《商业特许经营管理条例》第七条规定（第七条 特许人从事特许经营活动应当拥有成熟的经营模式，并具备为被特许人持续提供经营指导、技术支持和业务培训等服务的能力）的书面承诺及相关证明材料；

（六）国务院商务主管部门规定的其他文件、资料。

特许经营的产品或者服务，依法应当经批准方可经营的，特许人还应当提交有关批准文。

二、特许经营的本质特征

（一）特许经营的本质

关于特许经营的本质，在不同阶段、从不同的角度有不同的理解，它分别具有营销模式、扩张模式、经营管理模式和自主创业模式等创造性特点。

1. 特许经营是一种有效的企业营销模式

特许经营是许多企业营销产品的一种传统有效的方式。许多企业纪念性特许经营的直接目就是利用这种模式来更多、更好地销售产品。在这些企业看来，特许经营就是一种更好的营销模式。从营销渠道来讲，企业销售产品的方式有两种：一种是自己亲自销售，一种是借助外力销售。第一种销售方式就是企业自己设立销售机构进行直销。第二种销售方式就是企业利用外部的销售资源进行销售，采用的主要方式有经销、代理和特许经营等。由此可见，特许经营是一种资源外取方式，企业可通过这种营销模式来扩大自己的市场资源，占领更大的市场，销售更多的产品。

对特许经营而言，它具有资源外取的典型特征，而且，特许经营本身还是一种综合式的资源外取，因为特许人外取的受许人资源包括了受许人许多方面的资源。其可能包括的内容有受许人的人力资源、财务资源、物质资源、市场资源、技术资源、信息资源、关系资源、宏观环境资源、自然资源、组织管理资源、品牌资源与知识产权资源等。它使特许人充分地借助外在广大的资源为自己服务。

2. 特许经营是一种实用的企业扩张模式

企业扩张需要大量资源，如人力、物力、财力、市场资源等，但并不是所有的企业在短期内都能靠自我积累而具备这些资源，尤其是在市场机会转瞬即逝的今天，依靠企业自我积累会因时间拖延而错失良机；企业如果采取贷款、上市融资或与他人合资开办公司的方式，也会由于市场的千变万化而产生不可预测的风险。但特许经营的扩张模式却解决了这些问题。特许经营体系可以通过不断吸引不同的投资主体——受许人加入，借用受许人的资源在短期内成功地实现企业扩张。在这种情况下，特许经营企业不必向银行贷款，不必上市，不必与他人合资。因此，特许经营无疑是许多意欲扩张而又缺少相应资源的企业实现企业扩张的高效模式。

在特许经营体系中特许人利用自己的品牌、专利或技术，通过签署特许协议、转让权，让受许人利用这些无形资产从事经营活动，从而形成一种联合扩张的发展模式。特许人对受许人既拥有一定的控制权，同时应尊重对方的自主性。这样特许人可以通过特许权获取收益,并可以利用规模优势加强无形资产的维护,而受许人则可利用无形资产扩大销售,提高效益。

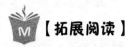【拓展阅读】

特许经营是一种新型企业扩张模式

特许经营很容易被许多意欲扩张企业而又缺少相应资源的人们看作实现企业扩张的高效模式。特许经营的扩张模式通过借用受许人的所有资源得以在短期内成功地实现企业的快速扩张。

传统的商业扩张模式有两种:气球膨胀式、层级式,如图1-2和图1-3所示。

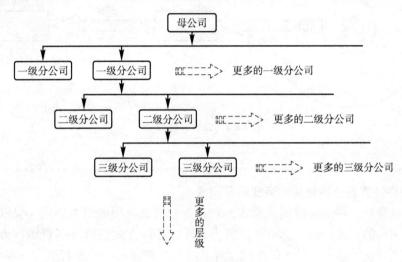

图1-2 气球膨胀式扩张

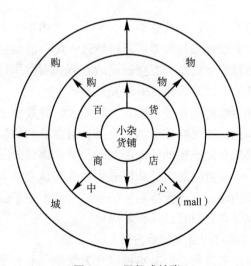

图1-3 层级式扩张

气球膨胀式扩张模式是将一个业务单体（Business Unit）在物理空间和投资规模维度上的不断延展。

层级式扩张模式是将一个企业母体（Enterprise）的整体运营模式和组织架构在不同的市场区域中的简单套用。

特许经营模式是首先对企业的核心业务通过专业化和产权明晰化生成一个简单化、标准化的业务单体——单店，并从企业母体剥离出来成为相对独立的业务实体（Entity）。然后在这个基础上，再从企业的母体中生成一个总部机构，负责对单店的持续复制乃至以后对整个体系的持续运营管理，如图1-4所示。

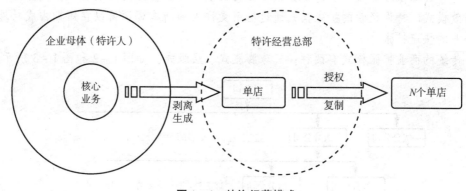

图1-4 特许经营模式

3. 特许经营是一种全新的商业经营模式

特许经营是一种全新的经营模式，它是企业突破有形的组织形式，仅以优势的、有限的、关键的资源，将其他功能虚拟化，通过各种方式整合外部资源，为我所用，借助外力进行整体弥补，最大效率地发挥其有限的资源的一种经营形式。特许经营的模式以其独特的方式，通过遍及各地大大小小的加盟店与特许经营总部形成了一个规模庞大的虚拟企业。

虽然各个加盟店相对于特许经营总部是一个个独立的法人实体，但在这个并不实际存在的大企业中，所有受许人和加盟店是在特许人统一的品牌旗帜下从事经营活动的，执行着原本应该由特许经营总部直接开设的直营店所应执行的职能。特许经营总部与各个加盟店各司其职，团结协作，资源互补。

特许经营作为一种全新的商业经营模式，其最大的好处就是可以实现企业流程的优化。企业流程是一系列相互关联的活动、决策、信息流和物流的结合。流程在每个工作步骤和工作环节都要有完成标准任务的时间，节约流程的时间可以给客户带来更多的价值，提高企业的市场响应能力，从而强化企业的核心竞争力。在特许经营的实施过程中，企业为成功构建特许经营体系，必须对自己的业务流程进行分析、提炼与优化，这一过程本身就是企业对自己流程的优化。

4. 特许经营是一种高效的自主创业方式

人生之IBO特许经营市场计划（一）

人生的职业生涯可以有多种，但基本可以分为受雇就业和个人创业。个人创业可以分为独立创业和特许经营创业。独立创业的发展方向完全由创业者自己把握并自己承担风险和责任；特许经营创业是在特许人的巨大支持背景下的创业，其成功的概率远远大于其他独立创业方式。潜在受许人通过加盟一个成熟的特许人，可以大大缩短创业时间、降低创业失败概率、拥有更多宝贵的资源、节省创业成本、迅速打开市场等。总之，与自己单独创业相比，特许经营创业更具优势。所以，特许经营是一种高效的自主创业方式。

（二）特许经营的特征

特许经营发源于一系列的产权交易过程、方法和实践。这些产权交易过程、方法和实践都有以下几个共同特征。

（1）特许经营是利用特许人所拥有的知识产权，包括但不限于品牌、专有技术、经营诀窍和经营管理模式等（无形资产）和他人的资本（有形资产）相结合来推广经营规模的一种经营方式。因此，特许经营是技术和品牌价值的扩张、经营模式的克隆，而不是资本的扩张。

（2）特许经营是以经营管理权控制所有权的一种商业组织方式，受许人投资特许加盟店并对盟店拥有所有权，但经营管理的决策权在于特许人。

（3）特许经营应该是一种双赢的模式，只有使特许人获得比直营更有效的发展，让受许人获得比独立经营更可观的利润回报，特许经营模式才可能继续下去。

（4）特许经营是一种无形知识产权和有形产品相结合的交易。特许经营合同的客体包括无形知识产权和有形商标，特许人既出售其生产制造的产品，又出售其拥有专有权的商标、商号、专利和经营诀窍等。特许经营合同一般应有一个较长的合同期限，双方在合同期限内应保持紧密的合作和相互支持。

（5）特许经营作为一种商业经营方式应当有利于特许人迅速发展自身的品牌，作为一种创业模式应当有助于资金实力有限的受许人降低创业风险，提升创业成功的概率。

人生之IBO特许经营市场计划（二）

特许经营本质的理解

【拓展阅读】

特许经营与合资模式比较分析

特许经营和合资模式是两种不同的国际特许经营企业拓展方式。从特征上看，二者的核心都是特许权的转让：特许经营是特许人把特许权转让给被特许人；合资经营是特许人把特许权转让给特许人和合资方成立的合资企业。二者的不同点主要有以下几个方面。

控制权不同：特许经营方式下，特许人与被特许人是相互独立的，特许人对被特许人的控制权较低；而合资经营模式下，董事会是其最高权力机关，有权决定企业一切重大问题，合资各方在企业经营中的地位、参与管理权限的大小，一般是由其投资比例决定的，掌握多数投资份额的一方通过对董事会的控制来控制企业的管理决策。

风险不同：特许人和被特许人是两个各自独立的法律实体，被特许人是其企业的所有人，特许人没有责任和义务为其企业投资，因而他们没有投资可能带来的风险，也不用承担被特许人的债务，虽然有时特许人帮助被特许人筹措资金，但这属于借贷性质或特许人只起到中间人的作用；合资经营模式下，特许人作为合资方，必须对合资企业进行投资，并以投资额为限对企业债务承担有限责任。

利润分配不同：特许经营模式下，特许人主要是收取各种费用，包括特许经营初始费、特许权使用费、广告基金等，其中特许权使用费有两种方式缴纳：一种是规定固定的金额；另一种是按照一定的比例缴纳，如国内一般是按照营业收入的1%~5%缴纳；合资企业是将净利润按照各方的股权比例进行分配。

三、特许经营与直营连锁、自由连锁的关系

（一）直营连锁

直营连锁是指总公司直接经营的连锁店，即由公司总部直接经营、投资、管理各个零售点的经营形态。总部采取纵深式的管理方式，直接下令掌管所有的零售点，零售点也必须完全接受总部指挥。直接连锁的主要任务在"渠道经营"，意思指透过经营渠道的拓展从消费者手中获取利润。因此，直营连锁实际上是一种"管理产业"。这是大型垄断商业资本通过吞并、兼并或独资、控股等途径，发展壮大自身实力和规模的一种形式。

直营连锁的主要特点：所有权和经营权集中统一于总部。其所有权和经营权的集中统一表现在：所有成员企业必须是单一所有者，归一家公司、一个联合组织或单个人所有；由总部集中领导、统一管理，如人事、采购、计划、广告、会计和经营方针都集中统一；实行统一核算制度；各直营连锁店经理是雇员而不是所有者；各直营连锁店实行标准化经营管理。直营连锁的人员的组织形式是由总公司直接管理。

直营连锁的组织体系，一般分为3个层次：上层是公司总部，负责整体事业的组织系统；中层是负责若干个分店的区域性管理组织，负责专项业务，下层是分店或成员店，这样的组织形式具有统一资本、集中管理、分散销售的特点。

（二）特许经营与直营连锁的关系

通过表1-2，我们来对比特许经营与直营连锁的联系与区别。

表1-2 特许连锁与直营连锁的对比

项目	特许连锁	直营连锁
连锁总部与连锁店的关系	双方地位平等，权利与义务依特许经营合同约定	双方关系由企业内部的章程、制度来规范和调整
所有权	加盟店的有形资产归被特许人所有，但连锁总部依特许合同授权加盟商使用的经营资源的所有权归总部所有，加盟商只有使用权	有形资产和无形资产均归连锁总部所有
经营权	特许连锁店自主经营、自负盈亏，但必须按照合同约定在连锁总部统一的经营模式下开展经营	经营事务决定权归总部
资金和人员需求	采取招募独立的企业或个人加盟的方式来扩大体系规模，利用加盟商的资金、资源和精力投入来快速占领市场，连锁总部用于开店的资金投入和人员储备相对较少	总部需要投入足够的开店资金，并储备大批门店经营管理人员

由此可见，特许经营和直营连锁的区别在于：

（1）产权关系不同。特许经营是独立主体之间的合同关系，各个特许加盟店的资本是相互独立的，与总部之间没有资产纽带；而直营连锁店都归同一资本所有，各个连锁店由总部所有并直接运营、集中管理。这是特许经营与直营连锁最本质的区别。特许经营总部由于利用他人的资金迅速扩大产品的市场占有率，所需资金较少。相比之下，直营连锁的发展更易受到资金和人员的限制。

（2）法律关系不同。特许经营中特许人（总部）和被特许人（加盟店）之间的关系是合同关系，双方通过订立特许经营合同建立起关系，并通过合同明确各自的权利和义务。直营连锁中总部与分店之间的关系则由内部管理制度进行调整。

（3）管理模式不同。特许经营的核心是特许经营权的转让，特许人（总部）是转让方，被特许人（加盟店）是接受方，特许经营体系是通过特许者与被特许者签订特许经营合同形成的。各个加盟店的人事和财务关系相互独立，特许人无权进行干涉。而在直营连锁经营中，总部对各分店拥有所有权，对分店经营中的各项具体事务均有决定权，分店经理作为总部的一名雇员，完全按总部意志行事。

（4）涉及的经营领域不完全相同。直营连锁的范围一般限于商业和服务业，特许经营的范围则宽广得多，除商业、零售业、服务业、餐饮业、制造业、高科技信息产业等领域外，在制造业也被广泛应用。

（三）自由连锁

自由连锁经营是指在激烈的商业竞争环境中，企业之间为了共同利益结合而成的事业合作体，各成员是独立法人，具有较高的自主权，只是在部分业务范围内合作经营，以达到共享规模效益的目的。自由连锁就是企业的产品通过连锁店店铺销售的同时，有店铺，有广告，口碑式的宣传，同时为市场达到零距离、零库存、零风险，省去了中间的层层环节，成为有效杜绝假冒伪劣产品渗入的有效营销方式。

特许经营职业道德与素质

（四）特许经营与自由连锁的区别

（1）特许经营是总部和加盟店依照一对一的特许经营合同成立的，而自由连锁是加盟店自发、自愿共同结成的组织。

（2）特许经营的加盟店与总部之间存在纵向关系，各加盟店没有横向联系。自由连锁的加盟店之间则存在横向联系。

（3）自由连锁是由加盟店集资组成，所以加盟店可以得到由总部利润中作为战略性投资的、持续性的利润返还，而特许经营中没有这种总部对加盟店的利润返还机制。

（4）自由连锁成员店的经营自主权比特许经营加盟店多，相互联系更为松散。

（5）特许经营加盟店在合同期内不能自由退出，自由连锁店则可以自由退出。

（6）自由连锁总部一般是非营利性机构，不收或收取少量的会费。特许经营中则有特许经营费用和保证金等。

（7）特许经营体系通常依托于特许人开发的某些独特的产品、服务、经营方法、商号、商誉或者专利，自由连锁则没有这些特点。

学习任务三 特许经营常用的专业术语

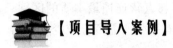
【项目导入案例】

永和大王加盟条件

永和大王目前仅接受单店特许加盟，经过批准和培训的受许人，需要自己选址、开设一家新的永和大王餐厅。一家餐厅的加盟期为十年，十年期满，双方都有意继续合作，可再续十年。特许人要求受许人亲自参与加盟餐厅的日常营运管理。目前没有限制加盟城市，不过受许人需要考虑的是，如果加盟店所在城市距离最近的永和大王配送中心超过500千米，则需要独立承担超出部分的货物运输费用。

1. 申请人条件

（1）年龄：30至50岁。

（2）国籍：中国。

（3）教育：大专或以上。

（4）喜欢餐饮行业，喜欢与顾客及员工交流，有成就自己一番事业的激情及与永和大王一起成长的雄心壮志。

（5）有3年或以上的跨国企业工作经验，熟悉并掌握人员管理技巧、理解财务报表。

（6）有在海外教育或工作经验的、有在连锁快餐店任职店长以上职位经验的（至少在管理岗位3年）优先。

（7）能专职致力于餐厅的日常营运管理。

2. 加盟费用

加盟一家永和大王餐厅需要受许人准备的前期固定投入约人民币170万元（包括一家餐厅的设备、装修、桌椅、招牌、装饰、环保、消防等投资），流动资金约80万元（包括加盟费18万元，保证金18万元，员工招募、培训、薪资以及宣传、房租等）。

3. 加盟流程

（1）申请人登录永和大王官方网站（www.yonghe.com.cn），了解详情；

（2）申请人在线完整填写资料表；

（3）总部人力资源部甄选申请人资料，并联系通过初选的申请人；

（4）邀请双方都有意向的初选人到永和大王上海总部，参加特许经营项目简报会，并面对面交流申请人关心的相关问题；

（5）安排初选人到永和大王一家餐厅完成3天的岗位实习评估，双方进行了解；

（6）邀请通过岗位实习评估的初选人参加面试；

（7）通过面试的候选人与永和大王签订培训协议，并到一家永和大王餐厅完成为期4个月左右的培训，完成从员工到餐厅经理的所有实地培训及课程；永和大王会在候选人培训期满两个月和四个月时，对候选人进行两次实习鉴定；

（8）通过永和大王全面鉴定的候选人注册公司、验资，与永和大王签订特许经营合同；

(9) 受许人选址（须经永和大王批准）并与业主签订租赁合同；

(10) 受许人在永和大王的协助下招募、培训员工，设计、装修餐厅；

(11) 受许人在永和大王的协助下新店隆重开业；

(12) 受许人在经营期间接受永和大王管理团队的指导、鉴定和协助，并按时支付相关费用和与供应商结算。

【案例启示】

通过永和大王特许经营成功的案例我们可以得出以下结论：

(1) 得益于科学严格的受许人筛选程序；

(2) 有一个规划合理、业务完善的总部管理团队；

(3) 有一个科学的加盟流程和受许人培训制度。

一、特许经营体系及其构成

1. 特许经营体系（Franchise System）

特许经营体系是由总部和单店组成的，在特许人统一设计和管理下，开展经营活动的运营体系。

例如，温德姆酒店集团（Wyndham Hotel Group）旗下拥有速8（Super 8）、戴斯（Days Inn）、华美达（Ramada）、豪生（Howard Johnson）、Travelodge等十个品牌，分别开展着特许经营，各个独立的特许品牌与其特许人、被特许人共同组成一个特许经营体系，即速8、戴斯等都是单独的特许经营体系。

2. 单店（Business Unit）

单店是指特许经营体系中不可再分割的基本业务单元。

单店是特许经营领域中独有的概念。与店铺（Store）概念不同，单店可以是商品零售特许门店中的任何一种特许门店，也可以是一家批发商（Wholesaler）。不仅如此，单店可以是消费服务或商务服务领域中的餐馆、酒店、美容院、电影院、诊所、学校或是一种根本无店铺的、流动的、上门服务的个人或组织，甚至单店还可能是一间产品制造工厂。

由特许人直接投资经营的单店称为直营店（Company Owned Unit）；由受许人直接投资经营的单店称为加盟店（Franchised Unit）。

单店的数量是反映一个特许经营体系规模和发展速度的基本指标。

3. 样板店（Model Shop）

样板店是用作某区域内特许经营单店样板、示范的特许经营单店，通常为特许人或次特许人的直营店，可被用作潜在受许人参观、学习、接受培训和实习的场所。

4. 特许经营总部（Headquarter）（简称总部）

总部是受特许人的委托，代表特许人来建立、发展、运营和管理整个特许经营体系的机构，它和单店一起共同被称为特许经营体系中的基本组织形态。

特许经营总部可能有以下几种不同性质的组织形态出现：

①与特许人处于同一组织中，是特许人组织中的一个部门或分公司；

②与特许人组织分立，由特许人直接投资控股的子公司（独资或合资）；

③是特许人授权的区域主加盟商（地区总部）。

永和大王产品历史篇

国际商业惯例通常认为特许经营具有招募体系、加盟商管理体系、培训体系、支持体系、监督管理体系、视觉形象体系、特许经营组合推广体系七大必备体系，这七大体系的有机组合与有效协调共同形成了特许经营这一商业模式。

【案例】

赛百味的特许经营体系

全球运营管理系统"赛百味"是快餐业中的国际知名品牌，它在全球约有22 000家餐馆。它的所有单店中只有一家是直营店，其余都是加盟店。现在赛百味的加盟商中，有的只开一家餐馆，有的则开店过百。赛百味的单店遍及全球，对特许经营体系如此大的规模，赛百味采取了发展代理制的逐层监控体制。现在全球已有大约200个赛百味发展代理。

发展代理有一定的决策权，在其区域内可以直接处理许多针对加盟商的管理事务，只有在遇到重大事项时，才向上一级汇报。这种体制强化了总部对整个体系的遥控，细化了日常督导事务上的区域分工。

赛百味的特许经营网络体系有统有分，既可保证控制，又可保证效率，所有具体的督导工作都在该体系中开展。一个加盟者要成为发展代理，必须经过总部对其经营的加盟店连续6个月的考察，在每个月的考察中都必须符合总部的各项条件。各方面都符合标准后，还要做出一份商业企划呈给总部审核批准，再参加总部的培训，才可真正成为发展代理。

赛百味对发展代理及一般加盟申请者的筛选程序和培训非常严格。对加盟者提供完善的督导与服务，总部不仅要保证单店盈利，确保盈利能够按比例上交到总部，保证各单店的服务范围既不发生冲突，又使其迅速占领潜在市场，还要保证赛百味的品牌质量。这就使赛百味既保证利润的实现，又使加盟店不会游离于总部的战略控制之外，避免加盟店损害品牌价值。

赛百味50周年庆典

正是赛百味实施了其独特的特许经营全球管理系统，才使得其成为跨国经营的大企业。数据显示，赛百味连续20多年被美国《企业家》杂志评选为第一名的连锁加盟机构。

（资料来源：搜狐网，https://www.sohu.com/a/141040408_763450）

二、特许经营术语

1. 特许经营当事人（Franchise Parties）

特许经营当事人是指特许经营活动中，围绕授权许可进行直接交易的主体，其由特许人和受许人这两方共同构成。

2. 特许人（Franchisor）

特许人是拥有可授予他人使用的经营模式以及注册商标、字号、专利、专有技术等并授予他人使用的一方。其包括特许人和二级特许人。

特许人在特许经营活动中处于核心主导地位，特许人是用以授权的经营资源的研发创造者和所有者。特许人是特许经营活动的设计者、推进者和监管者。受许人的一切经营活动都必须遵守与特许人的合同约定，并接受特许人的检查监督。特许人的支持帮扶活动直接影响受许人的经营活动。

我国《商业特许经营管理条例》对特许人资格有以下规定。

（1）特许人必须是拥有注册商标、企业标志、专利、专有技术等经营资源的企业。企业以外的其他单位和个人不得作为特许人从事特许经营活动。

（2）特许人从事特许经营活动应当拥有成熟的经营模式，并具备为被特许人持续提供经营指导、技术支持和业务培训等服务的能力。

（3）特许人从事特许经营活动应当拥有至少2个直营店，并且经营时间超过1年。

3. 受许人（Franchisee）

特许经营当事人中被授权的一方称为受许人，或称为被特许人、加盟商，获得特许人授权，使用其经营模式以及注册商标、字号、专利、专有技术等来从事经营活动的一方。从投资的角度来看，受许人亦可称为投资人（Investor）。

受许人是在法律地位上与特许人相互独立且平等的民事主体。

受许人在经营过程中处于对特许人的依附地位。

受许人必须在特许人的监管下，规范开展运营活动，向特许人支付相应的特许经营费用，并履行特许经营合同确立的义务。

4. 特许经营费（Franchise Fee）

特许经营费是被特许人为获得特许人的商标、商号、经营模式、专利和专有技术等经营资源的使用权而向特许人支付的费用，包括加盟费、特许权使用费及其他约定的费用。

5. 加盟费（Up-front Franchise Fee）

加盟费是被特许人为获得特许人的商标、商号、经营模式、专利和专有技术等经营资源的使用权而向特许人支付的一次性费用。

它实质上是一种"入门费"，它体现的是特许人所拥有的品牌价值。品牌价值高，知名度和美誉度高，愿意加盟的人就多，加盟费就高，反之就低，甚至为零。

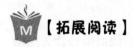

【拓展阅读】

影响加盟费标准的主要因素

1. 品牌价值

品牌价值对加盟费有着重要影响。从某种意义上说，加盟费实质是一种"入门费"，体现的是特许人所拥有的品牌价值。品牌价值高，知名度和美誉度高，愿意加盟的人就多，加盟费就高，反之就低。

2. 单店盈利能力

如果单店盈利能力强，加盟投资回报率高，投资回报周期短，受许人往往愿意接受相对更高的加盟费。

3. 开发成本及其他支出

开发成本即开发特许经营权所投入的成本，包括品牌、商标、形象系统、专利技术、经营模式等。总体来说，开发成本越高，加盟费可能越高。

其他支出包括特许推广与加盟招募费用、加盟店开业前培训支持等方面的费用等。

4. 区域范围与合同期限

一般来说，授权区域越大，加盟费越高，反之则越低。同样，特许经营期越长，加盟费也越高，反之则越低。

总的来说，特许人的市场价值和品牌价值越高，受许人越愿意支付更多的加盟费；特许人规模越大，加盟费越多。加盟期越长，加盟费越多；加盟的区域范围越广，加盟费越多。

6. 特许权使用费（On-going Royalty Fee）

特许权使用费通常也称为管理费、权益（利）金，是指被特许商在使用特许经营权过程中按一定的标准或比例向特许商定期支付的费用。它通常体现的是合同期内特许人向受许人持续提供的经营指导、技术支持和业务培训等服务，以及不断研发提供的新产品、新服务的价值。特许权使用费的收取是以单店计数的，也就是说，一店一笔特许权使用费；另外，特许权使用费与合同年限有关，理解特许权使用费的数额时一定要注明合同期限，否则，很难比较两个不同的特许体系特许权使用费的高低。

特许权使用费的收取标准一般有以下几种形式。

（1）按固定数额收取：根据每个加盟店的规模不同，按月或季收取一个固定数额。这种方式比较简单，但不够合理，也不精确。

（2）按加盟店营业额的一定百分比收取：按加盟商采购商品或原材料时采购额的一定百分比收取，或按照提供给加盟商的商品的成本与最终售价差额的一定百分比收取。这种收取方式比较合理，但操作上比较困难，主要在于许多特许人无法真实了解加盟店每月准确的营业收入。

7. 品牌押金（Brand Deposit）

品牌押金又称作品牌保证金，是加盟商在签署特许经营合同的同时向特许人缴纳的费用，用于约束受许人在特许经营关系存续期间不做有损特许经营体系品牌的事情，合同期满，未有违约情况则退还，不计利息。

8. 保证金（Guarantee Fee）

保证金是指为确保被特许人履行特许经营合同，特许人向被特许人收取一定的费用。合同到期后，按合同约定退还被特许人。

9. 广告基金（Fund Advertisement）

广告宣传费（市场营销费）是指加盟商定期向特许商支付的具有强迫性的费用，用于特许品牌或产品服务的广告宣传或市场推广，在商业特许经营中由这些费用形成的公共基金被称为广告基金。

10. 初始投资（Initial Investment）

初始投资是指受许人为成功地开设一家加盟店，在加盟店开业前所必须投入的现金（Cash）总额。初始投资也通常被称为加盟店的启动资金。初始投资通常包括：加盟金、保证金、店铺选址的费用、开业前的店铺租金、店铺装修费用、设备购置费用、人员招聘及上岗培训费用、筹备期人员工资和办公费用、开业费用、首期铺货资金等。国外知名特许经营品牌特许经营费用收取标准如表1-3所示。

表1-3 国外知名特许经营品牌特许经营费用收取标准

品牌	加盟费/万元	使用费占比/%	合同年限/年	初始投资/万元
赛百味	12.5	8	20	86~213
UPS	19.95~29.95	5	10	145.8~247.1
麦当劳	45	12.5	20	506~1 600
假日酒店	不固定	5	不固定，一般10年	不固定
7—11	不固定	不固定	15年	不固定

11. 其他约定的费用（Other Fee）

被特许人根据合同约定，为获得特许人提供的相关货物供应或服务而向特许人支付的其他费用。这些费用有履约保证金、品牌保证金、培训费、特许经营转让费、合同更新费、设备费、原料费、产品费等。

12. 招募（Recruitment）

招募是指特许人或次特许人招收受许人或次受许人的活动。

13. 授权方式（Way to Approach Franchising）

特许人以某种方式授予被特许人开展特许经营活动。

14. 单店特许（Unit Franchising）

特许人授予被特许人使用其商标、商号、经营模式、专利和专有技术等经营资源开设一家单店。被特许人不可再转让特许人的商标、商号、经营模式、专利和专有技术等经营资源。同时，单店特许的被特许人可向特许人申请增开单店，被特许人最多只能开三家店。单店特许体系授权结构如图1-5所示。

肯德基在中国的熟店转让加盟模式

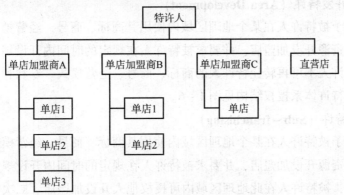

图1-5 单店特许体系授权结构

【案例】

谭木匠的单店特许加盟模式

谭木匠成立于1997年，产品进入14个国家。谭木匠人致力于对传统手工绝活的挖掘和创新，公司自主研发的产品2400余种，拥有专利80余项，通过1399家专卖店向国内外300多个大中城市提供热情服务。"谭木匠"被评为"重庆市著名商标""中国公认名牌""中国商业信用企业""中国驰名商标"，2009年12月29日在香港联交所挂牌上市。招股价为2.58港元，发行6250万股，集资额1.83亿港元。

加盟条件：

(1) 具备品牌意识，理解并接受谭木匠经营理念和企业文化。

(2) 具有长期合作的意愿，有一定的经商经验。

(3) 具有一定的计算机基础知识，店内必须配置计算机、POS扫描设备并开通网络。

(4) 在繁华商业区或古文化街、聚人气的旅游景点有店面，原则上要求店面面积达15平方米以上，以及在商场有独立的专卖区域，店址须经公司书面确认，店面由公司负责设计与全套装修，装修费用由店主自行承担。

(5) 具有一定的经济基础，地级城市一般情况下前期投入资金15万~20万元，省会城市一般情况下前期投入资金20万~25万元（加盟费＋保证金＋货款＋装修费＋房租＋杂支），同时首批进货结算额为地级城市4万元以上，省会城市5万元以上，款到发货，概不赊欠。

谭木匠对加盟店的管理采取月度、年度专卖店店主店长会议制度、专卖店信用等级评估管理制度和"十佳"专卖店奖励制度。

（资料来源：谭木匠官网，http://www.ctans.com/carpenter.asp?id=70）

谭木匠微电影

如家的特许加盟模式设计

15. 区域开发特许（Area Development）

特许人授予被特许人在某个地理区域内使用其商标、商号、经营模式、专利和专有技术等经营资源开设加盟店，并要求被特许人在规定的时间内开设规定数量的特许加盟店。被特许人不可再转让特许人的商标、商号、经营模式、专利和专有技术等经营资源。区域特许体系授权结构见图1-6。

16. 二次特许（Sub-franchising）

特许人授予被特许人在某个地理区域内使用其商标、商号、经营模式、专利和专有技术等经营资源开设加盟店，并要求被特许人在规定的时间内开设规定数量的特许加盟店。并且，被特许人在此地理区域内可授权他人开设加盟店。二次特许授权体系结构见图1-7。

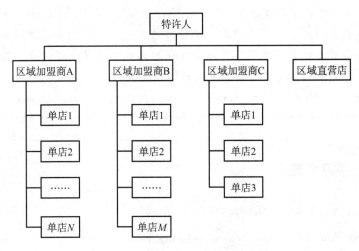

图1-6 区域特许体系授权结构图

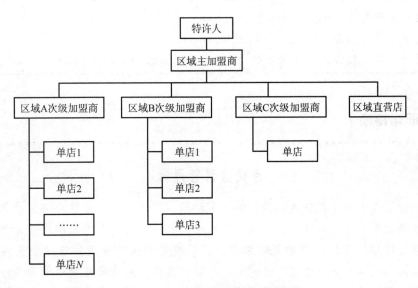

图1-7 二次特许体系授权结构图

【案例】

德克士在中国的发展

德克士炸鸡起源于美国南部的得克萨斯州，1994年出现在中国成都。1996年，顶新集团将德克士收购，并投入5 000万美元，健全经营体系，完善管理系统，并重新建立了CIS系统，使其成为顶新集团继"康师傅"之后的兄弟品牌。

德克士，中国西式快餐特许加盟第一品牌，与麦当劳、肯德基并列为中国三大西式快餐。

近年来，德克士一直保持着旺盛的发展态势，自1996年至今，店面覆盖了全国

德克士的加盟模式

382个城市，辐射的消费群超过3亿人，年营业额超过27.3亿元，为上万名员工创造了就业机会，成为国人最为喜爱的西式快餐品牌之一。德克士是顶新国际集团旗下著名的西式快餐品牌，也是首个将国人饮食文化融入西式快餐中的品牌。2015年中国拥有德克士餐厅2 129家、康师傅私房牛肉面馆869家。

（资料来源：德克士官网，http：//www.guanfang123.com/website/dekeshi.html）

学习任务三
特许经营常用的专业术语

 网上学习资源

创意经济研究　　　http：//houlaoshi.bokee.com
中国连锁经营协会　http：//www.ccfa.org.cn
国际特许经营协会　http：//www.franchise.org
美国企业家杂志　　http：//www.entrepreneur.co
新浪特许频道　　　http：//www.sinatx.com
连锁与特许杂志　　http：//www.3216.com
商务部特许经营信息管理系统　http：//txjy.syggs.mofcom.gov.cn

【职场指南】

连锁经营管理师

连锁经营管理师是维护连锁经营的正常运行，促进连锁经营管理的科学化、现代化的连锁经营管理专业人员。主要对连锁经营的形成、发展及未来的发展趋势，连锁经营的营运过程，连锁经营的基本原理、经营决策和战略管理，连锁经营的商品管理、商品陈列、物流系统管理、企业的内部组织管理、展店管理及中外著名连锁企业的案例分析等进行认知，并运用现代连锁企业知识、技术、方法和手段为企业提供发展战略、组织结构、经营与财务管理、运营流程、市场营销，以及物流与配送、采购决策与库存控制、防损管理、品牌与危机管理等决策或管理。

一、职业等级

连锁经营管理师职业资格共分三级：助理连锁经营管理师、连锁经营管理师、高级连锁经营管理师。

二、报考条件

1. 助理连锁经营管理师

（1）本科以上或同等学力人员；

（2）大专以上或同等学力应届毕业生并有相关实践经验者；

2. 连锁经营管理师

（1）已通过助理连锁经营管理师资格认证者；

（2）研究生以上或同等学力应届毕业生；

（3）本科以上或同等学力并从事相关工作一年以上者；
（4）大专以上或同等学力并从事相关工作两年以上者。

3. 高级连锁经营管理师
（1）已通过连锁经营管理师资格认证者；
（2）研究生以上或同等学力并从事相关工作一年以上者；
（3）本科以上或同等学力并从事相关工作两年以上者；
（4）大专以上或同等学力并从事相关工作三年以上者。

三、就业领域

连锁企业总部、连锁企业配送中心、连锁门店经营管理岗位。

【特许经营创业故事】

满朝佰家粥铺

满朝佰家粥铺是长沙市满朝品牌营销策划有限公司旗下品牌之一，中国粥店加盟十大品牌之一，全国粥铺排名前十。满朝佰家粥铺以独特工艺和秘制配方整合推出养生营养粥，目前拥有一千多家连锁铺。

满朝佰家粥铺的创始人邓满朝是"80后"，2009年大学毕业，他的第一份工作是一名销售员，在人才市场整整跑了半个月才面试成功。对于这份不易的工作邓满朝战战兢兢，别人休息的时候他还在人堆中游窜，可因为说话带有厚重的口音，普通话非常不标准，工作不到两个月就遭到辞退，邓满朝打工这条路也戛然而止。

2009年，邓满朝在长沙太平街口正式创办第一家满朝佰家粥铺。开店两个月因为一直没有赚钱，合伙人要求退股，万般无奈下，邓满朝只得回购股份。

当时邓满朝已经背了10万元的负债，为了节约成本不得不将家人叫来帮忙，过了差不多半年时间，这家店铺终于走上正轨，每年的营业额达到上百万元。

那个只需要温饱的时代已经过去了，现在随着人们养生意识的提高，营养、健康、美味已成为当代餐饮的主流。邓满朝创立的满朝佰家粥铺满足了人们对食物的高要求，这就是邓满朝成功的秘诀。

项目小结

本项目对特许经营的概念及运作原理以及特许经营当事人、特许经营授权、特许经营费用和特许经营体系等方面中的基本原理、重要概念和术语进行了解析，并对一些术语的细节问题做了必要的阐述，旨在帮助读者更加清晰地把握特许经营的运作特点和方式。

通过本项目的学习，读者能对特许经营这一商业模式的内涵有准确的认知，在今后的工作中能对特许经营的类型准确识别，并能掌握特许经营的基本特征和原则。

同步测试

复习与思考答案

一、复习与思考
1. 简述特许经营的类型。
2. 简述区域开发特许。
3. 阐述特许经营加盟费。
4. 简述特许经营权使用费。

二、案例分析

麦当劳成功之路

1937年，麦当劳兄弟在洛杉矶东部的巴沙地那开始经营简陋的汽车餐厅，并很快取得了成功。但效仿者很多，致使生意萧条。1938年，兄弟俩关闭了汽车餐厅，转营快餐，很快生机勃勃。1953年，一个名叫福斯的人仅向麦当劳兄弟付了1 000美元，其便取得了麦当劳的特许经营权，接着麦当劳兄弟先后批准了十余家特许加盟店的成立。由于这些快餐店无义务遵循麦当劳的经营程序，所以严重损害了麦当劳的形象和声誉。1954年，克罗克作为麦当劳特许经营的代理商，替麦当劳兄弟处理特许经营权的转让事宜。克罗克规定特许转让费为950美元，很快他便将麦当劳演绎为一家优秀的公司，因而人们常常把克罗克视为麦当劳的创始人之一。1961年，麦当劳兄弟以270万美元的价格把麦当劳全部转让给了克罗克。在后来的30多年里，由于克罗克经营有方，麦当劳快餐店成为发展最快的世界性企业。麦当劳快餐店以其温馨的店堂气氛和特许加盟（经营）制度，被世界公认为名牌快餐店之一。

克罗克的特许经营制度有以下一些主要特点。

其一，也是最重要的一点，就是不采用区域特许权制度。

其二，规定表现优异的受许人可以拥有多家加盟店，而表现不好的受许人只能拥有一家店铺。

其三，谨慎挑选受选人，并严格控制加盟店的经营活动，丝毫不准越轨。

麦当劳作为世界上最成功的特许经营者之一，以其引以为自豪的特许经营方式，成功地实现了异域市场拓展、国际化经营。在其特许经营的发展历程中，积累了许多非常宝贵的经验。

一、明确的经营理念与规范化管理

麦当劳的黄金准则是顾客至上，顾客永远第一。提供服务的最高标准是质量（Quality）、服务（Service）、清洁（Clean）和价值（Value），即QSC&V原则。QSC&V原则不仅体现了麦当劳的经营理念，而且因为这些原则有详细严格的量化标准，其成为所有麦当劳餐厅从业人员的行为规范。

二、严格的检查监督制度

麦当劳的检查监督体系有三种检查制度：一是常规性月度考评，二是公司总部的检查，三是抽查（在选定的分店每年进行一次）。对每个分店的一年一次的检查一般主要由地区督导主持，主要检查现金、库存和人员等内容。

三、完备的培训体系

麦当劳非常重视员工培训，并建立了较完备的培训体系。麦当劳的培训体系是在职培训与脱产培训相结合。麦当劳通过汉堡大学培养具备餐厅运营管理能力和商业领导力的人才。2010年3月31日，麦当劳中国投资2.5亿元在上海的麦当劳中国总部成立汉堡大学，未来5年内，计划投资2.5亿元人民币，为麦当劳在中国的未来扩张培养超过5 000位本土领导人才。这是麦当劳第七所汉堡大学，另外六所汉堡大学分别位于美国、德国、英国、巴西、澳大利亚和日本。麦当劳的员工先经过区域培训后，才能进入汉堡大学接受运营管理及领导力的培训课程。

四、联合广告基金制度

设立广告基金是麦当劳的重要营销策略。1966年麦当劳总部决定建立联合广告基金制度，并组建了麦当劳全国加盟者联合广告基金会。在宣传"麦当劳"品牌的过程中，坚持统一广告与区域性广告相结合的原则。

五、以租赁为主的房地产经营策略

麦当劳公司的收入主要来源于房地产营运收入、从加盟店收取的服务费和直营店的盈余三部分。麦当劳房地产公司（为实施房地产策略而成立的公司）用各加盟店的钱买下房地产，然后再把它租给出钱的加盟店。

六、相互制约、共存共荣的合作关系

麦当劳的诚意换来了加盟者和供应商的忠诚，麦当劳与加盟者、供应商是相互制约、共存共荣的合作关系。这种共存共荣的合作关系，为加盟者各显神通创造了条件，使各加盟者营销良策层出不穷，这又为麦当劳品牌价值的提升立下了汗马功劳。

案例分析答案

七、麦当劳的网络投入

麦当劳公司选用了Corporate Yahoo！（企业雅虎）为其建立了门户网站，以解决其庞大的后勤管理问题，即为其遍布全球的员工、连锁店业主及供应商提供对信息系统的访问能力。

思考题：
1. 简述克罗克的特许经营制度的特点。
2. 分析麦当劳特许经营策略。

实践训练

组织学生分组实地调研一家在当地运营良好的特许经营门店。

【实训目标】
1. 通过实地调研进一步理解特许经营的概念及内涵，提升学生的学习兴趣。
2. 通过实训使学生进一步认识和理解特许经营的本质特征和"3S"原则的应用。
3. 培养学生的调研能力、团队合作能力以及整理材料、分析材料的能力。

【实训内容与要求】
1. 由学生自愿组成学习小组，每组4~5人，各组自主收集资料。
2. 学习小组组长给本组同学分工整理资料。
3. 学习小组组长组织本组同学讨论整理资料的情况，并最终形成调研结论。
4. 各小组撰写一份调研报告。
5. 各小组制作PPT，在班级范围内讲解展示。

【成果与检测】
1. 小组调研报告一份。
2. PPT汇报展示。
3. 学生提出问题，汇报人解答。
4. 教师现场点评与总结。

项目二
特许经营体系开发准备

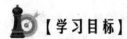【学习目标】

知识目标

- 了解实施特许经营应具备的条件；
- 熟悉特许经营体系开发应具备的条件和特许经营体系开发可行性研究的基本知识；
- 领会特许经营总体规划的基本概念；
- 熟悉撰写特许经营发展总体规划报告的流程及方法。

技能目标

- 能够运用所学的特许经营体系开发的条件，进行特许经营体系开发可行性研究；
- 能够初步撰写特许经营发展项目可行性研究报告；
- 能利用所学知识对现有的特许经营体系进行分析、诊断，判断某个特许经营项目的市场竞争状况和存在的问题。

素质目标

- 通过本项目的学习，逐步养成遇到问题先开展调研的思维习惯；
- 初步形成调研、分析的职业素养。

【项目导入案例】

马兰拉面的特许经营

中国蓝星（集团）总公司自20世纪90年代起就开始从事手工拉面的快餐化研究，引进专业人才，从原料选定、营养配方、工艺改造、设备设计、店面管理、连锁推广、物流配送、CIS设计等方面进行科研开发，1993年开始建店实验。1995年，马兰拉面快餐连锁有限责任公司成立，开发马兰拉面的特许经营。他们在中国传统饮食文化的基础上，借鉴了现代快餐简捷、明快的风格，确立了"绿色、健康"产品理念，形成了中国传统餐饮与现代快餐相结合的中式快餐模式，在中式餐饮的标准化、规范化、信息化、连锁化方面取得了重大突破，将民间小吃变成现代快餐，从作坊加工走向了工业化生产。

截至2008年年底，在全国的马兰拉面加盟连锁店有近400家。1999年年底，马兰拉面第一家海外拉面加盟店在美国洛杉矶开业，标志着中式快餐迈出了跨国经营的步伐；2001年8月，马兰公司董事长与法国凯宾斯基总裁签署了在法国巴黎开办3家拉面加盟连锁店的合作协议，马兰拉面顺利进军欧洲；2003年4月，马兰新加坡店开业。

1999年，北京世纪亚太信息公司进行的市场调研显示，马兰拉面在北京的知名度仅次于麦当劳、肯德基，位居连锁快餐第三。

2000年11月，经中国连锁经营协会首次在全国组织的权威调查统计及专家评选，"马兰拉面"被评为全国特许经营优秀品牌之一，是中国餐饮业发展中式快餐最成功的企业之一。

马兰拉面菜品展示

2005年年底，马兰拉面被认定为"中国驰名商标"。

【案例启示】

在20世纪90年代的中国，马兰拉面开展特许经营是比较早的，但是马兰拉面的特许经营成功了。分析马兰拉面的成功经验我们可以得出：马兰拉面特许经营成功主要在于准备工作做得非常充分。那么，马兰拉面在开发特许经营之前做了哪些准备工作？

马兰拉面由来

（1）中国蓝星（集团）总公司自20世纪90年代起就开始从事手工拉面的快餐化研究，引进专业人才，从原料选定、营养配方、工艺改造、设备设计、店面管理、连锁推广、物流配送、CIS设计等方面进行科研开发，对特许经营这一商业模式进行了全面的学习和研究，充分掌握了开展特许经营应具备的条件及其经营本质内涵。

（2）不惜成本建立实验店，实地进行由传统风味小吃马兰拉面向标准化现代快餐的改造。马兰拉面从1993年开始建店实验，1995年，马兰拉面快餐连锁有限责任公司成立，开发马兰拉面的特许经营，经过几年探索，摸索出了一套适合中国国情的特许经营发展之路。

（资料来源：马兰拉面官网，http：//chinamlan.360500.com/news-21026-6-46-6.aspx）

学习任务一　实施特许经营的条件

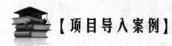【项目导入案例】

"薄命"的中国式比萨：土家"掉渣儿"饼

2001年9月，土家妹子晏琳大学毕业后，学发酵工程的她进入一家民营环保企业，从推销污水处理设备的业务员做起，不到一年就成为公司里的销售冠军，年销售额占全公司的1/3。2002年10月，领导安排晏琳开辟鄂西北市场，她单枪匹马入襄樊，不到三个月就捷报频传，立刻被任命为区域经理。春风得意之际，晏琳却萌生去意，从大学时代她就一直梦想着要在30岁之前干一番属于自己的事业。

一个偶然的机会，她遇见一位身家过亿的高科技公司老板。这位老板感叹道："如果要我重新选择，我不会再去做高科技，而会去做传统行业。"传统行业投资不大，门槛低，风险小，而且上手快。只要经营得当，就能在市场中站稳脚跟不断壮大，而最典型的传统行业就是食品行业。晏琳的家乡湖北恩施，具有土家族风味的烧饼是当地一大特色。她寻思着，如果把传统的土家烧饼根据武汉人的口味做些改良，会不会有市场？

2005年3月，在武汉大学门口一间不足20平方米的门面里，晏琳的"掉渣儿"烧饼店开张了。谁知八点开门，不到两个小时，原本打算卖一天的50斤①面粉就用了个精光，让晏琳不得不早晨十点就打烊。第一天，她卖了376元，净赚100多元。第二天，晏琳特地揉了200斤面粉，没想到又卖光了。店门口每天都排长队，最高峰时日营业额近6 000元，相当于一天能卖出近3 000个烧饼，平均日销量也有2 000个左右。她的"烧饼梦"越做越大，一个月后晏琳递交了注册商标申请。两个月后，晏琳在汉口利济北路的第二家店开张，其烧饼同样供不应求。四个月后，晏琳注册成立了掉渣儿食品管理有限公司，注册资本30万元，开始计划连锁加盟。

"掉渣儿"烧饼连锁加盟就此横空出世，合同期3年，繁华地段保证金2万元、加盟费4万元，一般地段保证金1万元、加盟费3万元；为避免配方被外泄后"变味"，馅料配方不向加盟店公布，加盟店每隔一两天从公司特制馅料厂购买馅料；必须在指定厂家购买面粉，不能卖"掉渣儿"以外的食品等。2005年8月起，"掉渣儿"烧饼在武汉的队伍开始滚雪球。9月2日，江汉北路，第30家店开张；9月12日，新华路，第34家店开张……仅21天就发展了9家加盟店！"掉渣儿"烧饼店瞬间膨胀到39家！其中只有3家是直营店。晏琳立刻北上长沙，南下深圳，挟武汉之余威，试图让"掉渣儿"烧饼四处开花。

不料在武汉，第一批加盟商很快发现一觉醒来，武汉街头如雨后春笋般冒出了五花八门的烧饼店：掉渣渣、香渣渣、土家西施、土家皇后……一家"掉渣儿"烧饼店往往被三四家跟风店包围。这些店做出的土家烧饼不仅跟"掉渣儿"形状相似，就连味道都差不多——客源被极大地分散了。加盟商又要求晏琳打冒牌店，晏琳回应："'掉渣儿'商标是今年5月申请的，最短也要一年多才能批下来……"谁知祸不单行。广州一下子冒出1 000多家名称各异的土家烧饼店，在北京，每隔一条街就能看见一家土家烧饼店，上海、杭州、深圳、重庆、成都……每个城市，都在重蹈武汉的"烧饼热"，也在重蹈"掉渣儿"烧饼的跟风效仿热。2005年10月，"掉渣儿"烧饼武汉大学店一天也只能卖出1 000多个烧饼，只有以前的一半，八九月份才加盟的四美塘、新华路等店，只能卖出500多个。晏琳不得不采取措施"救市"：武汉市内11条公交线路的车载电视上，首先打出了"掉渣儿"烧饼的广告。11月29日，"掉渣儿"新产品——"马打滚"和"泡椒软饼"上市，可是加盟商们并不买账。

武汉多数加盟商的生意都难以为继，一天只能卖两三百个烧饼，部分甚至开始"违规"卖其他食品。雪上加霜的是，冒牌烧饼店也开始发展加盟，而且加盟费只有三五千元。更多的人涌进烧饼市场，利润降低，消费者热情也在降低，市场越来越小，无奈之下，只能更广泛地发展加盟商以圈钱……渐渐形成了一个恶性循环。2005年12月中旬，"掉渣儿"旗下6家加盟店要求退还加盟费用，强烈抗议"掉渣儿"公司宣称每天卖1 500个的欺诈行为，还列举了"掉渣儿七宗罪"。可是最终，他们只拿回了一万元的保证金。

春节过后，"掉渣儿"武汉店数从39家缩减到十来家，跟风者们也开始关门或转

---

① 1斤=0.5千克。

行。与此同时，晏琳开始挨个儿地与加盟商解约：退还万元保证金，交回加盟合同。至此，红火了整整一年的"掉渣儿"烧饼开始分崩离析。

面对之前供不应求的情况，她不得不选择以加盟的方式迅速壮大正宗"掉渣儿"烧饼的规模。可是她忽略了一个重要的事实：跟风者没有加盟费，因而成本更低，"掉渣儿"烧饼要想在竞争中立于不败之地，其原料采购、加工程序、店面服务等标准应该是不能被模仿，至少是不易被模仿的。再看看晏琳的"掉渣儿"烧饼，缺乏核心竞争力，缺乏完整的营销策略，缺乏后续的产品输出……跟风者甚至仅需一台电烤炉就能做出相似的产品！加盟连锁真能建立在如此简单的载体上吗？

2006年3月7日，坚决不肯退还合同的加盟商吴李红起诉"掉渣儿"公司隐瞒"没有取得商标权"的真相进行加盟，是种严重的欺诈行为，请求法院判"掉渣儿"公司退还4万元加盟费和保证金。

【案例启示】

"土家掉渣饼"为什么会有这样的命运？

（1）低门槛。开一家掉渣饼店大概只需要5 000元，而且简单好学，可也正是这种低门槛，才迅速毁了掉渣饼。

（2）"连而不锁"。掉渣饼没有统一的连锁整体，没有统一管理、统一原材料、统一配方、统一物流配送、统一采购，即母店用技术转让的方式连锁了子店，而这些子店各自为政，又靠从母店买的配方，发展自己的子店，子店与母店间没有任何约束，这才造成掉渣饼店无限无序发展，也形不成整体优势。

烧饼西施的掉渣儿梦

（3）配方外传。配方是经营者手中技术含量最高的东西。在国外的餐饮连锁管理中，一个产品的开发经营者在得到法律保护之前，不应该将自己的配方告诉加盟商。比如，麦当劳、肯德基和可口可乐这样的产品都有自己独特的配方，但在与加盟商合作时，尽管已经取得专利，经营者仍然自己控制配方。

（4）归根结底是直营店经营时间过短，体系不具备加盟条件。

（资料来源：新浪网，http：//finance.sina.com.cn/leadership/case/20060710/14242719187.shtml）

企业要开发特许经营项目，必须对自身条件有一个清醒的认识，并非所有的企业都能进行特许经营开发。开创一项特许经营事业是非常难的，而管理一个特许经营体系比管理一家企业要复杂得多。作为加盟总部要实施特许经营，必须具备以下几个基本条件。

一、实施特许经营的条件

（一）拥有较高知名度的商标

特许经营是知识产权交易的一种形式，而知识产权中最重要的内容之一就是商标，企业商标、产品品牌是维系加盟总部与加盟商的纽带。作为加盟总部，要扩大加盟体系，必须拥有一个较高知名度的商标，这是不言而喻的，因为绝大多数中小投资者加盟特许经营是冲着总部的商标去的，他们自己没有能力创出名牌，又期望一创业就能拥有一个响当当的招牌来吸引消费者，便心甘情愿地付出加盟费获取使用他人名牌商标的权利。这就是为什么当决定加盟快餐业时就会想到"麦当劳""肯德基"，加盟便利店时就会想到"7—11""快客"，加盟专卖店时就会想到"李宁""屈臣氏""耐克"等，这些声名赫赫的商标本身就是盈利的最佳保证。

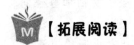【拓展阅读】

品牌与商标的区别

生活中，很多人认为商标跟品牌是同一个概念，认为标注了商标的符号就成了一个品牌。其实，商标与品牌是两个不同的概念，或者说是不在同一个范畴的概念，但极易混淆。

品牌（Brand）一词来源于古挪威文字 brandr，它的中文意思是"痕迹"，在古时，西方游牧部落在马背上打上不一样的痕迹，用以区别自己的产业，这是原始的商品命名方法，也是现代品牌概念的来源。1960 年，美国营销学会（AMA）给出了对品牌较早的解说：品牌是一种称号、术语、符号、符号和计划，或是它们的组合运用，其意图是用来辨认某个销售者或某销售者的商品或效劳，并使之同竞争对手的商品和效劳区别开来。而商标（Trademark）是指按法定程序向商标注册组织提出申请，经审查，予以核准，并颁发商标专用权的品牌或品牌中的一部分，商标受法律维护，任何人未经商标注册人答应，皆不得效法或运用。能够看出，品牌的内在更广一些。

孙晓岐老师解读品牌的认知

假如把品牌比作一个无穷的冰山，商标仅仅是冰山显露水面的一小部分。商标是品牌的一个组成部分，它仅仅是品牌的标志和称号，便于消费者记忆辨认。但品牌有着更丰盛的内在，品牌不仅仅是一个标志和称号，更蕴含着生动的精神文明层面的内容，品牌表现着人的价值观，标志着人的身份，抒发着人的情怀。例如，可口可乐的品牌内在远不只是"可口可乐"这几个字构成的标志和称号，它表现着"乐观向上"的美国文明。奔跑则标志着拥有者的"成功和位置"。

商标是一个法律名词，品牌是一个经济名词。商标和品牌都是商品的符号，商标是一个法令名词，而品牌是一个经济名词。品牌只要感动消费者的内心，就能产生经济效益，品牌只要依据商标法注册后才能变成注册商标，才能受到法律的维护，避免其他任何个体或公司的仿照运用。

品牌输出三部曲

商标把握在注册人手中，而品牌则植根于消费者心中。商标的所有权是把握在注册人手中的，商标注册人能够转让自己的商标，能够通过法律手段维护自己的商标。可见，商标跟品牌都直接影响消费者的消费观念，从而决定着商家的利益。

（资料来源：朱立. 品牌管理［M］. 2 版. 北京：高等教育出版社，2015.）

（二）形成自己的经营特色

市场上各行各业的竞争对手如林，所经营的商品和服务都大同小异，如何才能在市场中站稳脚跟、将消费者吸引到自己的加盟店这边来呢？唯一的办法就是形成一套自己的经营特色、形成自己的独特风格，以便与其他企业区别开来。如果总部经营的项目与同类企业类似，没有特色产品、特色服务、特色装修、特色管理，不具有较长期、大范围的市场需求基础，维持一个单店企业都岌岌可危，更不用说建立一个庞大的加盟体系了。

能够长期维持下来的特许连锁店，无不建立了一套自己的特色经营。例如，有些以"品种齐全"为特色,有些以"快捷方便"为特色,有些以"服务优良"为特色,有些以"价格低廉"为特色等,八仙过海,各显神通,其目的在于吸引顾客。商场如战场,要想在商场中打胜仗,必须有"撒手锏",只有塑造具有自己特色的经营手法,才能出奇制胜。

【案例】

徽商农家福

千里江淮,风吹稻浪。2002 年,安徽"农家福"率先在全国开展起农资特许加盟。在此之前,农民们购买化肥、种子必须跑到县城,还难保不会遇见假冒伪劣产品。农家福让他们眼前一亮:红底黄边的惹眼招牌,店员们统一着装,各类化肥、农膜一字摆开。

倚仗逐渐积累的人气,农家福以特许经营的方式开枝散叶:其在全省建立起镇、乡、村三级连锁体系,即以 10 千米为半径建设直营店,以 5 千米为半径建设乡镇标准店,以 3 千米为半径建设乡村便利店。三级连锁的模式大幅降低了农资流通成本,农民每亩①地平均节约 40 元。

除此之外,在农家福的每个加盟店里,都会有本地专家坐堂当起庄稼医生,只要客户一个电话,庄稼医生们便会骑上摩托车,直奔田间。截至 2018 年,公司拥有 8 家控股子公司、27 家直营店、100 余家专卖店、2 500 余家连锁店,业务范围覆盖安徽全省,并辐射江苏、江西、湖北、山东、河南等省份。

(资料来源:鲁渝华,杨昌作. 农村连锁[J]. 商界,2006 (12).)

(三)明确的可长期发展经营理念

经营理念是企业经营的终极目标,连锁的经营常因点的扩散分布,而使经营决策层与门店之间的距离愈行愈远,尤其当各单位及每个共事人在运作过程中无可避免地面临到问题与挫折时,如果没有很清楚的经营理念或实施架构,就会形成各自为政,甚至无序的现象。同时,如果缺乏总部提供的加盟店未来发展方向、发展蓝图及共同思考逻辑作为文化的依据,最终会导致整个特许经营体系混乱,并很快解体。只有经营理念明确,总部才可以制定出各项经营策略及执行方针,对加盟店的管理才可有法可依、有据可循,并对加盟店加以追踪评估,保证整个加盟体系的有序发展。

【案例】

高效 透明 关爱——BMW 创新服务理念

在目前激烈的市场竞争环境下,服务已经成为赢得客户、赢得市场的关键,BMW

---

① 1 亩≈666.67 平方米。

对此更是做出了积极响应。2016 年"BMW 春季焕新"活动为所有车主提供了格外丰富的服务项目，并且充满新意，旨在令车主的座驾焕然一新。

每一辆 BMW 都是驰骋在路上的精灵。BMW 预约快修通道确保您的爱车始终保持在道路上的绝对统治力。只需打一个电话，BMW 专有的快修服务顾问将核实所需的工作是否可以通过快修通道完成，然后您在约定的时间内到达快修通道地点，BMW 专有的快修服务技师将为您的 BMW 完成一系列保养和维修作业，使其重新焕发绝佳状态。

2016 年春季 BMW "焕新"活动开启了 BMW 售后服务忠诚度项目的序幕，包括季节关怀、老友专享、售后服务体验之旅、售后服务进社区等一系列旨在提高消费者满意度的高品质服务措施和活动将持续在全国开展。

BMW 中国的售后服务人员约有 17 000 名，经销商网络拥有 7 198 个维修工位、8 万原厂配件、4 大零件配送中心、400 万元的订单处理能力、8 917 名国际认证服务人员。2015 年，宝马为经销商人员提供了培训，这一切努力保证了 BMW 豪华汽车品牌的服务品质。

（资料来源：汽车之家网，http://www.autohome.com.cn/dealer/201410/18152595.html）

宝马 5 系
"大美之悦"

（四）拥有特殊的经营技能

有些加盟总部的加盟者一心一意长期跟随他们，而有些加盟总部招募的加盟者却隔不了多久就闹独立，吵着要脱离总部，甚至有些总部前面刚招进一些加盟者，后面就有人退出，使得自己的加盟数目总保持在原水平。这不是总部没有建立经营特色，也不是总部的特许事业难有良好的业绩，而是总部没有特殊的经营技能，难以控制加盟者。总部建立了自己的经营特色，这可以抓住消费者，却难以抓住加盟者，因为经营特色容易被人模仿，如 24 小时营业、品种齐全、价格低廉等这些经营特色很容易被经营者模仿，不具备核心竞争能力。因为当总部培训加盟掌握了这些经营方法，或加盟者找到总部的进货渠道后，他们便无须依赖总部也可以经营，自然就会想到脱离总部，或建立自己的连锁网络。而总部充其量只是又培养了一个竞争对手。

总部要想抓住加盟者，使他们脱离自己就无法生存，则必须拥有一套特殊的经营技能。这种经营技能必须有一定的垄断性，它或者是某种关键技术，或者是他人难以获得的廉价进货渠道，这样就使得加盟者一定要依靠总部才能获得某些经营上的支援，否则无法独立。例如，麦当劳就申请了多项专利技术，没有总部的支持，加盟者就无法生产出品质一样的汉堡包。关键的技术可能是受专利法保护的专利技术，也可能是靠保密维持的专有技术，掌握了关键技术的总部就等于掌握了一种高于一般企业的先进技术。特许连锁在实施过程中，必须拥有真正的特殊技术手段，这种特殊技术手段对加盟者应该是有用的，协议一经签订，便可以用于改善其部分地位，特别是改善其结果或帮助进入一个新市场。

【案例】

21 世纪不动产特许经营

21 世纪中国不动产是 21 世纪不动产全球体系中最新最大的区域，是 21 世纪不动产体系在亚洲地区继日本、中国香港地区、中国台湾地区、新加坡、韩国及印尼之后发展起来的。中国经济在 21 世纪正处于急速增长的时期，而 21 世纪中国不动产必将在房地产中介行业发展过程中扮演着主导角色。

21 世纪中国不动产致力于在中国大陆发展特许加盟事业，考察并接纳合适的房地产中介机构及投资者加入 21 世纪不动产特许加盟体系，为公众提供优质的中介服务。

21 世纪不动产深圳区域分部下设授权部、连锁服务部、市场部、培训部、法律部、财务部和 IT 部七个部门。业务体系包括：

一、不动产服务（Real Estate）

房地产事业部是全球最大的不动产特许方，拥有四大知名品牌：CENTURY 21、COLDWELL BANKER、ERA 及经营全球 50% 的调差安家业务的 CENDANT MOBILITY。房地产事业部除提供优质的房地产中介服务外，还提供非银行抵押贷款服务。

二、度假服务（Hospitality Service）

全球最大的饭店特许方，共计 6 300 余家饭店，542 000 个房间。拥有全球 70% 的分时度假服务，分享全球 17% 的酒店业务。拥有的知名品牌包括：Days Inn, Ramada, Howard Johnson, Super 8, Travelodge, Villager Lodge, Knights Inn 与 Wingate Inn。

三、租车服务（Vehicle Service）

拥有世界排名第二的通用租车连锁系统 Avis 品牌，占全球汽车租赁服务的 25% 市场份额，每年租车量共为 5 000 万次，遍布 140 个国家。另外，在泊车服务、车队管理方面，拥有 NCP、PHH Arval、Wright Express 著名品牌。

四、金融服务（Financial Service）

在税务、保险等金融方面的服务所拥有的品牌包括：Jackson Hewitt Tax Services、Benefit Consultants, Inc.、Cendant Incentives、FISI–Madison Financial、Long Term Preferred Care。

21 世纪不动产特许经营简介

五、旅行服务（Travel Distribution Service）

拥有全球最大的机票预订系统 Galileo，经营 50% 份额的机票预订业务，同时提供一流的在线和非在线的酒店及与旅行相关的票务服务。

21 世纪不动产通过采取"特许经营"这一被誉为最具获利能力的投资方式与创业途径达到吸收顾客、保留顾客、继续成长，从而实现最大限度地占领市场份额的经营目标。

21 世纪不动产特许经营案例分析

商业经营的最终目的是获取最大的利润空间，而要达到这一点，其本质在于吸收和保留最多的客户。经过 30 多年的实践与探索，21 世纪不动产通过特许经营的经营模式，在房地产这一特殊且地域性极强的产业，运用富有本土化的商业运营策略、领先世界的电子商务系统、全球化的信息通道、丰富而细致的衍生事业，真正使消费者体会到房地产交易中的放心与便利。

（五）维持总部良好业绩

名牌商标、独特的商品服务和经营技能是吸引加盟者的几个要素，总部本身的业绩如何，资金、人才、组织是否充实，同样也是加盟者考虑的重要因素，加盟双方关系一旦形成，总部便是加盟店的靠山，商品销售、经营管理技术、营销策略、广告宣传等都要仰仗总部的支持和帮助。如果总部本身的资金、人才和组织存在不少问题，经营起伏大，业绩不佳，则很难使加盟店产生信任感。即使加盟店选择合作伙伴时不够慎重，加盟了这家业绩不良的总部，也会在了解情况后弃之而去。良好的业绩是特许经营事业成功的基石，这块基石越稳固，事业发展就越长远，否则，好景只能是昙花一现而已。保持总部良好的业绩，拥有较高知名度的商标当然是一个有利条件，但绝不是唯一条件。

【案例】

加盟 21 世纪不动产的优势

21 世纪的品牌知名度和首选度已经遥遥领先于竞争对手，带有现代建筑标志的 21 世纪商标、金色徽章、金色西装，在全球刮起了一股金色旋风，身着金色制服的 21 世纪不动产经纪人已经成为全球公认的不动产专家。

21 世纪不动产以"全球第一房地产中介品牌"优势吸引顾客；运用"完善的管理体系"来保留顾客；提供"完备的支持体系"使顾客群体发展壮大，从而达到继续成长的目的，进一步吸引更多的顾客进入 21 世纪体系。

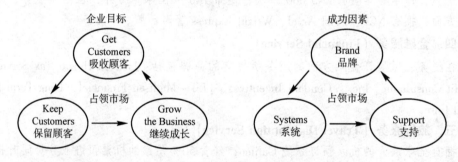

图 2-1　21 世纪不动产的组织结构与目标规划

21 世纪特许经营优势：

（1）品牌优势。21 世纪不动产美国总公司是世界最大的房地产中介连锁机构，提供最高水准的综合培训、房屋管理、人事管理及销售协助等服务。21 世纪不动产与美国排名前 200 位的公司都签有协议，当他们的工作人员到达中国，21 世纪中国不动产是其首选的中介服务机构。

（2）系统优势。21 世纪不动产经过近三十年的发展，形成了一整套相当完善的管理体系，从部门设立、人员配备、人员管理到经纪人操作程序都有相当详细的阐述。《营业规范手册》是每一个加盟商都必须遵守和认真执行的统一行为准则，共分两部分：行为准则和特许标志体系。行为准则部分确定了强制性政策及其他推荐性政策。特许标志体系部分确定了关键的"CENTURY 21"标志，并提供了可能出现的不同形式；该部分还指导如何制作户外标志，以及带有"CENTURY 21"标志的文具和广告，这样可以保持"CENTURY 21"标志的统一性，对整个"CENTURY 21"体系不断地获得成功至关重要。

（3）支持体系。培训体系、媒体广告、电子平台和 VI 体系等共同构成了庞大的支持体系，形成对各加盟商强有力的支持。

21 世纪不动产校园招聘宣讲

培训体系为各加盟店培养强大的后备人力资源，使他们明晓 21 世纪的经营理念、工作操作程序和工作技巧。全国广告基金的运用，使各加盟商共同降低经营成本的同时获得广泛的客户来源。先进的网络科技是支持我们营销活动的关键。21 世纪的商务网络分布在世界各地具有战略意义的地点，数以万计的顾客每分每秒都在点击我们的商务网站。通过独一无二的销售信息管理系统，以及建立与 MLS 网络科技公司的合作，我们为加盟店与经纪人不断提供各种行之有效的软件支持，获取最广泛的房源信息，进行高效率的店面管理。

（六）建立高效信息物流系统

连锁经营的一个基本条件就是要建立一套高效率的信息物流系统，特许经营也是一样。因为总部的仓储中心、配送中心、生产中心、培训中心等部门以及下属各加盟店一起构成了一个庞大的经营网络，要使这个网络的每一个组成部分都步调一致，有效地运转，没有一个电脑管理中心的信息物流系统是很难协调的。信息物流系统工作效率的高低，将直接影响到企业的经营状况。如当商品库存不足而采购又不及时，会造成加盟店缺货，缺货会带来两方面的损失：一是失去交易机会，造成现实损失；二是使顾客产生不信任感，损害企业形象，造成潜在损失。另外，当总部支出大量费用进行广告宣传时，如果物流系统不能及时将商品送往加盟店，那么广告费用将付之东流。正如一句名言："何时冰箱不称其为冰箱？当人们在休斯顿想要它时，它却在匹兹堡。"统一招商（"7—11"便利店）是台湾成立最早发展最快的便利店。创立初期，经营者就意识到：对便利店来说，缺货是不能忍受的一件事，对订货数量失控，会流失许多顾客。于是，他们最先成立"POS 系统购进小组委员会"，从美国、日本取得最新商店自动化资讯，然后对公司本身经营情况及未来的发展做了仔细的研究和详细的评估，先后导入 POS 系统和 EOS 系统作业，借助电脑，统一管理。除充分掌握各分店的销售状况外，还降低了库存，节省了成本，简化了订货手续，节省了营运时间，真正使连锁达到了规模经营效应，从而奠定了其在商界不可动摇的地位。

（七）累积成功运作的经验

在一个成熟的市场中，门店经营已无法仅靠个人的主观想法来运作，成功的运作策略除了必须累积丰富的经验之外，市场需求及运作基点等，都必须通过客观的调查资料加以分析，二者互相结合并不断调整，才能发展出真正属于自己的经验。首先需确定门店的定位，也就是必须先明白地确立出你所经营的是什么样的门店，是百货公司、量贩店、超级市场、便利店还是专卖店？唯有门店定位明确后，方能继续思考顾客是谁，顾客在哪里，他们需要什么，要如何才能满足这些顾客等。

【案例】

麦当劳特许餐厅的市场定位

麦当劳以年轻、活泼作诉求,希望提供一个轻快的用餐环境。麦当劳秉承"品质、服务、清洁和物有所值"的经营原则,并坚持在中国建立完善的食品供应网络系统和人力资源管理及培训系统的理念,与本地共同发展、共同进步和繁荣。

麦当劳定位分析:

1. 行业定位:中西融合的西式快餐连锁

到2004年年底,麦当劳年均开店达到200家和80家,年营业规模分别超过110亿元和60亿元,单店年均营业额在800万元以上,成为中国快餐以及餐饮行业的领头企业,对行业发展的作用和影响不断扩大。

2. 产品组合定位

以儿童套餐(开心乐园)和红运当头套餐为例:

儿童套餐:

A 汉堡包　吉士汉堡　火腿蛋麦香酥　麦乐鸡(4块)

B 小薯条　小玉米

C 可乐类汽水　热巧克力　橙汁　鲜奶

购买儿童套餐还免费赠送玩具一个,单买玩具也可以,10块一个。开心乐园套餐深深吸引了儿童的注意力,其套餐营养丰富,价格实惠,更重要的是赠送玩具,令儿童难以阻挡。

春节家庭分享餐(红运当头套餐):55元(立省7.5元)

红烩福鸡堡、红烩福牛堡、2个鸡翅、中薯条、红草莓冰饮、红草莓热饮、红豆派。此套餐与中国传统文化节日相结合,引发消费共振,取得了巨大的成功。

3. 定位优势

麦当劳的市场优势在于清洁(Clean)、快速(Fast)、品质(Quality)、服务(Service)、价值感(Value)。

4. 消费群体

麦当劳消费者多为40周岁以下,包括小孩和有小孩的家庭,年轻人较多。第一,儿童市场很大,同时儿童对食品的选择性比较小,容易受到其心理影响,很少有成年人选择商品时的理性行为。如果家长允许的话,儿童对好吃的东西会进行重复购买。第二,儿童的行为很容易给家长造成影响。在麦当劳里经常有这样的情形:几个孩子在一边吃着麦当劳食品,坐在一边的父母也会陪着吃,造成第二次购买或者联动性购买。第三,一般人对童年的记忆比较清晰,很多行为容易受童年记忆的影响。一般儿童时期迷恋麦当劳的孩子,在其逐渐成长的过程中也会对其进行消费。在麦当劳里很大一部分中小学生是受这一部分因素影响的。

(资料来源:百度文库,https://wenku.baidu.com/view/4184cd633169a4517623a321.html)

麦当劳特许餐厅市场定位分析

（八）不断改善的研发能力

越是竞争的环境，将越无法一味固守过去成功的经验，如果无法创新发展，仅沿袭以往的模式，终将会发现过去的成功反而会成为今日的负担。因此，连锁总部必须不断且快速地发展出新的商品及服务，以满足顾客的需求，同时吸引更多资源，另外，总部也需持续努力研究出更适合门店运作的各项运作系统，以不断提高总部与门店之间的运作效率，保持及创造门店与总部双方的极大利益。

【拓展阅读】

特许人从事商业特许经营所需条件

一、特许人应具备的基本条件

《商业特许经营管理条例》第3条规定，企业以外的其他单位和个人不得作为特许人从事特许经营活动。《商业特许经营管理条例》第7条规定，特许人从事特许经营活动应当拥有成熟的经营模式，并具备为被特许人持续提供经营指导、技术支持和业务培训等服务能力。特许人从事特许经营活动应当拥有至少2个直营店，并且经营时间超过1年。《商业特许经营管理条例》第15条规定，特许经营的产品或者服务质量、标准应该符合法律、行政法规和国家有关规定的要求。

《商业特许经营管理条例》明确了特许人从事特许经营活动应当具备的条件。由此可以判定，从事特许经营活动应当具备以下4项基本条件：

（1）只有企业，而且是拥有商标、企业标志、专利、专有技术等经营资源的企业，可以作为特许人从事特许经营活动，其他单位和个人不得作为特许人从事特许经营活动。

（2）特许人从事特许经营应当拥有成熟的经营模式，并具备为被特许人持续提供经营指导、技术支持和业务培训等服务的能力。

（3）特许人从事特许经营活动应当拥有至少2个直营店，并且经营时间超过1年。

（4）特许经营的产品或者服务质量、标准应当符合法律、行政法规和国家有关规定的要求。

二、特许人应具备的其他条件

根据特许经营相关法律法规和国际惯例的规定，特许人除了应具备的基本条件外，还应该具备以下几项条件：

（1）具备向被特许人提供长期经营指导和服务的能力，保证为被特许人提供开业前的教育与培训；具有一定的经营资源，保证长期提供特许经营合同规定的物品供应。

（2）具有被消费者认可的企业形象，保证向被特许人提供代表特许经营体系的营业象征和经营手册，使特许经营体系在统一的企业形象中运作。

（3）产品、服务或者经营模式具有良好的获利能力或潜力。

（4）具有对整个特许经营系统的运作进行管理和控制的能力。

(5) 具有完整、科学的投资计划和利润模式设计。
(6) 具有为被特许人提供广告策划和促销服务的能力。
(7) 具有高效、可靠的物流配送和信息管理系统。

（资料来源：九鼎资讯网，http：//www.jdzxnoe.com/nd.jsp?id=125）

二、《商业特许经营管理条例》中的规定

我国《商业特许经营管理条例》第三条和第七条规定，特许人从事特许经营活动应当具备以下几项条件：

(1) 特许人必须是企业，其他单位和个人不得作为特许人。

(2) 特许人拥有注册商标、企业标志、专利技术等经营资源的所有权或者排他使用权。

(3) 特许人应当拥有成熟的经营模式，并具备为被特许人持续提供经营指导、技术支持和业务培训等服务的能力。

(4) 特许人应当拥有至少2个直营店，并且特许人及2个直营店的经营时间均超过1年。但是2007年5月1日以前已经开展特许经营活动的特许人除外。我国《商业特许经营信息备案管理办法》第八条规定：特许人应当自首次订立特许经营合同之日起15日内，依照本条例的规定向商务主管部门备案。在省、自治区、直辖市范围内从事特许经营活动的，应当向所在地省、自治区、直辖市人民政府商务主管部门备案；跨省、自治区、直辖市范围从事特许经营活动的，应当向国务院商务主管部门备案。

国家知识产权
产业技术创新
战略联盟宣传片

尊重知识产权，
拒绝盗版

唯德知识产权
动画宣传片

【拓展阅读】

特许经营的知识产权

知识产权是指公民或法人对其在科学、技术、文化、艺术等领域的发明、成果和作品依法享有的专有权，也就是人们对自己通过脑力活动创造出来的智力成果依法享有的权利。世贸组织《与贸易有关的知识产权协定》所指的知识产权包括：版权及相关权利、商标权、地理标志权、工业品外观设计计权、专利权、集成电路布图设计权、未披露信息专有权。

特许经营的知识产权包括商标、商号、产品（服务）、商业秘密、专利、特许经营权。

未经注册的商标如果被人假冒，甚至抢注，对特许经营体系的损害将是十分严重的，甚至是毁灭性的。这样，受损害的将是整个特许经营体系。因此，特许经营权中的商标必须是注册商标，实行强制注册。同时，特许人有义务保持注册商标的有效性，按期进行续展。否则，因特许人未按期续展，导致商标被抢注，因此造成被特许人损失的，特许人应承担法律责任。商标许可是特许经营的一个主要组成部分。企业通过商标的专有权，建立特许经营体系的识别系统，维护营销产品或服务的信誉、形象。

（资料来源：360图书馆，http://www.360doc.com/content/12/0712/19/7090_223844826.shtml）

学习任务一
实施特许
经营的条件

学习任务二　特许经营的可行性分析

●●●【案例导入】

丽婴房的特许经营之路

丽婴房是国内婴幼儿服饰的领先品牌，不少婴幼儿的家长都喜欢到专业的婴幼儿用品店，给自己的宝宝购买产品表达对孩子的疼爱。

台湾大学心理系毕业的林泰生，自美国留学回国后，即任职于德州仪器，并晋升为统筹四千名员工事务的人事经理。后来，二十七岁的林泰生萌生了创业的构想，受母亲的启发，他认为婴幼儿事业大有可为。于是家境优渥的林泰生，便靠着一百五十万元创业资金，成立丽婴房。第一家店选在南京东路、中山北路口某大楼，内有山叶钢琴教室，不少家长在等待孩童上课之际，顺道到丽婴房购买，口碑不错。

因为初期投入成本太高，资金压力颇重。他发现单靠孤军奋战成功机会不大，想摆脱困境就要快速扩店，于是开始发展加盟店。五家直营店在五年内即达损益平衡的财务报表一公布，有意加盟者反应热烈，两年内，总计开了十七家加盟店。借力使力的结果是，丽婴房就像一个刚会走路的小孩，很快就学会了跑步。

当时人们对加盟认识有限，加上丽婴房本身经验不足，能提供的产品项目有限，加盟店店面管理问题接踵而来，非总部提供的产品，在加盟店内赫然可见，对丽婴房招牌信誉造成极大损伤，甚至有人冒名丽婴房开店。林泰生开始反思丽婴房的特许加盟事业。经过反复的思考、论证，林泰生认识到，连锁店总部必须立于主导地位，才能以独特的品质赢得市场，因此丽婴房对品质要求越来越严格，对不合格产品绝不妥协。

丽婴房企业简介

痛定思痛之后，林泰生开始对丽婴房的特许加盟事业进行整顿，经过艰难的整顿，丽婴房重新换发了生机。随后丽婴房开始走向国际化，把店铺开到了泰国、印尼、美国。1993年，丽婴房从台湾来到了大陆，2015年，丽婴房在大陆的店铺超过了1 400家，年营业额17亿元。

丽婴房加盟
申请表

【案例分析】

（1）通过丽婴房发展特许加盟事业由开始的混乱，到林泰生痛定思痛之后对丽婴房的特许加盟事业进行整顿，最终走出了一条成功的特许加盟之路的案例，可以看出总部在整个特许经营体系中的决定性作用。

（2）连锁店总部在整个特许经营体系中必须立于主导地位，并严格管理单店系统才能保证整个特许经营体系以独特的品质赢得市场。

丽婴房实践
全业态模式

（资料来源：百度文库，https://wenku.baidu.com/view/7a4aaf21482fb4daa58d4b17.html?re=view）

【知识要点】

特许经营可行性分析主要是通过市场的调研，对特许经营扩张的必要性、充分性、可行性、影响力等进行系统的分析和研究，形成可行性报告，再通过理性分析和数据论证，判断是否可以利用特许经营模式打开市场。一般而言，当创业者事业发展到一定阶段后，考虑采用构建特许经营体系的方式来加速发展和迅速扩张，应该是比较高明的选择。但特许经营的特色是一种成功模式的复制，与其他的经营方式不同，它只能锦上添花，而无法雪中送炭。所以，那些经营出问题或者只取得了初步成功就急于扩张的企业，一定要慎重选择特许经营方式。

一、特许经营可行性分析概述

（一）构建特许经营体系的必要性分析

一般应从企业本身所获得的经济效益和实施特许经营能够带来的社会经济影响的角度来分析构建特许经营体系的必要性。必要性分析主要关注这样一些问题：实施特许经营后企业获得的利润是否可以增加、会以什么样的速度增加；实施特许经营后企业能否提升品牌价值，企业规模能够扩大多少；实施特许经营后企业是否能够保证可持续发展，是否能够为当地经济增加税收或者提高就业做出贡献。

（二）构建特许经营体系的基础性分析

国际连锁企业管理协会的专家认为，只有具备了实施特许经营的前提和基础，才能成功地构建特许经营体系。这些前提和基础应包括以下几个方面。

（1）具有成功的盈利模式。企业的产品或服务是否具有盈利能力是加盟商投资的重要考察依据。只有成功的企业才具备市场竞争能力，才能保证统一管理标准，提升整体管理水平，才可以实施特许经营。

（2）具备可知识化的特权。特许经营实际就是特许权的授予，包括工业权和知识产权的使用、转让或出售。只有将准备作为特许权内容的成功元素和经验进行知识化提炼、总结和固化，才能转化为易于传播的形式，转移给授权人。

（3）能够被复制的模式。特许经营企业是通过对成功的模式进行复制（克隆）而发展的，特许人应有一套实用的运行模式。无论加盟店开在哪里，都是样板店的翻版；无论是店面设计、店堂陈列、产品特色，还是经营管理、企业理念，都与特许经营总部的样板店完全相同。

【案例】

馋嘴鸭加盟混乱分析

品牌是名和实的辩证统一体，它的存在价值在于通过对"人心"的征服，实现对市场的征服，这就要求品牌必须具有独占性，不仅要通过商标注册独占品牌的"名"，还要通过对知识产权、制作工艺、产品配方的保密而独占品牌的"实"。否则，品牌所有权就会旁落他人而制造出众多与自己同质的竞争对手，引起市场的混乱。

馋嘴鸭的"馋嘴"一词没有被任何一家业主注册并保护，而是在多次传播之后演变为一个通用名称，这样，馋嘴鸭品牌的"名"就失去了独占性。于是，"风光馋嘴鸭""大华馋嘴鸭"等各式各样品牌的馋嘴鸭相继涌现，整个市场的供给体系被各种鱼龙混杂的细分品牌支配，这些本应该统一于馋嘴鸭之下的品牌主体最后成了相互对立的竞争者。品牌的混乱必然影响到消费者对馋嘴鸭品牌的认同和好感，这在很大程度上损害了馋嘴鸭品牌的美誉度。

馋嘴鸭的扩张采取的是特许经营模式，但是特许经营的前提是必须具备商标和秘方等核心知识产权，而馋嘴鸭在扩张之前已经失去了这一优势：馋嘴鸭商标成为通用名称，配方被泄露出卖。而这必然导致扩张过程失控。任何一个获得秘方的经营者都可以作为一个独立的馋嘴鸭品牌进行特许经营，本应该由一个企业统一控制的扩张过程现在分别掌控在众多经营者手里，利益驱动使得他们必然争先恐后地大肆扩张，整个馋嘴鸭的市场扩张立刻陷入混乱无序的盲目状态。
（资料来源：百度文库，https：//wenku.baidu.com/view/0be7a226ba0d4a7302763adf.html?from＝search）

（4）完整的运营体系。一个成功的特许经营体系要具有完备的产品开发、促销推广、架构初具规模后才能谈得上扩张和更大规模的发展。任何一个缺乏体系设计、建立和支持的特许经营企业是不可能长久存在下去的。

【案例】

谭鱼头"三统一，一创新"

谭鱼头形成强势品牌、著名商标后，采用特许加盟方式，为合作方提供商标使用权，提供技术和管理，供应原材料，提供人员支持，公司每年收取定额管理费。具体表现在谭鱼头的"三统一，一创新"。

一、三统一

（1）统一培训人才。谭鱼头开创了中国餐饮界之先河，与国内唯一的一所烹饪高等院校——四川烹饪高等专科学校建立校企合作关系，共同出资设立"谭鱼头烹饪技术学院"，面向全国招生，为连锁店统一招收学员，培训酒店管理、餐饮服务、烹饪技术等专业人才。每个连锁店所需要配备的管理人员、服务员和厨师都经过学院的严格培训和考核，再向全国统一输出，使从业人员的素质和服务技能得到整体提升，以满足连锁店经营管理的需要。

（2）统一生产、物流配送。谭鱼头建立自己的原材料生产基地和全国物流配送中心100亩，基地中建立豆瓣生产车间、红锅、红蕃锅底料生产车间、辅料生产车间，苕粉厂、鸡精味精厂、酿酒厂等，年生产能力3 000吨以上，每天向全国各地连锁店输出约5吨原辅材料，从根本上保证连锁系统主要原辅材料的统一生产和供应，保障产品的统一性和特色口味。在有条件的成熟区域市场建立二级配送中心，对大宗物料和主要生鲜货品进行统一采购和配送，保证菜品质量，降低采购成本。

微服食访

谭鱼头火锅经营成功之道

（3）统一管理。谭鱼头从基础管理制度到前后堂操作标准，从财务核算到营销手册，还有逐级管理的检查考核程序等，都要参照国际通行的 ISO 标准体系，规范每一个流程、每一个环节。总部设立专业的企划部，对谭鱼头在全国范围内统一的品牌形象进行宣传及区域市场的营销活动进行支持和监控，以确保连锁店的规范运营。

二、一创新

谭鱼头建立了创新机制：除了辣味特色的红汤锅以外，还要开发三鲜锅、番茄锅、滋补锅、酸萝卜锅等多种辅锅，增加配套产品的多样性，使客人有更多的选择。谭鱼头火锅还要提供品种多样的四川特色凉卤和闻名全国的成都名特小吃，涵盖川菜大部分的丰富内容和特点。

（资料来源：百度文库，https://wenku.baidu.com/view/0be7a226ba0d4a7302763adf.html?from=search）

谭鱼头火锅秘制香料、汤料、老油的配方和制

（5）准确的市场定位。特许经营企业应从品牌定位、企业定位、产品定位、消费者定位等方面进行全盘考虑，建立一个定位准确、具有特色的特许经营体系。这是吸引受许人的重要方面。特许人应该强化企业独特的获利能力和经营特点，树立其在众多特许经营业务中清晰明确的形象。

【案例】

名创优品的品牌定位

一、核心定位——优质低价

定位理论的创始人里斯和特劳特认为，"定位是你对未来的潜在顾客的心智所下的功夫，也就是把产品定位在你未来潜在顾客的心中"。在商品过剩时代的竞争法则就是抓住消费者的本质诉求——优质低价。简单而言，就是"同等价格品质最好，同等品质价格最低"，这是名创优品的定位，也是其核心竞争力。

如何实现优质低价？消费者的偏好和诉求不断发生变化，在众多变量中，品质与价格是影响消费者购买行为的两项关键要素，谁能将二者更好地协调统一起来，谁就能在激烈的竞争中突围。

名创优品通过生产关系的创新，一方面通过现代化 IT 技术与高效的仓储物流系统升级供应链，提升经营效率；另一方面引入共赢的合作机制，降低边际成本，引发规模效应，最终实现品质和价格的和谐统一。

叶国富投入 3 000 万元委托海鼎公司打造定制化供需管理系统，进行数据管理，通过规模以量定价，控制产品质量和成本，毛利率仅有 8% 左右。低成本与低毛利实现了优质低价。并通过分布在广州、武汉、沈阳等地的八大仓储和第三方物流，集中采购统一配送，最大限度地缩短工厂到店铺的距离，中国区实现 21 天全场周转。名创优品目前在中国设有七大物流仓储中心，现代化的仓储物流系统是名创优品的生命线……

名创优品发展历程

二、充满张力的商业模式与"六驾马车"

名创优品高速成长的核心在于以顾客思维为战略原点，以消费者为中心，以信息

化为管理手段，以现代物流配送系统为支撑，构建一套充满张力的商业模式。独特的品牌定位、优质低价的产品、一流的店铺、现代化物流配送体系、高效的IT系统、独特的商业合作模式，这六大要素被叶国富概括为驱动名创优品高速运转的"六驾马车"。其中，品牌、产品、店铺易被模仿，但物流系统、IT系统和合作模式却难以在短时间被抄袭。

(资料来源：搜狐网，http://www.sohu.com/a/149281684_739921)

四年开两千家实体店，名创优品是怎么做到的

(6) 足够的前期资本。一个成功的特许经营体系应该兼顾盟主、加盟商、顾客和政府等多方面的利益。只有各方利益的协调、稳定、持续增长，特许经营体系才能成功经营下去。要做到多赢，就必须在特许经营体系提供实质性收入之前，具备一定的前期支付能力，以满足聘请特许顾问费、招募费、广告宣传费、样板店试验费、体系设计及基本的建设费等实质性支出的需要。

(7) 广阔的发展前景。作为一个成功的特许经营企业，应该具有广阔的市场发展前景和最熟悉的业务领域，只有这样特许人才能利用自己的知识和经验开创拓展业务，也只有这样才会有受许人前来购买，才不会因生意不能长期盈利导致受许人的退出。

(8) 持续的创新能力。特许经营虽然是复制成功的，但并非刻板的完全复制，而是需要不断创新，不断地打造企业的核心竞争力。可以说，创新是企业与体系长久生存的根本生命力源泉。

(三) 构建特许经营体系的经济可行性分析

国际连锁企业管理协会的专家认为，特许经营体系的建设是一项融经济性、技术性、知识性于一体的系统工程，企业应选用最有利的方法建设特许经营体系。除了建立系统支持、研究开发、督导培训、信息控制、财务管理、市场营销、物流配送等技术体系外，还应着重进行经济可行性分析，这是特许经营体系建立最为关键的一个方面。特许经营体系建立和经济可行性分析包括两个方面。

(1) 融资可行性分析。其中包括资金来源渠道分析、项目筹资方案确立、投资使用计划确定、借款偿还计划制订等内容。

(2) 投资与收益预测分析。投资与收益预测也称财务预测，它既是特许经营企业自身发展计划的信息支撑，也是吸引潜在受许人加盟的关键。企业在预测时，对投资费用的估计及项目带来的利益和计算必须做到详细、科学、准确、真实。

(四) 构建特许经营体系的社会效益分析

在可行性研究中，要对特许经营体系的社会效益和社会影响力进行分析，主要包括以下几个方面。

(1) 特许经营体系对国家政治和社会稳定的影响，包括增加就业机会、改善地区经济结构、提高地区经济发展水平、改善人民生活质量等。

(2) 特许经营体系与当地科技、文化、基础设施发展水平的相互适应性。

(3) 特许经营体系应与当地居民的宗教、民族习惯的相互适应性。

(4) 特许经营体系对合理利用自然资源、保护环境和生态平衡的影响。

(5) 构建特许经营体系的风险分析。

实施特许经营项目的风险体现在三个时间段内,即特许经营体系规划设计阶段、招募营建阶段、建成后的维护和升级阶段。具体的风险类别主要有以下几种。

①行业风险。特许经营行业壁垒不高,业内竞争激烈,会对特许经营体系的成功带来一定的风险,这导致受许人招募不理想。

②市场风险。由于竞争环境和政策法规的经常变化,特许经营体系的市场推广工作有很大的风险性,瞬息万变的市场无法保证受许人招募和加盟店运营百分之百取得成功。

③经营风险。特许经营体系的经营需要盟主企业采用全新和持续发展的特许经营理论和技术,能否掌握并科学运用这些知识,也是经营成败的一个重要的风险因素。

④政策和法规的风险。特许经营体系内的企业在迅速发展过程中可能会碰到投资、商标、税收、行业或地区的管制、融资等风险,这是造成特许经营体系难以成功的一个重要风险因素。

所以,潜在的特许人必须充分分析各种风险出现的频率和危害大小,并针对每种风险提前设计好应对策略。

【拓展阅读】

Gap 进驻中国

2010 年 11 月 Gap 来到中国的时候,北京、上海市场已经接受了 Zara 为代表的国际快时尚品牌。作为美国的全民品牌,Gap 在中国面临的最大挑战是,中国的消费者没有和 Gap 一起成长的经历。

在美国 Gap 代表着自由、独特的性格印象。Facebook 创始人马克·扎克伯格来访中国时就穿着 Gap 的卫衣。和大多数的跨国企业一样,Gap 在进入一个新市场之前做了完备的调查。他们发现,中国的"黄金一代"具有很强的表现个性的需求。这一代人现在的年龄处于 25 至 35 岁之间,消费能力强,并且熟知很多全球品牌,同时对时尚非常敏锐。Gap 所获得的机会是,这些消费者现在面临着琳琅满目的美丽服装,但是容易撞衫。Gap 能够为消费者提供的是一些偏休闲类、简单的服饰,但是通过自己的搭配却能表现出独一无二的属于自己的穿衣态度。

为了让中国的消费者了解 Gap,王以明策划了为期两年的"Let's Gap together"的营销活动。

Gap 选取了蔡依林、吴彦祖、杨颖等名人,同时他们也邀请了一些并不为中国消费者所熟知的面孔作为代言。王以明拥有足够的自信启用那些并非为大众所知的人物的原因在于,她希望能让消费者忽略明星本身的光环效应,而探索其背后深藏的一面。比如,周迅和 Philippe Cousteau 的搭配是因为两者都是著名的环保人士。而吴彦祖不仅是名优秀的演员与导演,他所创建的在线音乐、电影与创意产业的交流平台已使他成为社交网络领域的探索者。而他在本次大片中的搭档正是 Twitter 联合创始人

Biz Stone。这些来自中西方不同的人大部分在拍片前并不互相认识,但是一脉相通。

(资料来源:赢商网,http://news.winshang.com/html/043/3354.html)

GAP:美国最大服装生产商之一

二、特许经营可行性报告的内容

国际连锁企业管理协会的专家认为,在市场调研和可行性分析完成之后,应该形成可行性报告。通常一个完整的特许经营项目的可行性分析报告大致由以下几大部分组成。

(一)封面

它包括可行性研究的名称、研究单位、主要研究人员、编制报告的日期等。

(二)前言

前言即对可行性研究中的主要部分或核心思想进行高度概括总结、说明在研究过程中的主要发现、解释项目可行程度及对策建议等(一般要求1 000字以内)。

(三)目录

目录即可行性报告的逻辑架构,目录层次最多可到三级,一级、二级、三级之间的文字大小、粗细、样式等应有差别。

(四)企业的基本情况

1. 企业概况

它包括企业名称、性质、地址、组织结构、人员情况、主要股东、注册资本、法人代表、高层管理人员、企业发展历史等。

2. 企业业务现状

它包括企业市场占有率、目标市场等。

3. 产品和服务

产品和服务主要包括产品和服务的类型、产量、质量、特色、目标消费群体、竞争力、价格等。这一点对于那些主要依靠自有产品或产品类别少的企业特别重要,加盟成功与否在很大程度上与这些产品或服务的定位有关。

(五)特许经营项目的背景及发展状况

该部分内容主要包括以下两个方面。

1. 项目背景

国家或行业发展规划;说明国家有关的产业政策、技术政策,分析特许经营项目是否符合这些宏观环境要求;项目发起人及发起缘由。

2. 特许经营项目发展概况

它包括市场调查情况、已试验的成果、项目建议书的编制和审批情况。

(六)企业综合环境分析

1. PEST分析

PEST分析是指宏观环境的分析,宏观环境又称一般环境,是指影响一切行业和企业的各种宏观力量。要对宏观环境因素做分析,不同行业和企业要根据自身特点和经营需要进行，分析的具体内容会有差异，但一般都应对政治（Political）、经济（Economic）、技术（Technological）和社会（Social）这四大类影响企业的主要外部环境因素进行分析。简单而言，称为 PEST 分析法，如图 2-2 所示。

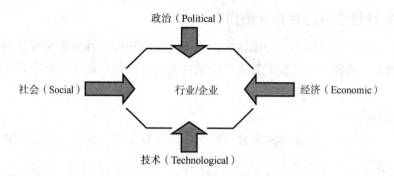

图 2-2　PEST 分析模型

（1）政治环境（Political Factors）。

政治环境包括一个国家的社会制度，执政党的性质，政府的方针、政策、法令等。不同的国家有着不同的社会性质，不同的社会制度对组织活动有着不同的限制和要求。即使社会制度不变的同一国家，在不同时期，由于执政党的不同，其政府的方针特点、政策倾向对组织活动的态度和影响也是不断变化的。

（2）经济环境（Economic Factors）。

经济环境主要包括宏观和微观两个方面的内容。

宏观经济环境主要指一个国家的人口数量及其增长趋势，国民收入、国民生产总值及其变化情况以及通过这些指标能够反映的国民经济发展水平和发展速度。微观经济环境主要指企业所在地区或所服务地区的消费者的收入水平、消费偏好、储蓄情况、就业程度等因素。这些因素直接决定着企业目前及未来的市场大小。

（3）社会文化环境（Sociocultural Factors）。

社会文化环境包括一个国家或地区的居民教育程度和文化水平、宗教信仰、风俗习惯、审美观点、价值观念等。文化水平会影响居民的需求层次；宗教信仰和风俗习惯会禁止或抵制某些活动的进行；价值观念会影响居民对组织目标、组织活动以及组织存在本身的认可与否；审美观点则会影响人们对组织活动内容、活动方式以及活动成果的态度。

（4）技术环境（Technological Factors）。

技术环境除了要考察与企业所处领域的活动直接相关的技术手段的发展变化外，还应及时了解：

①国家对科技开发的投资和支持重点；

②该领域技术发展动态和研究开发费用总额；

③技术转移和技术商品化速度；

④专利及其保护情况，等等。

【案例】

餐饮业的宏观环境分析如表 2-1 所示。

表 2-1 餐饮业的宏观环境分析

宏观行业环境要素		机会	挑战
政治和法律因素	国际国内政治格局	和平与发展是当今世界的主流,多极化趋势不断加强,一超多强的局面延续至今	总体缓和,局部紧张;总体和平,局部战争;总体稳定,局部动荡,中国餐饮业进入外国市场有难度
	国家宏观经济政策	中央提出扩大内需十项措施,实行积极的财政政策和宽松的货币政策,出台更有力的扩大内需的措施,促进经济平稳较快发展。经济平稳较快发展、消费者手头宽裕,有利于餐饮业的发展	金融危机的影响延续至今,相对减少了餐饮业的营业额,不利于餐饮业的较快发展
	法律法规	《中华人民共和国食品安全法》的不断完善,使餐饮业越来越规范,消费者更加信赖,从而促进了餐饮业的发展	《中华人民共和国食品安全法》不够完善,有人钻空子,破坏餐饮业美好繁荣的大环境,消费者担忧食品的安全问题
	其他	无	无
经济因素	GDP 及其增长	我国国民生产总值的较快增长有利于提高消费者的消费水平,从而促进餐饮业的发展	我国国民生产总值在不断增长,同时通货膨胀也在发生,人们手中的钱越来越不值钱,消费能力相对不高
	资源的开发和利用	中国旅游资源的大力开发与旅游业的发展促进旅游餐饮文化的发展	餐饮业人力资源开发能力不足,导致"用工荒"
	利率、税率和汇率的变化	银行存贷款利率、税率降低,汇率降低,投资量加大,有利于餐饮业的发展	银行存贷款利率、税率、汇率升高,资金紧张,不利于餐饮业的发展
	其他	无	无
社会及文化因素	人口统计与流动性	工业化和城镇化进程不断加快以及大量农村富余劳动力向城镇不断转移,使我国城镇化比率不断上升	无
	收入分配的变化	人们的生活水平不断提高,可支配收入增加,促进了消费,有利于餐饮业的发展	人们的生活水平不断提高,恩格尔系数总体下降,人们更多追求精神层次的消费,这相对阻碍了餐饮业的发展
	生活方式及价值观变化	人们文化水平及素质的提升使餐饮业服务质量也会有所提高,从而促进餐饮企业健康、快速、长远发展	人们的生活方式及价值观在变化,餐饮业需要随着人们的生活方式及价值观的改变而变化

续表

宏观行业环境要素		机会	挑战
社会及文化因素	生活态度的变化	以家庭为就餐中心的传统餐饮文化有所转变，越来越多的家庭以及个人选择外出就餐来满足联系及交流感情的目的	人们的生活态度各有不同，餐饮业要做到符合消费者的要求
	消费结构和水平的变化	消费结构正由温饱型消费结构向小康型消费结构过渡，居民直接在外饮食的次数与消费支出不断增加	餐饮业需要根据不同的消费结构采取合理的措施
	教育水平的变化	人们文化水平及素质提升，餐饮业服务质量也会有所提高，促进餐饮企业健康、快速、长远发展	教育水平的提高，使得消费者的要求增多，对餐饮业的要求更高
	其他	精神、态度、行为准则、风俗习惯等许多内容都是影响餐饮业的因素	
科学与技术因素	IT及互联网技术的应用	利用最新的信息技术能够使消费者的满意度提升，同时降低运营成本	同时也伴随着高风险，使更多的对手迅速崛起
	生物技术的应用	食品生物技术的提高能够改善产品的质量，也能为食品安全做保障	先进技术研究出来的食品未能得到广泛的认同，如转基因食品
	航空航天技术的应用	改良与培育新品种，为我们提供更丰富的原材料品种	消费者对新品种原材料的副作用未知，存在不信任
	纳米技术的应用	纳米材料做的无菌餐具、无菌食品包装为消费者提供食品卫生保障	技术含量高的纳米产品价格较高
	新能源的应用	节省了运输成本，能够提高企业的利润，厨余垃圾能够加工成新能源，节约环保	新能源的开发还存在不稳定的因素，是否大量运用对企业来说是一个挑战
	新材料的应用	降低了企业的各种成本	新材料的不稳定性以及不良作用的未知性将会为企业带来未知的影响
	其他	无	无
自然因素	全球变暖	寒冷地区温度上升，能够种植的农作物增多，原材料供应增多	环境变差，对全人类来讲是个悲剧
	环保低碳	现如今提倡低碳生活，该店十分符合环保低碳理念，将会成为餐饮行业中的一大亮点	低碳自然要牺牲一些方面，如不提供打包服务，需要消费者自身准备餐盒，在推广的过程中可能会遇到一定的阻碍
	地质灾害	企业捐款，以建立其在社会中的正面形象，这有利于企业的发展	农产品的收成锐减，原材料的价格升高，导致原材料成本以及运输成本的上升，对单店经营来说是个挑战
	其他	无	无

2. 企业的 SWOT 分析

SWOT 分析法（也称 SWOT 分析法、道斯矩阵）即态势分析法，20 世纪 80 年代初由美国旧金山大学的管理学教授韦里克提出，经常被用于企业战略制定、竞争对手分析等场合。表 2-2 所示为 SWOT 分析模型。

表 2-2　SWOT 分析模型

项目	优势—S	弱点—W
机会—O	SO 战略——如何发挥优势、利用机会	WO 战略——如何利用机会、克服弱点
威胁—T	ST 战略——如何利用优势、回避威胁	WT 战略——如何克服弱点、回避威胁

（1）SWOT 分析模型简介。

在现在的战略规划报告里，SWOT 分析应该算是一个众所周知的工具。来自麦肯锡咨询公司的 SWOT 分析，包括分析企业的优势（Strength）、劣势（Weakness）、机会（Opportunity）和威胁（Threats）。因此，SWOT 分析实际上是将对企业内外部条件各方面内容进行综合和概括，进而分析组织的优劣势、面临的机会和威胁的一种方法。通过 SWOT 分析，可以帮助企业把资源和行动聚集在自己的强项和有最多机会的地方。

优劣势分析主要是着眼于企业自身的实力及其与竞争对手的比较，而机会和威胁分析将注意力放在外部环境的变化及对企业的可能影响上。在分析时，应把所有的内部因素（即优劣势）集中在一起，然后用外部的力量来对这些因素进行评估。

（2）机会与威胁分析（OT）。

随着经济、社会、科技等诸多方面的迅速发展，特别是世界经济全球化、一体化进程的加快，全球信息网络的建立和消费需求的多样化，企业所处的环境更为开放和动荡。这种变化几乎对所有企业都产生了深刻的影响。正因为如此，环境分析成为一种日益重要的企业职能。

环境发展趋势分为两大类：一类表示环境威胁，另一类表示环境机会。环境威胁指的是环境中一种不利的发展趋势所形成的挑战，如果不采取果断的战略行为，这种不利趋势将导致公司的竞争地位受到削弱。环境机会就是对公司行为富有吸引力的领域，在这一领域中，该公司将拥有竞争优势。对环境的分析也可以有不同的角度。比如，一种简明扼要的方法就是 PEST 分析，另外一种比较常见的方法就是波特的五力分析。

（3）优势与劣势分析（SW）。

识别环境中有吸引力的机会是一回事，拥有在机会中成功所必需的竞争能力是另一回事。每个企业都要定期检查自己的优势与劣势，这可通过"企业经营管理检核表"的方式进行。企业或企业外的咨询机构都可利用这一格式检查企业的营销、财务、制造和组织能力。每一要素都要按照特强、稍强、中等、稍弱或特弱划分等级。

当两个企业处在同一市场或者说它们都有能力向同一顾客群体提供产品和服务时，如果其中一个企业有更高的盈利率或盈利潜力，那么，我们就认为这个企业比另外一个企业更具有竞争优势。换句话说，所谓竞争优势是指一个企业超越其竞争对手的能力，这种能力有助于实现企业的主要目标——盈利。但值得注意的是：竞争优势并不一定完全体现在较高的盈利率上，因为有时企业更希望增加市场份额，或者多奖励管理人员或雇员。

由于企业是一个整体，而且竞争性优势来源十分广泛，所以，在做优劣势分析时必须从整个价值链的每个环节上，将企业与竞争对手做详细的对比。如产品是否新颖，制造工艺是否复杂，销售渠道是否畅通，以及价格是否具有竞争性等。如果一个企业在某一方面或几个方面的优势正是该行业企业应具备的关键成功要素，那么，该企业的综合竞争优势也许就强一些。需要指出的是，衡量一个企业及其产品是否具有竞争优势，只能站在现有潜在用户的角度上，而不是站在企业的角度上。

影响企业竞争优势的持续时间的关键因素：
① 建立这种优势要多长时间？
② 能够获得的优势有多大？
③ 竞争对手做出有力反应需要多长时间？

如果企业分析清楚了这三个因素，就会明确自己在建立和维持竞争优势中的地位了。永和豆浆的SWOT分析如图2-3所示。

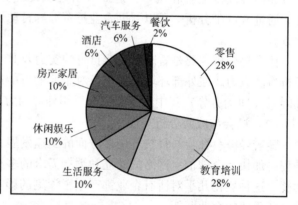

图 2-3 永和豆浆的 SWOT 分析

（七）市场分析

市场分析包括行业概况、竞争者分析、消费者分析。

1. 行业概况分析

行业概况分析包括行业的历史、规模、特征、主要客户群、容量及潜力、发展趋势与合作情况、行业竞争的关键点、国家的有关政策、本行业新技术的最新发展、上游产业的最新发展、本行业领导者的最新动向等。

【拓展阅读】

特许经营行业分布

最新数据显示，目前中国已有2 600多家特许企业，涉及13大类80多个行业或业态。主要包括：餐饮、旅店、休闲旅游、汽车用品及服务、商业服务、印刷、影印、招牌服务、人力资源开发、猎头、家政服务、住宅装修、便利商店、洗衣店、教育用品及服务、汽车租赁、机器设备租赁、零售店、健身、美容服务、房地产中介以及其他服务业。

(资料来源：网络营销教学网，http://www.wm23.com/wiki/6514.htm)

2. 竞争者分析

竞争者分析主要是在企业所属的行业环境中进行的。根据迈克尔·波特的观点，一个行业中的竞争者不止在原有的竞争对手中存在，而且包括五种基本的竞争力量：潜在的行业新进入者、替代品的竞争、买方讨价还价的能力、供应商讨价还价的能力以及现有竞争者之间的竞争。这五种基本竞争力量的状况及综合强度，决定着行业的竞争激烈程度，从而决定着行业中最终的获利潜力以及资本向本行业的流向程度，这一切最终决定着企业保持高收益的能力。波特五力分析属于外部环境分析中的微观环境分析，主要用来分析本行业的企业竞争格局以及本行业与其他行业之间的关系。模型如图2-4所示。

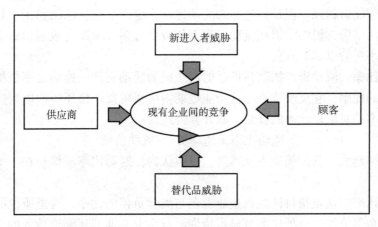

图2-4 波特五力模型

大企业最直接的竞争者是那些处于同一行业同一战略群体的企业，这类企业的利益都是紧密联系在一起的，作为企业整体战略一部分的各企业竞争战略，其目标都在于使得自己的企业获得相对于竞争对手的优势，所以，在实施中就必然会产生冲突与对抗现象，这些冲突与对抗就构成了现有企业之间的竞争。这种竞争力量是企业所面对的最强大的一种力量，这些竞争者根据自己的一整套规划，运用各种手段（价格、质量、造型、服务、担保、广告、销售网络、创新等）力图在市场上占据有利地位和争夺更多的消费者，对行业构成了极大的威胁。

3. 消费者分析

通过消费者行为分析，了解消费需求，以比竞争对手更好的方式去满足消费者需求。这一过程包括市场细分、目标市场选择、市场定位三个步骤。

（八）财务预测

财务预测其实是投资与收益的估计，它既是特许人企业自己发展计划的信息支撑，也是吸引潜在受许人加盟的亮点。

特许经营企业财务分析常有的方法有两种：一是趋势分析法，就是根据连续几期的财务报表,比较各个项目前后的变化情况,来判断企业财务和经营上的变化趋势;二是比率分析法,根据同一期财务报表各个项目之间的相互关系,求出其比率,从而对企业财务和经营状况做出判断。运用比率分析法,主要对偿债能力、营运能力和获利能力进行分析。

1. 偿债能力的分析

特许经营企业的偿债能力分析可分为短期和长期两种情况。

(1) 短期偿债能力分析。

特许经营企业短期偿债能力是指偿还流动负债的能力。它主要是通过特许经营企业资产的流动性及其金额的大小表现的,通常包括下列几种比率。

①流动比率。这是特许经营企业的流动资产总额与流动负债总额之比,计算公式为:

$$流动比率 = 流动资产/流动负债$$

一般来说,流动负债应用流动资产来偿还。流动比率越高,说明资产的流动性越大,短期偿债能力越强。但是,过高的流动比率,也许是存货超储积压、存在大量应收未收账款的结果,说明滞留在流动资产上的资金过多,未能有效利用资金。根据经验,流动比率一般以2:1为宜。

②速动比率。流动资产扣除存货后的资产成为速动资产。速动比率是指速动资产同流动负债的比率,它反映特许经营企业短期内可变现资产偿还短期内到期债务的能力。速动比率是对流动比率的补充。其计算公式为:

$$速动比率 = 速动资产/流动负债$$

速动比率越大,其偿债能力就越高。一般认为,速动比率应维持在1:1左右较为理想。

③现金比率。这是指特许经营企业现金与流动负债的比率。这里所说的现金,是指现金及现金等值物。这项比率可显示特许经营企业立即偿还到期债务的能力。其计算公式为:

$$现金比率 = 现金/流动负债$$

(2) 长期偿债能力分析。

①资产负债率。也叫负债比率、举债经营比率,是指负债总额对全部资产总额之比,用来衡量特许经营企业利用债权人提供资金进行经营活动的能力,反映债权人发放贷款的安全程度。其计算公式为:

$$资产负债率 = 负债总额/资产总额 \times 100\%$$

②产权比率。也叫负债对所有者权益的比率,是负债总额与所有者权益总额的比率。其计算公式为:

$$产权比率 = 负债总额/所有者权益总额 \times 100\%$$

③利息保障倍数。又称已获利息倍数,是特许经营企业息税前利润与利息费用的比率,反映特许经营企业用经营所得支付债务利息的能力。其中,利息费用是支付给债权人的全部利息,包括财务费用中的利息和计入固定资产的利息。其计算公式为:

$$利息保障倍数 = 息税前利润/利息费用 = (利润总额 + 利息费用)/利息费用$$

国际连锁企业管理协会专家认为,一般来说,利息保障倍数至少应等于1。这项指标越大,说明支付债务利息的能力越强。就一个特许经营企业某一时期的利息保障倍数来说,应与本行业该项指标的评价水平比较,或与本企业历年该项指标的水平比较,来评价企业目前的指标水平。

2. 特许经营企业营运能力的评价

营运能力反映了企业资金周转状况。通常来说,资金周转得越快,说明资金利用效率越高,特许经营企业管理水平就越好。反映特许经营企业营运能力的指标包括应收账款周转率、流动资产周转率、总资产周转率等。

(1) 应收账款周转率。这是指企业本期发生的赊销净额与同期应收账款平均余额的比率,反映应收账款的流动程度,也称收账比率。其计算公式为:

$$应收账款周转率 = 赊销净额/应收账款平均金额$$

其中,赊销净额 = 销售收入 − 现销收入 − 销售退回、折让、折扣应收账款平均余额 = (期初应收账款 + 期末应收账款)/2。

考察应收账款回收速度快慢,还可以利用应收账款周转天数这一指标。应收账款账龄短,说明应收账款活动性强,发生坏账损失的可能性就小。

$$应收账款周转天数 = 360 天/应收账款周转率$$

(2) 存货周转率。在流动资产中,存货所占的比重较大。存货的流动性将直接影响特许经营企业的流动比率。存货周转率是衡量和评价特许经营企业购入存货、投入生产、销售回收等各环节管理状况的指标,也叫存货周转次数;用时间表示的存货周转率就是存货周转天数。其计算公式为:

$$存货周转率 = 销售成本/存货评价余额$$

$$存货周转天数 = 360/存货周转率$$

其中,存货评价余额 = (存货期初余额 + 存货期末余额)/2

(3) 流动资产周转率。流动资产周转率又叫流动资产周转次数,是销售收入净额与全部流动资产评价余额的比率,反映全部流动资产的利用效率。用时间表示的流动资产周转率就是流动资产周转天数,表示流动资产平均周转一次所需时间。其计算公式为:

$$流动资产周转率 = 销售收入净额/流动资产平均余额$$

$$流动资产周转天数 = 360/流动资产周转率$$

其中,总资产平均余额 = (流动资产期初余额 + 流动资产期末余额)/2。

流动资产周转率是分析流动资产周转情况的一个综合指标。流动资产周转快,会相对节约流动资产,相当于扩大了特许经营企业的资产投入,增强了特许经营企业的盈利能力;反之,若周转速度慢,为维持正常经营,特许经营企业必须不断补充投入资源,造成资金使用效率低下,必然降低特许经营企业的盈利能力。

(4) 总资产周转率。又叫投资周转率,是销售收入净额与全部资产平均余额的比率,表明特许经营企业投资的每 1 元资产在一年里可形成或产生多少元的销售收入。该指标从总体上反映特许经营企业资产的利用效率。其计算公式为:

$$总资产周转率 = 销售收入净额/总资产平均余额$$

其中,总资产平均余额 = (期初资产总额 + 期末资产总额)/2。

3. 特许经营企业盈利能力的评价

国际连锁企业管理协会认为,盈利能力是指特许经营企业赚取利润的能力。特许经营企业盈利能力的大小,关系着特许经营企业的生存和发展。无论是投资者、债权人还是管理当局,都非常重视和关心特许经营企业的盈利能力。反映特许经营企业盈利能力的财务比率主要是以下几种。

(1)销售毛利率。这是指销售毛利占销售收入的百分比,表示每1元销售收入在扣抵销售成本后,有多少钱可以用来弥补各期间费用,并形成盈利。一般来说,这个比率越大,说明特许经营企业的获利能力越强。其计算公式为:

$$销售毛利率 = 销售毛利/销售成本$$

$$销售毛利 = 销售收入 - 销售成本$$

(2)销售利润率。这是指净利润与销售收入的百分比,表示每1元销售收入带来的净利润的多少,反映销售收入的收益水平。其计算公式为:

$$销售利润率 = 净利润/销售收入$$

(3)投资报酬率。这是衡量企业运用所有经济吸引获取收益能力的一项重要指标。其计算公式为:

$$投资报酬率 = 净利润/总资产平均余额$$

其中,总资产平均余额 = (期初资产总额 + 期末资产总额)/2。

(4)每股收益。该项指标反映上市公司每股普通股可分摊的净利润额。其计算公式为:

$$普通每股收益 = (净利润 - 优先股股利)/发行在普通股平均股数$$

(5)市盈率。这是普通股每股的现行市价与每股收益的比率,可供投资者用来分析股票市价是否合理。一般而言,收益增长潜力较大的特许经营企业,市盈率较高;反之则低。

4. 社会效益和社会影响分析

项目对国家政治和社会稳定的影响包含以下几个方面:

(1)项目与当地科技、文化发展水平的相互适应性;
(2)项目与当地基础设施发展水平的相互适应性;
(3)项目与当地居民的宗教、民族习惯的相互适应性;
(4)项目对合理利用自然资源的影响;
(5)项目对国防效益的影响;
(6)对保护环境和生态平衡的影响。

(九)项目风险分析与提示

该部分内容包括行业风险、市场风险、经营风险、政策法律风险、风险预测、防范与应对策略等。

(十)可行性研究报告附件

国际连锁企业管理协会的专家认为,这部分是对主体部分的补充,主要是可行性研究报告所需要提供的参考资料。其具体包括:项目建议书、项目立项批文、市场调研分析报告、贷款意向书、环境影响报告、需单独进行可行性研究的单项或配套工程的可行性研究报告、引进技术项目的考察报告、利用外资的各类协议文件、其他主要对比方案说明等。该部分要求所列附件应注明名称、日期、编号。

德克士餐厅可行性研究报告

学习任务二
特许经营的类型及本质特征

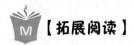
【拓展阅读】

品牌特许加盟的八大热门行业

连锁加盟在中国已成为发展最快、市场空间最大、投资者最关注的领域。从目前各行业连锁经营的发展态势和投资人的品牌特许加盟热点来看，便利店、服饰店、汽车养护、家装、房屋中介、教育培训、美容健身、餐饮、洗衣店等成为投资热门。

传统行业继续走热，品牌维护、品牌创新是重点。零售业、服饰业和餐饮业是我国最早进入连锁经营的传统行业，同时也是连锁经营的三大支柱行业。

一、零售业，便利店是亮点

零售业是国内最早尝试发展连锁加盟的行业。据商务部的统计数据显示，在百货、超市等零售业态毛利大幅缩水的情况下，便利店已成为我国连锁业发展模式中最新出现的亮点。

日本便利店的平均毛利高达47%，中国台湾地区的平均毛利率达到了30%，美国的平均毛利率也在40%以上。据业内有关人士透露，即使在我国大陆，扣除各种开支之后，便利店毛利率也在25%左右。

二、服装服饰，行业龙头

在传统行业中，服装、饰品行业是个永恒的朝阳产业。与其他行业相比，服装、饰品行业的投资门槛低，不需要太多的专门技术，几万元就可以开个不错的小店，而且如果能选择一个正确的专业性加盟总部，即使没有创业开店的经验，也可在连锁总部的指导下较为轻松地获得创业成功，而面临的市场风险则相对较小。

三、餐饮美食，理性发展

餐饮连锁是连锁加盟的主导力量，在连锁经营领域的发展中一直起着火车头的作用。

1987年肯德基第一家店落户北京，不仅带来了标准化的洋快餐，而且也把连锁经营的模式引入了中国。1994年全聚德成立集团公司，推广连锁化经营模式，成为国内餐饮连锁业发展的标志性事件。随后，从1996年到2000年，餐饮企业开始大规模运用连锁经营模式扩张，其间涌现出谭鱼头、小天鹅、德庄、东来顺、永和豆浆、小肥羊等全国性餐饮连锁企业。

四、洗衣行业，稳中求胜

洗衣业开展连锁经营源于20世纪90年代中期。洗衣连锁店作为一个实体，持久性较强，每年均有一个趋于上升的稳定利润回报；没有库存积压及欠款纠纷；开业运营步入正轨后经营管理模式简单，运营成本较低，是目前我国连锁经营中应用最为广泛，市场发展也较为稳定的行业。

五、汽车养护，潜力巨大

据有关资料显示，早在20世纪80年代的美国，汽车专业维修市场就开始迅速萎缩，汽车养护企业逐渐占据了整个汽车保修行业的80%以上。中国标准化协会秘书长指出，据统计，汽车的销售利润在整个汽车利润的构成中仅占20%，零部件供应的利润占20%，而50%到60%的利润是从汽车服务业中产生的，尤其是在汽车养护业。

六、家装行业，良性发展

家装行业开展连锁经营，在真正意义上是从2001年开始的。目前，我国家装行业的连锁经营还没有形成完整意义上的规范，整个家装市场还处于一个相对滞后、混乱的市场格局。

七、房产中介，诚信是关键

据了解，在国外，90%以上的房屋流通都是通过中介企业完成的，存量房的成交量远远超过了增量房，达到了5:1。而在中国市场上，增量房的消费仍是主体，部分城市达到了1:50，二、三级市场非常活跃的城市也只不过在1:1左右。无论是从1:50还是从1:1，要达到国外5:1的水平，中介在其中的商机是无比巨大的。

八、美容美体，专业是保障

《中国美容经济调查报告》显示，美容美体业正成为中国继房地产、汽车、旅游和电子通信之后的第五大消费热点。近年来美容美体经济一直以每年15%以上的速度持续增长。

成功特许经营五步法

维视力特许经营权分析

中国与斯里兰卡正式签署汉班托塔港特许经营协议

学习任务三　特许经营发展战略规划

【项目导入案例】

7天连锁酒店集团战略分析

7天连锁酒店集团（7 Days Group Holdings Limited）创立于2005年，2005年3月，第一家分店——广州北京路店成立，2009年11月20日在美国纽约证券交易所上市（股票代码：SVN）。作为第一家登陆纽交所的中国酒店集团、中国连锁酒店行业的领导品牌，7天连锁酒店致力向超过500万"7天"会员提供环保、健康、便捷、更具人性化的优质酒店服务和会员服务。依靠快速的发展势头及优异的盈利能力，7天连锁酒店集团获得美国华平、英联投资、德意志银行、美林集团四家国际金融巨头注资近两亿美元，是迄今为止行业累计获得融资最多的企业。

凭借全球酒店业第一电子商务平台的优势，7天连锁酒店还创立了国内首家品牌经济型酒店跨区域酒店联盟——"星月联盟"。该联盟以"顾客受益最大化"为宗旨，通过优选国内具有一定品牌影响力的经济型连锁酒店加入，在联盟酒店原有的良好硬件设施、优质的服务、便利的交通基础上，利用网络平台的优势，降低联盟酒店的运营成本，把更多的利益返还给消费者，让广大联盟会员更多、更好地获得干净、健康、便捷、安全的高性价比酒店服务。

7天连锁酒店核心优势就是利用互联网来进行整合管理。互联网不仅是获取用户和形成公司特质的一种绝好知识工具，更重要的是，互联网也是7天连锁酒店运营中的重要支撑工具，其包括中央预定系统、短信即时预定/确认系统等领先的IT技术系统。7天连锁酒店是第一家将酒店预订系统从C/S（客户机/服务器）结构迁移到B/S（浏览器/服务器）结构的经济型酒店；7天连锁酒店推出自己的SNS——快乐七天，通过社区增加人气，提高品牌凝聚力，从而实现商业销售目的；7天酒店对旗下所有连锁分店实行统一的品牌形象、统一服务质量、统一市场营销、统一运作标准的连锁化经营管理。

7天连锁酒店削弱了总部对单店的控制力，给予店长充分的权力；丰厚的奖励机制以及扁平式管理，使得每一个7天的店长、店员都以主人翁的姿态来为客人服务，从而将提供优质服务做到了极致。

【案例启示】

（1）7天独特投资加盟模式，即"管理直营店"战略具有独特的优势。传统特许加盟模式，是加盟者持有物业并装修投资，同时向品牌持有者交纳一笔价格不低的加盟费，然后根据每月约定的指标或者比例向品牌持有方交纳一定的费用，而管理团队不一定完全由品牌持有方派出，有些加盟商可以按照品牌方制定的标准自行招聘组建团队。而7天连锁酒店对直营店的管理是这样的：7天按照直营方式管理加盟店，加盟商只以物业及现金形式入股该店，年终获取分红，不参与该店的直接管理。

（2）传统的加盟模式有利于品牌快速扩张，但对于加盟商而言，除了缴纳相当数额的加盟费以外，还需要自主管理，实际承担了资金与运营的双重风险。相较之下，7天采取的投资加盟模式大大降低了品质控制的风险。通过统一管理，不仅有效地保证了酒店的服务品质，使7天的加盟店与直营店齐头并进，而且能确保加盟店的满房率，从根本上保证了加盟商的利益。

7天连锁酒店SWOT分析

（资料来源：王丽萍．七天连锁酒店集团快速成长路径分析［J］．企业活力，2012（2））

【知识要点】

一、特许经营发展战略规划的基本概念

特许经营对企业来说，往往是影响企业长远发展的重大决策，也牵涉到企业整体资源的配置等问题，因此，当可行性研究出来后，那么接下来整体性的战略规划也必不可少。

战略规划是指企业制定的对将来一定时期内全局性经营活动的理念、目标以及资源和力量的总体部署，是组织为谋求长远生存与发展所做出的具有全局性、方向性、长期性的资源统筹规划与行动的系统安排。

战略规划来源于战略思维，战略思维是最高的管理智慧。没有战略思维就没有成功的战略规划。战略思维解决的是如何将公司各个部分的决策和行动编织成一个统一、和谐的整体。韦尔奇之所以能成功领导通用电气公司持续成长，经久不衰，关键就在于其卓越的战略思维。

建立卓越的战略思维，其实就是围绕"战略是什么"这一核心问题进行思考。战略的主要内容包括：确定组织使命、描绘发展愿景、制订中长期发展目标、选择战略路径与行动策略、优化配置组织的关键资源、统筹推动组织开展战略行动等。更进一步地，战略实际上是需要企业回答三个基本的问题：一是你想往哪儿去，也即确定企

业准备在哪里竞争，例如什么领域，在什么样的市场；二是你如何到达那个地方，也即确定企业要如何参与竞争；三是有时确定了在哪里竞争，也确定了如何竞争时，还要选择适当的时机，也即确定何时参与竞争。因此，建立战略思维也就是在认清战略思考的基本特点后，不断围绕着这三个基本问题进行前瞻性思考，并在此基础上，充分考虑战略环境的变化，结合自身拥有的资源与核心能力并建立起相应的分析、研究机制，并能够作出迅速的战略性行动。

特许经营管理概论之特许经营企业的运营战略

特许经营企业品牌战略的内容与实施

二、特许经营发展战略规划的意义

作为企业的经营者，始终要考虑的问题是企业如何实现持续性发展，如何为股东创造更大的价值。从战略角度而言，其实就是一个战略思维的问题。战略规划来源于战略思维，没有战略思维就没有成功的战略规划。战略思维解决的是如何将公司各个部分的决策和行动编织成一个统一的整体。

（一）为特许企业未来发展绘制蓝图

战略规划一旦完成，企业将来很长一段时间的发展范围、发展速度、加盟模式、资源配置都将在一定程度上被确定下来，除非有重大变化，一般不会有大的改变。因此，战略规划过程中的决策质量将对企业的整体运作产生长远影响，决定特许企业目标的最终实现。

制定战略规划的过程可以使习惯于埋头经营的中小企业有机会抬头看路，审视一下企业目前和未来发展的经营环境、经营方向和经营能力，促使经营者将内部资源优化与外部环境因素结合起来，思考和确定企业发展的战略目标、战略措施等全局性的问题。良好的战略规划将引导中小型特许连锁企业由大到强。

（二）有利于特许经营体系的协调发展

重视特许经营企业战略管理，重视阶段目标的制定，有助于特许经营体系从总部到加盟店，从最高决策者到普通员工的整体协调。总部在特许经营体系中居主导地位，特许经营总部既要重视加盟过程以及市场规划的管理，更要重视长远的发展规划，从而使得整个特许经营体系有共同努力的长远方向，进而提升整体绩效。

（三）有利于特许经营企业获得长久竞争优势

战略规划的本质是通过内外环境分析，确定适合特许经营企业的目标和方向，以及关键策略。通过对外部环境的深刻认识，对特许企业内部各方面资源和业务专长的准确判断，认清本企业外部的机会和威胁，识别本企业内部的优势和劣势。在此基础上，战略规划清晰地确定了本企业的任务，建立长期目标，制定可供选择的战略方案，选择可供实施的战略方案。

小店连锁经营战略优势

三、特许经营企业经营战略内容

特许经营企业经营战略作为一个战略系统，包括三项基本内容，即战略目标、战略方针和战略对策。

（一）制定战略目标

特许经营战略目标是指特许经营企业在分析外部环境和内部条件的基础上所确定的长期的、全局性的发展方向和奋斗目标，是特许经营企业经营思想的具体化。特许经营企业的战略目标是经营活动的"指南针",引导着各部门、各环节所有员工的工作方向和速度,能协调各部门、各环节的关系,能激发全体员工的积极性和潜在力量。比如,某美容化妆品特许经营企业的战略目标是用5年时间再发展5 000家特许经营店,成为中国最大的美容化妆品连锁企业。同时,要进行连锁经营模式的选择,看看是以特许经营为主,还是直营连锁、特许经营混合,是单店特许,还是区域特许,等等。

特许经营战略目标不是一个单纯的目标,而是一个综合的目标体系。一般而言,特许经营基本战略目标由经济收益和组织发展两方面内容构成。经济收益或利润是特许经营企业生存发展的基本条件,是衡量特许经营企业经营活动效果的基本尺度,也是特许经营企业满足各方面要求,实现其目标的前提。经济收益通常表现为销售额、总资产、经营规模和利润率等。这些目标对于经营管理者,是事业成功的标志;对于职工,能带来工作机会的增加和报酬的提高;对于所有者,则意味着原有资产的增值。

特许经营企业的组织发展目标主要包括市场发展目标、行业地位目标和社会发展目标等。正确的组织发展目标能够引导特许经营总部组织职能的逐步完善,吸引更多的加盟者,特许经营企业社会影响会逐渐扩大。这既反映了特许经营企业的经营管理水平,又有利于国民经济的发展,也提高了特许经营企业本身的社会地位。

特许经营企业的战略目标除了基本目标外,还包括满足所有者、经营管理者和职工三个方面的目标或要求。这些目标必须与基本目标一致,要与基本目标结合起来,形成一个相互联系、相互协调、具有内在一致性的战略目标体系。

【案例】

东方爱婴战略分析

东方爱婴是1998年创立的一家专注于0~6岁儿童关键期成长的教育机构,总部设在北京。东方爱婴已经在全国300多个城市开设了超过800家婴幼儿早期教育中心和100多家日托中心,已经成为国内覆盖区域最广的儿童成长科学发展机构,目前东方爱婴共有2 100余间教室,营业面积超过24万平方米,也是营业面积最大的早教品牌之一。

东方爱婴一路奋进,将"特许经营"模式引入早教行业,之后又联手中国科学院研发完成中国儿童智能成长测评(CCDA),一举填补中国0~6岁儿童身心发展测评领域空白,此后东方爱婴又打造了国内首个一站式成长育儿解决方案——babyOS。

东方爱婴品牌战略如下:

卓越之心:东方爱婴也将这种"卓着之心"作为自身不断进取的动力,联合每位同样拥有卓越之心的合作伙伴,用东方爱婴的卓越之心,成就天下父母的卓越之愿。

理性之爱：东方爱婴倡导科学理性的爱，并不断探索与发展科学的儿童成长干预方式。在国内首次引入 PAT、LAMAZE 等项目，将国际最先进的早教理念和模式本土化，并推向全国；历时 6 年与中国科学院心理所共同完成了《中国 0～6 岁儿童发展评估标准》。

先锋之变：东方爱婴率先引入特许经营模式，授权开设了国内第一家加盟早教中心，推动了中国早教事业的快速发展；经过 20 余年的行业洗练，东方爱婴开展早教＋托育一体化的新业务模式，不仅可以一举解决传统早教托育业务坪效、人效低下的问题，降低成本，使经营效率最大化，更将早教及托育的客群互相转化引流，让业务模块的协同性变得更强。

东方爱婴通过整合两大业务模块的发展战略，凭借早教＋托育一体化的全新思路再次站在了时代的潮头。在儿童成长科学领域，东方爱婴永远代表时代的先锋精神。

（资料来源：根据东方爱婴官网 http://www.babycare.cn/content/1.html#10 整理）

战略目标不仅为战略决策和战略实施提供了评价标准，而且也是调动特许经营企业职工积极性的强大动力，战略目标决定了特许经营企业战略的成败。当然，战略目标是由若干目标项目组成的战略目标体系。

战略目标体系的内容、结构和主导方向是由两个因素决定的。第一，战略目标具有支配和控制特许经营企业全部战略活动的作用，贯穿了战略经营活动的全过程，因而决定了战略目标项目的多样性。第二，战略目标项目必须满足特许经营企业自身生存发展的要求，同时也必须满足与特许经营企业有利益关系的各个社会群体的要求，因而决定了战略目标项目是错综复杂的。因此，战略目标项目大致可分为两类：第一类是用来满足特许经营企业生存发展需要的目标项目，第二类是用来满足与特许经营企业有利益关系的各个社会群体要求的目标项目。一般来说，确定战略目标需要经过调查研究、拟定目标、评价论证和目标决断四个步骤。

【拓展阅读】

特许加盟店绩效评估

特许加盟店绩效评估一般从顾客满意度、经营过程、经营效率与成果进行评价。

顾客满意度包括顾客期望、质量感知、价值感知、顾客满意度、顾客抱怨率、顾客忠诚度、品牌形象。

经营过程评价指标包括有形性指标、可靠性指标、响应性指标、保证性指标、其他指标。

经营效率与成果评价指标有以下几个：

（1）收益性指标：营业额、营业数量、费用额、利润额、业绩达成率。

（2）效率性评价指标：盈亏平衡点、商品周转率、空间效益、员工贡献效益、商品效率。

（3）发展性指标：营业额增长率、营业利润增长率。

（二）经营战略方针

经营战略方针是为了实现战略目标而制定的行为规范和政策性决定。一般情况下，特许经营企业的经营战略方针是以特许经营企业的各个具体战略方针为对象分别定制的。科学有效地制定经营战略方针，应考虑为每一个经营要素分别解决发展方向、主导环节和自身的内在结构这三个问题。每个特许经营企业都应根据环境的特点，提出适应特许经营企业发展需要的战略方针。任何特许经营企业战略方针的确定，都是以战略时期确定经营领域和差别优势为基本原则的。总之，没有正确的战略方针，任何战略目标都难以实现。因此，战略方针在经营战略体系中居于关键和核心地位，对战略目标的实现起保证作用。

【拓展阅读】

我国餐饮连锁企业进行战略规划的常见问题

餐饮连锁企业进行战略规划，是企业长期发展的需要，也是指导企业员工前进的需要。战略规划的制定，是餐饮连锁管理的重要形式，因而要从企业的实际出发，否则可能遇到很多问题。

我国餐饮连锁企业进行战略规划时出现的几个毛病：

第一，餐饮连锁企业缺乏长远发展规划。其特点是半年不死，一年活着，两年有口气，三年倒闭兜里已没有钱。所以，进行战略规划，必须有发展的思维。

第二，餐饮连锁企业战略决策随意性较大，缺乏科学的决策机制。其特点是春夏做炒菜、秋冬上火锅、今天做川菜、明天做湘菜、今年连锁全国、明年退出舞台。这就要求做到战略规划必须具有严格的制度性，不能随意而为。

第三，餐饮连锁企业管理者对市场和竞争环境的认识和分析盲目，缺乏量化的客观分析。其特点是有钱就开餐饮店，开业广告来轰炸，产品定位经营管理一团麻。这就导致产品无法销售，进而公司盈利不正常。

第四，餐饮连锁企业战略计划流于书面报告，没有明确的切实可行的战略目标。只是一个空壳的存在，并不能得到多大执行可能。

第五，餐饮连锁企业战略计划难以得到基层员工的有力支持，也没有具体的行动计划。因为只有全体成员共同努力，才能够实现战略规划地长远实施。

第六，很多餐饮连锁企业认为，战略规划其实就是一盘菜，抓小放大、抓不着重点，天天围绕菜品转，而没有任何创新或者有长远利益的地方，这样做，也就起不到很好的效果。

（资料来源：背篓人家网，http://www.xxblrj.com.cn/Education/Chef-Collection/12856379805604.html）

我国餐饮连锁企业进行战略规划的常见问题及对策

（三）战略对策

战略对策是由战略目标决定的，用于指导特许经营企业在战略期内合理分配资源、有效达到目标的一整套手段的总称。战略对策一般包括三方面的内容。

（1）战略重点。战略重点是指那些事关战略目标能否实现的重要项目和部门。选择战略重点一般要考虑围绕战略目标搜集有关的信息和数据，列出影响战略目标实现的各种因素，通过分析比较，排出各种影响因素的主次顺序，最后通过协调平衡来明确战略重点。

（2）战略阶段。战略阶段是为了实现战略目标，在整个战略实施期间，根据特定的战略任务所确定的时间段落。一般来说，当整个战略期只有一个战略重点时，战略阶段可划分为准备阶段、发展阶段、完善阶段；当整个战略有多个战略重点时，可按战略重点的因果顺序来划分。

（3）战略措施。战略措施是为实现战略目标、创造优势和竞争的主动地位而采取的具体制胜方式和方法，也包括战略实施过程中应对各种重要事变的短期决策。战略措施又称战术，一般包括研究文化、捕捉战机、调整行动、改变态势四个过程。应注意战略措施不是包罗一切的、各式各样的具体措施，而是指与实现战略目标有着密切关系的、重大的关键的措施。

学习任务三
特许经营发展战略规划

【拓展阅读】

菲律宾的特许经营

菲律宾特许经营业始于20世纪80年代，从最初的20余个品牌，发展到今天超过1 100个品牌。经营行业涉及大众生活的各个方面。按照现有的品牌分类，食品类企业占42%，以快餐店、咖啡店、特色食品生产企业为主；零售类企业占34%，包括便利店、药店、超市、品牌服装店、家居用品店、饰品店、礼品店、加油站等；其余24%属于服务类企业，涉及运输、快递、清洁、洗衣、维修、汽车租赁、影像服务、教育等多个行业。这不仅解决了大量就业，为消费者提供了便利，也为经济增长做出了重要贡献。根据菲律宾特许经营协会（PFA）提供的数据，到2010年，菲律宾特许经营销售额达到94.5亿美元，占零售业总额的30%，且每年以20%的增长率，成为菲律宾零售业中最具发展潜力的行业。

目前，在特许经营行业中，菲律宾当地品牌与外国品牌的比例是66∶34。外国品牌在经历了20世纪90年代后期的快速发展后，近十年出现了停止甚至倒退的现象——从最初占主导地位，到现在渐渐退出菲律宾市场。而当地品牌由于对当地的口味、喜好、消费习惯等比较了解，在与外国品牌的竞争中处于优势，保持着较高的增长速度。

（资料来源：百度百科，https：//baike. baidu. com/）

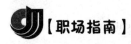【职场指南】

中国餐饮职业经理人

中国餐饮业职业经理人资格证书考试（CMEP）是由全国高等教育自学考试指导委员会（以下简称"全国考委"）和中国烹饪协会合作开发的，面向社会，用于考查应试人员餐饮行业管理知识和能力、进行资格认证的行业考试。

CMEP 共设置两个级别，即中级职业经理人资格证书考试和高级职业经理人资格证书考试。取得餐饮企业流程管理、餐饮成本核算与控制、现代厨政管理、餐饮食品安全四门课程考试合格证书，可获得中国餐饮业中级职业经理人资格证书。申请中国餐饮业高级职业经理人资格证书需具备下列条件：取得中国餐饮业中级职业经理人资格证书；取得餐饮企业人力资源管理、餐饮企业财务管理、餐饮企业信息管理、餐饮企业战略管理四门课程考试合格证书。

【特许经营创业故事】

良品铺子创始人杨红春的创业故事

1997 年，杨红春大学毕业，应聘到广东顺德的科龙总部做广告策划。在科龙的工作并不轻松，最初杨红春被安排在生产车间做质检工作，后来他被调到广告策划部做科员，9 个月后被提拔为科长。每一次的工作安排和调动，杨红春都看作一次宝贵的学习机会。在生产线仅 20 天，他就摸清了产品的生产流程，做销售时他能清楚地说出这款冰箱的核心优势在哪里、问题出现在什么地方。在广告策划部的 4 年他积极与麦肯、电通、省广等国际 4A 广告公司合作，接受了现代营销理念。

2005 年 7 月，杨红春与科龙的 8 年合同期满，没有续签。辞职后，杨红春四处游历寻找合适的项目。他在上海结识了上海久久丫连锁企业董事长顾青。一次聊天中，顾青无意中说，如果将全国各地最好吃的东西放在一起卖，肯定是个不错的生意。说者无心，听者有意，杨红春思索这个项目到底能不能做，其市场价值、客户价值何在。凭着简单的分析和生意人的直觉，他觉得完全可以做。他说自己喜欢吃，味觉发达，吃过的东西基本能记住味道，卖零食有天赋。

开店前他做过周密的准备，光商业计划书就三易其稿。最后良品铺子从 300 多个店名中脱颖而出，意为卖好的产品的小铺子。其核心顾客为年轻的妈妈，25～35 岁的女性，她们的饮食注重健康、营养、天然。

2006 年 8 月 23 日，良品铺子的第一家店在武汉中山公园旁开业，店铺以黄绿色为主色调，色彩鲜艳。开业当天，杨红春自己站柜台，并带领店员在门口请行人免费试吃。晚上结账才发现，当天的销售额为 1 300 元，而免费品尝就吃掉了 1 400 元。更痛苦的还在后面，连续 3 个月，店里赚的钱勉强够付房租，最低谷时，一天才卖 600 元。

后来顾青来武汉看到此番景象，就问："你到底是干吗？""你的主打产品是什么？"杨红春恍然大悟，久久丫能火，还是以卖鸭脖子闻名，良品铺子就缺一个叫得响的产品。2006 年"十一"黄金周，良品铺子打出核桃节，精选全国各地 16 个品种的核桃作为主打产品，不惜血本请顾客免费试吃。半个月后，良品铺子的生意开始好转，当年 11 月，开始保本。

（资料来源：网易网，http：//news.163.com/15/1106/16/B7OHMEMJ00014AED.html）

项目小结

本项目对实施特许经营的条件以及我国特许经营法律、法规,特许人从事特许经营活动应当具备的条件进行了解析和必要的阐述。详细介绍了关于特许人准备开发特许经营或者创业计划的可行性分析的内容,以及特许经营可行性分析报告的撰写、特许经营发展战略规划等内容,能使学生或创业者全面了解特许经营体系开发的准备工作。

通过本项目的学习,可以使学生掌握特许经营体系开发应具备的条件和特许经营体系开发可行性研究的基本知识,并能比较熟练地撰写特许经营发展项目可行性研究报告,能利用所学知识对现有的特许经营体系发展战略进行分析、诊断,学会判断特许经营体系的市场竞争状况和存在的问题。

同步测试

复习与思考答案

一、复习与思考

1. 简述实施特许经营的条件。
2. 简述构建特许经营体系的可行性分析的内容。
3. 阐述特许经营体系的可行性分析报告的格式。
4. 简述特许经营战略发展规划的内容。

二、案例分析

杉杉的二次革命

1989年,杉杉品牌的创始人和缔造者郑永刚发出"创中国西服第一品牌"的誓言,率先实施品牌发展战略,1990年提出无形资产经营理念,1992年构建起当时全国最庞大、最完整的市场销售体系,1994年斥巨资全面导入企业形象识别系统(CIS),1996年成为中国服装业第一家上市公司,1998年建成国际一流水准的服装生产基地,推出国际水准品牌时装。杉杉品牌从无到有,从小到大,迅速成为中国服装行业的旗帜。集团下属12家产品开发公司,12家产业公司,19家品牌公司,7家海内外事务所。43家市场公司(区域加盟商)超过2 000家专卖店遍布中国各大中城市及部分欧美主流商场。

杉杉集团于1999年9月做出"推行特许经营模式,重建市场网络体系"的战略决策。杉杉开始进行大刀阔斧的改制,将服装生产厂卖给日本人和意大利人,或托付、外包给个人去管理经营;大规模裁减营销人员,相继撤掉其遍布全国的分公司,采用特许加盟的渠道模式。将生产和销售全部外包,杉杉只负责品牌的核心运作和推广以及服装的设计。这在当时的中国服装行业看起来,确实是很大胆、很超前的一种经营模式。到2001年年底,杉杉庞大的分公司销售体系基本上全部解散,取而代之的是70余家一级特许加盟商和数百家二级加盟商。但这种"瘦身"导致的结果是,2000年,杉杉品牌的销量下降了12%,西装市场份额第一的位置也被雅戈尔取代,失去了中国第一服装企业的地位。面对这一不良的结果,杉杉对其销售渠道开始了"二次革命":采用直营与加盟结合的渠道形式。

杉杉的渠道的二次革命将会把杉杉带向何方?实际上连杉杉的高管也心里没底。

阅读以上案例，回答以下问题：
杉杉第一次渠道革命失败的原因可能是什么？

实践训练

案例分析答案

红高粱是郑州的一家中式快餐连锁品牌，1995年4月15日公司正式成立，到了1996年2月15日，红高粱挑战麦当劳，北京分店开张，打出"民族快餐"的旗帜。随后《北京晚报》等160多家新闻媒体对"红高粱"进行报道，一时间红高粱品牌闻名海内外。从1995年4月公司创建，在不到3年的时间里，从郑州一家店发展到全国近40家店铺，从一个城市发展到20多个城市。然而在接下来的一年多时间里，"红高粱"不可遏制地陷入了亏损的漩涡，他们的连锁店先后从北京、上海、深圳、郑州等地消失。莫言获得诺贝尔文学奖后出现了红高粱热，红高粱计划重新制定战略规划，再续辉煌。请你为红高粱公司撰写一份特许经营可行性分析报告。

【实训目标】
（1）通过实训使学生进一步提升战略规划、企业的优劣势分析、特许加盟的可行性分析等实际操作能力。
（2）通过撰写红高粱特许经营可行性分析报告，提升学生对特许经营战略规划的理解，同时提升学生的写作能力。
（3）培养学生调研能力、团队合作能力以及整理材料、分析材料的能力。

【实训内容与要求】
（1）由学生自愿组成学习小组，每组4~5人，各组自主收集资料。
（2）学习小组组长给本组同学分工整理资料。
（3）学习小组组长组织本组同学讨论整理资料情况，并最终形成调研结论。
（4）各小组分别撰写一份红高粱特许经营可行性分析报告。
（5）各小组制作PPT，班级范围内讲解展示。

【成果与检测】
（1）小组调研报告一份；
（2）PPT汇报展示；
（3）学生提出问题，汇报人解答；
（4）教师现场点评与总结。

项目三
特许权组合

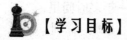【学习目标】

知识目标
- 了解特许权的基本概念和内涵；
- 理解特许经营、特许经营合同的特征；
- 掌握特许经营组合构成。

技能目标
- 能够运用所学知识对特许权组合准确识别；
- 能够根据特许经营方式的不同正确选择特许权组合。

素质目标
- 培养学生重合同、守信用的品德；
- 通过学习特许经营合同，培养学生严谨的处事态度。

【项目导入案例】

穆里耶兹家族特许经营组合

路易斯·穆里耶兹在1900年白手起家，成立了一家名叫菲尔达的小纺织厂。在1903年，他的大儿子吉拉德穆里耶兹也加入了公司，当路易斯的二儿子于1946年加入公司零售部时，菲尔达品牌已因织料和缝纫的水平而闻名。此时公司开始通过设立特许加盟店的方法拓展销售网，第一家加盟店在1956年开张。到20世纪末，菲尔达已成为世界顶尖的纺织品销售商，在各地拥有逾1 500家门店。

1961年，29岁的吉拉德穆里耶兹决定自立门户，他在鲁贝市开了一家杂货店——这就是零售帝国欧尚（Auchan）的起源。讽刺的是，第一家店以倒闭告终。但穆里耶兹家族很愿意再给吉拉德一次机会，不过这次要求他在法国北部开一家超市，且必须在3年内成功。在爱德华·勒克莱尔（Edouard Leclerc，即E. Lecler零售集团的创始人）的启发下，虔诚的天主教徒吉拉德这次采用了折价加自主服务的经营模式，并立即取得了成功。在第一年，欧尚获得了1 000万欧元的收入和很高的利润。在30年内，欧尚成长为法国顶尖的零售商，并成为一家跨国公司。

与此同时，吉拉德穆里耶兹的族人们也在其他领域取得了惊人的成功：体育用品零售商迪卡侬，餐饮服务商Flunch和Pizza Pai，建材零售企业Leroy Merlin，家用电器零售商Boulanger，等等。今日，穆里耶兹家族拥有的企业雇员高达36.6万人，年销售额超过660亿欧元。

到 2011 年，穆里耶兹家族共有 780 个成员，其中 550 人属于穆里耶兹家族联合会（the Association Famille Mulliez，AFM）。所有成员在创立新企业或加入 CIMOVAM（所有家族企业的控股公司）下任何一家企业前，他们都需要接受严格的训练，训练从 22 岁开始，由 Antonine Mayaoud（老路易斯穆里耶兹的孙子，绰号"人力资源先生"）主导。通过训练并经 AFM 监事会批准之后，家族成员被允许加入 AFM，并获取他们在 CIMOVAM 中的股份。也只有在此之后，他们才可以为自己的项目寻求家族财务和智力资源的支持。

家族设立了一个名为 CREADEV 的私募基金来支持家族成员的创新行为。因为抵触投机和股票市场，家族的企业一般通过内部融资解决财务问题。另外，家族认为金钱应该用于生产再投资，因此在历史上，家族企业分红水平一直很低。

百年来，穆里耶兹家族为其旗下企业发展做出了独一无二的贡献：首先，穆里耶兹家族将自己秉承的价值观融入企业经营之中。家族信条"百万一心"（Tousdanstout）反映了团结、继承家族传统、对后代负责等核心信念。作为一个天主教家庭，家族的观念也源自天主教，诸如食利不可取，应靠自己的劳动生活；财富来自勤奋工作，由此带来的不平等也是自然法则，等等。这些观念衍生了一套非常严格的工作纪律和精英主义的价值观。其次，家族系统地在新一代家族成员中培养和发展企业家精神。正是这一举措使得家族能不断创立新公司和新销售链。再次，百年成功商业经营带来的经验和声望使得家族成为一个极其强大的平台，不管是对发展现有企业还是对创立新企业而言都是如此。最后，庞大的家族规模提供了丰富的人才库。相比而言，规模较小的家族往往匮乏既有兴趣又有能力继续经营家族事业的后继者。

迪卡侬中国介绍

在代际交替中，穆里耶兹家族也面临着一系列的障碍。最大的问题来自家族规模扩张过快。如何团结近 800 名家族成员，使他们为家族利益奋斗，是个很大的问题。为了解决这一问题，穆里耶兹家族设计了一个独特的家族管理机构——AFM。AFM 最重要的任务之一，是确保家族利益置于个人野心之前。AFM 委员会在旗下各独立公司董事会均有代表。另外，作为一项原则，家族成员持有控股公司股票而非具体公司股票，每份 CIMOVAM 公司的股票都代表对所有家族企业股票的持有。这样使得每个成员的利益都和家族牢牢绑在一起，那些经营短期内业绩平平公司的家族成员也不致被隔离在家族福利之外。

法国 Auchan 超市采购－法国超市是啥样子呢？

【案例启示】

(1) 该家族通过特许经营创建了世界上最大的零售企业之一，还开创了一套独特的家族风险投资模式。

(2) 该家族可以通过特许组合等合理的治理体系，将家族和家族企业牢牢捆绑在一起，使家族贡献成为家族企业战略的核心，并在彼此间实现资源互补，共存共荣。

（资料来源：新浪博客，http://blog.sina.com.cn/s/blog_7a8efabb0101rkjr.html）

Decathlon 迪卡侬招聘动画短片

学习任务一 特许经营权组合的相关要素

●●● **【案例导入】**

对谭木匠的加盟商来说，在开店初期耗些精力，等生意走上正轨，也就没太多可

迪卡侬 Kipsta F900 产品推广 3D 动画

操心的地方，CIS系统为店主们减少了很多麻烦，再加上没有频繁的促销，价格统一"一口价"，谭木匠的店铺管理难度并不高，出现任何问题找片区经理或督导就可以。

谭木匠的加盟商中很少有人只开一家店，对他们来说，管理一家店与管理四五家没有太大区别，而由于单店的利润率不高，多店能让加盟主有更好的回报。北京市场95%以上的店能盈利，一年半左右即可收回投资，而剩余5%往往是由于房东拒绝续签合同无法开下去，因此多开一家店就可以减少风险。

2003年之前，在顾问公司的建议下，谭传华一直希望能够在北京开直营店，没有开放加盟体系。谭木匠开店计划更改之后，李先群成了第一批获准进入北京的四个加盟商之一，由于在家乐福的店铺效益不错，欧尚与物美的招商负责人主动邀请她进驻。对谭传华来说，像李先群这样的"战略加盟商"在体系中占有重要的位置，这也是谭木匠在内地没有直营店，800多家店铺都是加盟店的原因。战略加盟商多开店可以提高收入，而总部的出货量也在增加，管理成本相应减少。

但在对加盟店的控制上，谭木匠一直保持着严谨的风格。加盟商无权促销，即便是团购价也是全国统一折扣。总部会将业绩水平、管理水平与投诉情况等多方面作为评价依据，把加盟店分为5个级别，级别高的店能够获得更多新品的销售资格。

【案例分析】

通过特许权授予，加盟商虽情况不同，但都要跟公司有相近的价值理念。对加盟店的控制上，谭木匠一直保持着严谨的风格——这些都成为公司保证经营业绩的基础。

CCTV-NEWS
中国梦专题
走进谭木匠

谭木匠
（CARPENTER TAN）

帮朋友制作的
谭木匠亲情动
画短片

"谭木匠"：从
善治木到善致富

一、特许经营权组合及其构成

（一）特许经营权

美国特许经营中特许是什么？其实就是特许权。特许人向受许人授权内容之总和被称为特许经营权（Franchise Rights），简称特许权。特许经营权是特许人和受许人双方发生特许经营关系的基础和中心，特许人依靠拥有和开发特许权获得利益，受许人则付出一定代价拥有使用该特权的权利。

特许经营权是指特许人拥有或有权授予他人使用的注册商标、企业标志、专利、专有技术等经营资源的权利。在特许经营权中，品牌和技术是核心，品牌一般表现为特许人拥有或有权授予他人使用的注册商标、商号、企业标志等；技术包括特许人授予被特许人使用的专有技术、管理技术等。构成特许权的每一项内容被称为特许权要素，这些要素组合在一起授权特许人使用，就构成了特许经营权组合。特许人的商标/标志、商号、单店经营模式、单店VIS系统、专利、管理和技术诀窍、商业秘密、单店营运管理系统、其他智慧产品、产品/服务的经销权、商标/标志产品的生产权和分销权以及特许区域市场开发管理权等，都可作为特许权要素由特许人授权给受许人来使用。

相对于特许人，特许权是一种产权；相对于受许人，特许权是一种使用权。在特许权组合中包括了业务经营中所涉及的各方面因素，特许权组合以一种可转移的方式反映了特许人的全部经营经验。

特许权的具体组成和特许经营的模式有关，不同的特许经营模式对应着不同的特许权。

(二) 特许经营权组合的构成

(1) 特许经营权组合的有形物质部分。因为每一个特许经营体系要求各个加盟店和直营店在店面、产品、原料、设备、工具方面做到一致，所以就需要企业根据已有的和未来的发展计划，提炼出本体系所需要的统一的特许权，然后采用说明书配以图案和照片等方法，对其物理属性、化学属性和社会属性等进行详细的描述，以使受许人能够准确理解和把握，更为双方签订特许经营合同和制作特许经营手册打下良好的基础。由于业种不同，各个特许经营企业所经营的产品也各不相同，这就涉及一个特许产品的价格问题，包括特许人直接供应的产品的作价问题、受许人从第三人处购货的价格问题及特许经营产品的再卖价格问题。价格是经济的神经中枢，也是最敏感的法律问题。双方当事人都对产品的出售存在合法的经济利益，但受许人不属于特许人的分支机构或代理人，所以特许人对这一点必须注意，不能强迫受许人接受建议的价格，否则易引起纠纷。

学习任务一 特许经营权组合

维视力特许经营权分析

(2) 特许权的无形技术部分。这部分主要包括专利、专有技术、经营诀窍等内容，它是复制给受许人的特许权主体，是关键性的技术描述，应该准确全面，便于受许人在培训中及日后的单店运营中随时学习、体会和研究。特许权的技术按其属性可分为硬技术（工程类技术）和软技术（管理类技术）；按其存在形态可分为隐性技术（不能用语言、文字、声誉、图像等方式交流和传授，但保密性好）和显性技术（可以用语言、文字、声音和图像等交流和传授，但保密性差）；按其是否属于专利可分为专利技术（可细分为发明专利、实用新型专利、外观设计专利等）和非专利技术；按其对企业的重要作用可分为关键技术（核心技术）、重要技术（辅助技术）、一般技术（普通技术）等；按其价值链环节不同可分为研发技术、工艺设计技术、生产技术、销售技术、售后服务技术等。企业在对特许权的技术部分进行设计时，应根据分类情况进行，以免混乱和遗漏。

特许经营权的经营范围

(3) 特许权的企业文化部分。企业文化是企业在长期的经营管理活动中培育形成的，具体包括企业使命、企业宗旨、企业格言、企业精神、企业价值观、企业管理风格、企业经营理念、企业经营目标等，其核心应包括特许权的内容。无论是在特许权的设计阶段，还是在特许权授予阶段，或者是在特许经营体系营建、管理和维护阶段，企业文化始终起着决定性的作用。严格地说，企业文化并不属于知识产权的范畴，而更多的属于精神层面，其实质是企业所有者和管理者对本企业或本系统企业的人员进行思想管理的工具。特许人应当根据本企业的经营范围、经营特点、服务对象、发展愿景，并结合个人的世界观、事业观和价值观等因素，来制定能有效促进企业进步的独具特色的企业文化，然后通过企业识别系统的导入逐步将企业文化外化为企业形象。

印尼雅万高铁项目获得印尼交通部特许经营权

 【案例】

中国公司139亿接手麦当劳中国地区的特许经营权，亏大了还是赚大了

北京稻香村布局加盟店

一向稳扎稳打的北京老字号品牌北京稻香村，在京津冀商业一体化的背景下，开

始加速向天津及河北地区"输出"。北京稻香村在京津冀地区的加盟条件有所放宽。除阶梯减少保证金、先供货月底再收费等方式外,北京稻香村还将在外埠建立工厂,以应对其他"稻香村"带来的冲击。

据北京稻香村外埠市场开发部部长刘贵章介绍,为了鼓励加盟,对老加盟商的保证金阶梯减少。刘贵章还透露,加盟商承担的主要费用是租金,北京稻香村对加盟商采取先供货月底再收费的方式,以降低加盟商负担。

虽然北京稻香村在外埠已经有135家以上的门店,但是外埠地域广,大部分产品难以下沉到核心地区以下的门店。因此,深度渗透京津冀地区,成为北京稻香村未来的战略重点。

北京稻香村未来会把天津地区的销售网点分散到郊区以及滨海新区。河北地区会以地级城市为主,向县级市下沉。

为配合这一战略,北京稻香村针对在北京四环以内、四环至五环外、六环以及外省市地区开设加盟店制定了不同的优惠政策,其中六环外及外省地区加盟商可享受长达一年的权益金减免,此前这一减免优惠仅为三个月。

访古探幽老字号北京稻香村的老故事

二、特许费用的确定与设计

如何确定合适的特许加盟费用是特许经营项目开发中一个非常关键的问题,它直接影响到特许事业的顺利发展。因为受许人在费用方面通常会相当敏感,费用定得太高,受许人不能获得预期的利润,自然不会对该项业务感兴趣,即使加盟进去,不久也会退出;反之,若费用定得太低,总部的收益将会受损,甚至无法弥补所提供服务的费用开支,得不偿失。无论如何,总部都应该尽早拿出一套合理的收费方案,确定加盟费用水平及收费方式,以便制定出合理的预算,弥补其管理费用,取得足够的利润。

(一)特许费用的确定

(1)加盟金。加盟金也称为首期特许费,是受许人在加盟时向总部一次性缴纳的费用,它包括受许人有权使用总部开发出来的商标、特殊技术等的费用,体现了受许人加入特许经营系统所得到的各种好处的价值。

(2)保证金。保证金是作为今后缴纳各项费用及债务的担保,同时也带有总部向加盟店提供商品的预付金的性质。

(3)权益金。权益金是总部对受许人进行经营指导而收取的费用,由受许人按期缴纳。权益金的计算方法依行业不同而不同。

(4)违约金。如一方违背合同中规定的义务或从事禁止事项,应按合同规定向受损的另一方缴纳违约金作为赔偿。

(5)其他费用。其他费用包括店铺设计及施工费、广告宣传费、设备租赁费、财务业务费、意外保险费等。

上述费用可以分为加盟店开业前缴纳的前期加盟费及开业后运作时缴纳的后续加盟费两大类。前期加盟费包括了总部招募、评估、培训、寻找地址等全部费用,有些情况下,还包括了特许经营体系不断成熟和商誉提高而增加的特权费用。对于如何确定前期加盟费用的水平,特许人可以采用两种策略:一是尽可能降低前期费用,以便使受许人的开办费用降至最低；二是定得适当高些，因为前期费用是总部获得收益的重要来源，这样总部可以立即获得大量现金收入和利润，并解决业务经营中所面临的问题。其实，特许经营与其他业务一样，都需要经过一定时间的发展才能开始盈利，这一时期一般为3～5年，总部必须筹备足够的资金以维持盈利前的经营。所以，想在短期内通过加盟金解决总部资金上的困难是不现实的。一般情况下，前期加盟费用占受许人全部投资的5%～10%。

后续加盟费用是受许人开业后每隔一定时期都必须支付的，有的按月支付，有的按年支付，它包括总部对加盟店的管理服务费用和广告费用等，一般按收入的百分比提成，也有的是确定一个固定数额的费用。

确定固定数额的费用尽管能保持总部的收入水平不致下降，但若考虑到通货膨胀因素和将来的发展，这种方式还是有很大弊端的，且受许人一般都不愿意接受，因为他们对将来的经营业绩没有把握，担心所获利润会小于加盟费用。而采用按收入的百分比提成，双方都更容易接受。一方面，受许人很精确地知道其该付多少钱，如何去计算这个数额，且是在有收益的基础上支付，没有后顾之忧。另外，由于总部的收益直接与加盟店的业绩挂钩，因而受许人会得到总部不遗余力的指导。另一方面，总部也可以从受许人的业务发展中获利，并避免了通货膨胀因素的影响。

【拓展阅读】

加盟费用会变化

特许体系发展的不同阶段，其品牌知名度和美誉度会有所变化，因此特许品牌的加盟费是可能逐年变化的。比如，同一特许品牌的第三十个加盟商所支付的加盟费通常就可能比第十个更多，因为第三十个加盟商享受的品牌声誉可能更高、经营风险更小。

由于中国幅员辽阔，各地经济发展水平差异很大，各地加盟商能带给特许商的综合收益也会有较大差异，因此特许商可能会针对不同地方制定不同标准的加盟费。比如，很多特许品牌对沿海发达城市收取的加盟费比中西部城市的要高得多。

(资料来源：中国特许展官方微博，http://blog.sina.com.cn/s/blog_714664490102vgm6.html)

（二）特许费用的设计

加盟金和特许权使用费的设计是特许权组合设计的精髓，加盟金体现的是特许人所拥有的品牌、专利、经营技术诀窍、经营模式、商誉等无形资产的价值，而特许权使用费体现的是特许人在受许人的经营活动中多拥有的权益。

（1）加盟金的设计。如果将特许权组合视为特许人的产品，那么加盟金的本质就是特许权组合的价格，加盟金的设计就是制定特许权组合的价格。

加盟金的设计合理与否主要取决于三大因素：特许权组合的开发成本及市场价值、区域权益的价值和时间权益的价值。

加盟金收取的方式有以下三种：一是在签订特许经营合同时一次收齐；二是将加

盟金的总额除以特许经营合同的年限，计算出平均加盟金的数额后，按年收取；三是不收加盟金。某些特许人，特别是那些品牌知名度很低的特许人，在特许经营体系发展的初期采用免加盟费或只收取少量特许权使用费的方式来吸引投资人加盟。

（2）特许权使用费的设计。特许权使用费的本质是一种管理费，类似于租用或购买公寓每月要交纳物业管理费。

特许权使用费的设计主要取决于两大因素：一是特许人给予受许人开业后的各项培训和指导费用；二是特许经营总部日常营运的成本。

特许权使用费收取的方式有三种：一是从受许人的加盟店每月的营业收入中提取一定的比例，这种收取方式比较合理，但操作上比较困难；二是根据每个加盟店的规模不同，按月或按季收取一个固定数额，此种方式比较简单，但不够合理，也欠精确；三是不收特许权使用费，不收取特许权使用费并不等于不从其他途径获得这部分收益，它可以计入统一配送的货品价格之中，也可以从某些专用设备的租赁费用中获得。

（三）加盟费用的影响因素

加盟费用的高低受很多因素的影响，除了盈利因素外，还有以下几个方面因素。

（1）加盟总部的发展阶段。当总部的特许经营业务还处于刚刚起步的摸索阶段，其特许经营概念还没有经受市场充分、彻底的检验，经营风险较大时，为了吸引更多的投资者、扩大其影响，总部往往不惜以代价出售特许权。而当总部业务一旦成熟，并拥有较高声誉和相当数量的加盟者时，往往就会严格挑选受许人，加盟费用也随之上升。

（2）加盟总部提供的援助。加盟总部对加盟店提供援助的多少是决定加盟费用高低的一个重要因素，因为提供的援助越多，其管理费用支出也就越多，用于弥补管理费用而收取的加盟费也相应增加。

（3）加盟总部的管理水平。尽管加盟费用的高低与总部的管理水平有很大关系，但要准确评估公司的管理水平是很难的。各行各业的特征及各家各派的学说，再加上各种各样的表现，使外人只注重形式而看不清本质。总部在开展特许业务时，不仅要使自己的管理品质真正上档次，而且要注意对管理品质的外包装，做到精益求精，甚至一个用以推广的小册子、小名片，也要印制精良，绝不能粗制滥造，损害公司形象。

（4）加盟总部开展的推广活动。加盟总部开展的各项宣传推广活动的费用往往由受许人承担，并计入加盟费中，因而加盟费与总部开展推广活动的频率成正比，但它不一定与推广效果成正比。因此，总部不能想做多少广告就收多少宣传费，一定要有计划地推广，并注重推广的效果。

【拓展阅读】

正确认识特许加盟费

很多加盟商认为交纳了"加盟费"就是应当在后续的经营中免费获得特许商的持

续支持，其实这是错误的认识。

特许经营中的加盟费只是投资人获得授权资格的入门费用，是对特许品牌无形资产的认可，加盟商后续得到的系列服务是需要定期支付"特许经营权使用费"或其他相关费用来维系的，因为特许商后续所给予的支持与服务是有成本的，也是特许商今后重要的收入来源。在特许经营中提供"雷锋式无偿服务"的特许商通常是短命的，成熟的特许体系需要有双赢的特许经营费用政策。

（资料来源：中国特许展官方微博，http://blog.sina.com.cn/s/blog_714664490102vgm6.html）

加盟商原因解约

学习任务二　特许经营合同

●●●【案例导入】

特许经营合同纠纷案例

2014年3月，原告通过被告公司网站了解到被告面向全国从事"米立方"家居彩装膜系列产品代理、经销的加盟招商工作，2014年3月16日，原告到被告公司了解了相关情况，当场交了400元定金，双方签订了《合同书》，但是被告以未交全款为由未将合同给予原告，当日原告即返回江苏泰州。2014年3月17日，原告向被告转账付款40 000元加盟费，3月28日，原告向被告转账支付余下的9 400元加盟费，直至加盟费49 800元全部支付完毕，被告仍未将《合同书》给予原告。后原告要求被告交付《合同书》并提出解除此合同，被告仅仅退还了原告10 000元加盟费。2014年9月4日，原告再次到被告公司交涉，原告要求索取《合同书》一份，被告要求双方重新签订一份《合同书》，原告为了取得《合同书》，只能又签了一份。

现原告经多方面查证了解到，被告公司没有开展特许经营活动的资格，双方签订的合同也没有在商务部进行备案，被告在武汉地区也没有至少2个直营店且经营时间不超过1年，被告也没有向原告履行法定的信息披露义务，且被告提供的宣传资料及其网站上关于加盟的供货价格与实际不符。

争议焦点：解除合同，返还加盟费。

办案过程：

（1）办案思路：基本可以认定原告签订的合同实际为特许经营合同，符合特许经营的特征，属于知识产权案例，被告公司没有特许经营的资质，所以这个案例没有太大的风险。

（2）突发情况及应对：案件没有开庭，完全没有走程序，庭前便调解了，当事人原本交了49 800元，前期被告已经退还了10 000元，最终双方达成调解，总计38 000元。

（3）主要的法律依据：《商业特许经营管理条例》。

办案结果：调解被告退还当事人余款38 000元。

多名加盟商到上海投诉零食连锁品牌悠百佳——质量不佳　违反合同

【案例分析】

此案在接案前便对合同的性质做了分析，考虑到名为代理，实为特许经营，只要合同被定性为特许经营合同，此案便问题不大了。此类案例办案相对容易，法律关系明确。

（资料来源：华律网，http：//www.66law.cn/goodcase/30806.aspx）

特许经营合同

一、特许经营合同概述

特许经营的特许人与受许人在法律上是完全独立的主体，通过适当的经济安排形成了有效的合作关系来经营共同的事业。处理好特许人与受许人之间的关系是维持双方事业成功的关键。特许人与受许人之间权利义务的划分，主要通过特许经营合同确定，特许经营合同成为处理相互关系和日常经营行为的准则。

（一）特许合同的定义

特许经营合同是特许经营当事人之间为共同经营或终止特许事业设立、变更或者终止权利义务的协议，是特许经营体系赖以存在和发展的基础和关键。特许合同的意义在于明确了当事人之间的权利义务，对合同存续期间当事人的经营行为进行规范，确保当事人的合法权益，是解决特许人与受许人之间争议的主要依据。

（二）特许经营合同的基本内容

依据《商业特许经营管理条例》的规定，从事特许经营活动，特许人和被特许人应当采用书面形式订立特许经营合同。特许经营合同应当包括下列主要内容。

（1）特许人、被特许人的基本情况；
（2）特许经营的内容、期限；
（3）特许经营费用的种类、金额及其支付方式；
（4）经营指导、技术支持以及业务培训等服务的具体内容和提供方式；
（5）产品或者服务的质量、标准要求和保证措施；
（6）产品或者服务的促销与广告宣传；
（7）特许经营中的消费者权益保护和赔偿责任的承担；
（8）特许经营合同的变更、解除和终止；
（9）违约责任；
（10）争议的解决方式；
（11）特许人与被特许人约定的其他事项。

特许人和被特许人应当在特许经营合同中约定，被特许人在特许经营合同订立后一定期限内，可以单方解除合同。

特许经营合同约定的特许经营期限应当不少于3年。但是，被特许人同意的除外。特许人和被特许人续签特许经营合同的，不适用特许经营期限应当不少于3年的规定。

体系加盟程序与合同解读

特许经营合同纠纷

（三）特许经营合同的法律约定

《商业特许经营管理条例》第12条规定：特许人和受许人应当在特许经营合同中约定，受许人在特许经营合同订立后一定期限内，可以单方解除合同。

《商业特许经营管理条例》第13条规定：特许经营合同约定的特许经营期限应当不少于3年。但是，受许人同意的除外。特许人和受许人续签特许经营合同的，不适用前款规定。

《商业特许经营管理条例》第 14 条规定：特许人应当向受许人提供特许经营操作手册，并按照约定的内容和方式为受许人持续提供经营指导、技术支持、业务培训等服务。

《商业特许经营管理条例》第 15 条规定：特许经营的产品或服务的质量、标准应当符合法律、行政法规和国家有关规定的要求。

《商业特许经营管理条例》第 16 条规定：特许人要求受许人在订立特许经营合同前支付费用的，应当以书面形式向受许人说明该部分费用的用途以及退还的条件、方式。

服务中心加盟合同解读

《商业特许经营管理条例》第 17 条规定：特许人向受许人收取的推广、宣传费用，应当按照合同约定的用途使用。推广、宣传费用的使用情况应当及时向受许人披露。特许人在推广、宣传活动中，不得有欺骗、误导的行为，其发布的广告中不得含有宣传受许人从事特许经营活动收益的内容。

《商业特许经营管理条例》第 18 条规定：未经特许人同意，受许人不得向他人转让特许经营权。受许人不得向他人泄露或者允许他人使用其所掌握的特许人的商业秘密。

台湾手抓饼加盟合同展示

《商业特许经营管理条例》第 19 条规定：特许人应当每年第一季度将其上一季度订立特许经营合同的情况向上级主管部门报告。

【拓展阅读】

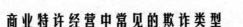

《中华人民共和国合同法》

商业特许经营中常见的欺诈类型

在实践中，特许人实施欺诈的手段和方法形形色色，往往是多种欺诈手段并存。归纳起来，特许经营欺诈的表现方式主要包括以下几种。

1. 合同主体欺诈

合同法对合同主体的要求是"应当具有相应的民事权利能力和民事行为能力"。由于特许经营是经营模式的复制与交易，以特许人拥有成功的经营模式为前提，所以作为特许经营合同的主体，除应当具备合同法规定的一般条件外，还应当符合特许经营的特别要求。《商业特许经营管理办法》规定特许人应当具备"在中国境内拥有至少两家经营一年以上的直营店或者由其子公司、控股公司建立的直营店"等条件。不符合规定条件的，即构成合同主体欺诈。主要表现为：特许人没有设立直营店，或者是直营店，但仅仅是一个用于展示的模型"样板店"，特许人没有成功经营其许可业务的业绩与经验。

2. 知识产权欺诈

特许经营是以知识产权许可为核心的复合型交易，其中商标权即品牌是知识产权的主要要素，受许人购买的是以品牌为代表的知识产权化的经营模式。因此，特许人往往虚构其知识产权，以达到欺骗受许人的目的。主要表现为：伪称国外知名品牌；仿冒知名品牌；假冒专利或夸大专利的作用；谎称拥有秘方等商业秘密。

3. 经营模式欺诈

特许经营是成功的经营模式的复制，经营模式的完善与否对特许经营的成败具有决定性意义。因此，特许人往往片面地宣传其经营模式的优势，而回避其不足。主要表现为：将未经实践的经营模式进行特许经营；以市场分析代替实际经营情况，夸大市场需求；以特殊位置设立的店铺作为考察加盟的样板店，甚至故意作托营造生意火爆的场面。

4. 盈利欺诈

特许经营是复制成功的经营模式，因此特许经营体系（包括直营店和加盟店）的经营业绩，是投资人最为关注的。受许人购买特许权的目的，是获得投资回报。因此，特许人往往投其所好，通过夸大投资回报欺骗受许人。主要表现为：回避直营店和加盟店的实际经营业绩，而向投资人宣传其盈利分析，以盈利分析代替经营业绩与财务报告。

5. 质量欺诈

商品质量是实现销售的根本。但是，特许人为了达到赚取利润的目的，往往向受许人销售或变相销售质量不合格的产品。主要表现为：向受许人销售质量不合格的设备或产品；以特许经营的名义达到变相销售设备或产品的目的。

6. 价格欺诈

利用加盟商投资心切的心理和特许人的优势地位，特许人通过价格欺诈牟取不正当利益。主要表现为：以高价向受许人销售设备或产品；要求受许人向指定供应商购买设备或产品，从供应商处收取高额佣金或回扣。

（资料来源：上海特许经营律师网，http://www.franchiselawyerchina.com/txwd/html/? 81.html）

加盟卖童装合同有门道[新闻夜航]

安能物流芜湖分拨网管私自扣压加盟商货及经营合同

特许经营合同纠纷案例分析

二、特许经营合同的类型、条款

特许经营合同种类繁多，概括而言，可以分为"全规定记载型"和"分离记载型"两类。

（一）全规定记载型

所谓全规定记载型，是指将特许经营合同涉及的全部详细约定内容，集中汇编在一份合同书中而不附录其他文件的格式。通常，此种格式合同书在特许连锁化刚刚起步，未步入成熟发展期的总部的合同书中较为多见，也是目前国内可见书籍中介绍的格式。

在我国，特许经营的发展已有近十年的历史，为何我国的特许连锁总也长不大、特许连锁系统运营总是不顺畅？究其原因，特许经营合同书的构成方法应是最大的问题。

通常，特许经营合同书的内容构成，应是在明确合同当事人双方的权利、义务基础上，对运营中必要的相互关联事项进行成文化，在时间序列上也包括合同履行中与合同终止后的事项。如果考虑到连锁系统运营的复杂性，将所有内容全部纠缠在一起汇集于一个文本中，事实上是很困难的，也无法实践。因此，目前国外的现状是分离记载型成为主流。

(二) 分离记载型

所谓分离记载型，是将合同的主要内容规定于《特许经营合同书》中，而有关涉及具体问题的规定，分门别类地做成合同书的附属文件，共同组合为合同书的形式。

实际上，分离记载合同书可称为"特许经营合同书体系"，内容构成庞大，涉及连锁系统的方方面面，并且，凝聚着特许经营合同制作的技巧、经验，异常复杂。

特许经营合同中细节问题定得越实际，则越有助于维持一个健康的长期关系。而且，特许经营还会涉及合同当事人以外的人的利益，如整个特许体系中的其他被特许者、消费者。由于特许合同只是特许者事先拟好的格式合同，合同的内容当然会因特许者的利益而有所取舍。因此，规范合同内容将是必要的。尽管特许业务不同，特许权也会相应有所区别，但下列条款应是所有种类的特许经营合同都必须具备的。

1. 授予特许权条款

这是特许经营合同的核心，是首要条款。特许者同意授予被特许者特许权。具体包括特许权的内容、范围、期限、地域。

2. 特许者的服务条款

特许者提供的服务是特许权的重要组成部分。没有服务，特许店甚至特许体系将难以维持下去。特许者的服务由初始服务、持续服务构成，如对被特许者的培训和指导。

3. 特许费及其他费用的支付

特许费是特许者转让特许权所取得的收入。其一般分为两部分：一是加盟费，这是固定的；二是使用费，一般是根据受许方一年毛收入的一定的百分比来计算。其他费用主要是广告促销费、培训费等，具体由谁负担，也取决于特许方和受许方的约定。

签订特许加盟合同应注意哪些法律问题

4. 品质管理条款

高品质标准是保证特许经营成功的关键，不能在一个业务单位中保持品质标准就去损害整个特许体系的利益。这些要求和规格一般写在业务操作手册中，被特许者应严格遵守业务操作手册的内容。

特许经营合同和连锁店建立流程

5. 保密条款

合同的核心是特许权，而特许权是由商标、专利、商业秘密等知识产权构成的一个有机组合体。尤其是商业秘密，一旦泄露，无可挽回，必然严重损害特许者的利益，故应予以约定。

学习任务二特许经营的可行性分析

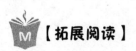
【拓展阅读】

如何判断加盟授权合同是否属于特许经营合同

市场上有些企业在不具备《商业特许经营管理条例》规定的"两店一年"的条件下，匆忙进行招商。为了规避由此产生的行政及民事法律风险，与加盟商签订合同时刻意回避使用特许经营合同，取而代之以代理协议、授权经营合同书、经销合同、销售合作协议、合作协议等。

如果加盟商在签订此类合同后由于种种原因与特许人产生纠纷，则对合同是否属于特许经营合同的判断将决定是否能依据《商业特许经营管理条例》进行处理，直接影响双方的权利义务。

那么，什么是特许经营合同，如何判断双方签订的合同是否是特许经营合同呢？

根据《商业特许经营管理条例》的第三条第一款的规定，商业特许经营是指拥有注册商标、企业标志、专利、专有技术等经营资源的企业，以合同形式将其拥有的经营资源许可其他经营者使用，被特许人按照合同约定在统一的经营模式下开展经营，并向特许人支付特许经营费用的经营活动。

特许经营合同区别于其他合同的基本特征在于：

1. 特许人拥有经营资源

经营资源既包括注册商标、企业标志、专利，也包括专有技术、商业秘密、字号、具有独特风格的整体营业形象，以及在先使用并具有一定影响的未注册商标等能够形成某种市场竞争优势的经营资源。

2. 特许人拥有自己的经营模式

经营模式是指特许人许可不同加盟商所采用的统一的管理和运营模式。统一的经营模式主要表现在：单店的形象和环境、组织机构、基本管理制度、基本作业流程与操作。经营模式通常以经营手册、加盟指南等标准化运营材料的形式发放给加盟商，并要求加盟商按照手册运营。

3. 特许人收取特许经营费用

特许经营费用是特许人许可被特许人在特定经营模式下使用其经营资源的对价，主要包括加盟费、使用费、推广费、通过货款间接收取的费用及其他费用等。

实践中，特许经营使用费还以其他名称出现，如权益保证金、代理费、合作费、押金、提成等。

因此，在对加盟合同进行判断时，不能仅以合同名称进行判断，要对合同中约定的具体内容和双方的权利义务进行分析，如果合同满足以上三个基本特征，则该合同可认定为特许经营合同。

创业注意事项：奶茶店加盟后如何正确签订商铺租赁合同

━━

学习任务三　特许经营的法律法规

●●●【案例导入】

特许人的连带责任

洋河丁某将一件九成新、价值1 000元的羊绒大衣送至某洗衣设备公司的特许加盟店干洗，3日后丁某到加盟店取大衣，谁知加盟店的工作人员却告知丁某大衣已被洗坏。丁某遂要求加盟店按原价赔偿其大衣，可加盟店却称赔偿可以，但不能按原价赔偿，只能按洗衣收费的10倍赔偿，考虑实际情况最多可以赔偿200元。双方经多次协商，均未达成一致的赔偿意见，于是丁某就向该加盟店的特许人某洗衣设备公司提出由其承担连带赔偿责任，赔偿其余800元的要求。某洗衣设备公司在得知丁某的赔偿要求后，经咨询律师后答复说："我们与加盟店之间无投资隶属关系，不承担连带赔偿责任。"此后丁某没有提起诉讼。

【案例分析】

　　要明确某洗衣设备公司与加盟店之间的法律关系。本案中，某洗衣设备公司与加盟店之间的商业关系属于特许经营方式的一种。我国将特许经营定义为特许者将自己所拥有的商标包括服务商标、商号、产品、专利和专有技术、经营模式等以特许经营合同的形式授予被特许者使用，被特许者按合同规定，在特许者统一的业务模式下从事经营活动，并向特许者支付相应的费用。从这一点看，特许经营不是一种行业，只是一种营销商品或服务的方法或模式。因此在特许合同中，应保证受许人是独立的合同当事人，而不是特许人的代理人或合作伙伴。所以，特许人与受许人不是雇佣关系、合伙关系或独立企业之间的自由联合关系，也不是母公司与子公司或分支机构的关系，更不单单是商标许可关系，它们都是独立经营、自负盈亏的企业，特许人不保证受许人的企业一定盈利，对受许人企业的亏损、倒闭不负法律责任。而受许人使用特许经营体系，是为获得实践经验，以避免在使用自己的资金开设并经营业务时遇到失败的风险。

　　那么，特许人与受许人之间的法律关系到底是什么性质的呢？在实际应用中，特许人与受许人之间的权利义务之构成，以及第三人法律责任的归属更多地遵循双方的意定，且在实际上更着重强调了特许人与受许人之间的关系而非特许人与第三人之间的关系。在本案中，某洗衣设备公司与加盟店之间的法律关系就是特许人与受许人的关系，是双方通过签订特许经营合同产生的合同双方当事人的关系。这种关系是建立在平等自愿、互利互惠的基础上的，双方的权利和义务在合同条款中有明确的规定，特许人与受许人仅在双方签订的特许经营合同的范围内互相承担责任，而不对第三人承担责任。

　　通过上述分析可以看出，特许经营是以合同为依据，由当事人意志支配的有意识的活动，以平等的身份关系进行等价有偿的法律行为，实质上是一种保留单个资本所有权的联合经营方式，即特许人有偿将自己的特许经营权授予受许人使用，并提供信息及应用知识的方法及一系列广泛的服务，为受许人的经营提供各种层次的支持。而受许人以一定的对价接受特许人特许经营权的授予，并凭借这种特许经营权从事商业活动。特许经营的最大特点在于受许人的所有权是完全独立的，与特许人没有所属关系，而受许人的经营权也并非来源于这种特许权，其特征仅仅体现为特许人与受许人的经营活动有一定的协作服务关系。受许人不是特许人的代理人或伙伴，没有权利代表特许人行事。受许人并不根据特许人的意志行事，他是独立的商人，自己投入业务所需的资金，自己经营，自己管理。其在法律上和财务上与特许人分离并独立地行使。

　　这表现在以下几方面：第一，受许人的人事和财务关系都是独立的，特许人无权进行干涉。受许人的业务是他自己的业务，他所考虑的是自己的商业利益，用自己的钱买进产品，并承担能否从销售中得到足够利润的全部风险。第二，受许人的地位具有绝对的独立性，一方面其行为并非要求需以特许人的名义行事，另一方面受许人的商业目的虽不得不以特许人的利益目标为依托，但仍具有其独立的经济利益。第三，受许人是一个完全独立的主体，他与特许人之间的权利义务完全由双方签订的合同来决定，特许人的授权意图可以直接体现在合同之中。特许人与受许人通过合同规定受许人的对外独立责任，由受许人自己对第三人另行承担责任，即受许人以自己的名义行动并在其能力范围内直接向第三人承担民事责任。因此，某洗衣设备公司与加盟店之间不承担连带责任。

丁某要求某洗衣设备公司承担连带赔偿责任是否合理？特许经营是一种特殊的商业关系，其法律关系具有一定的复杂性，这导致第三人在与受许人进行经济往来时不容易区分特许人与受许人的法律关系及责任分担，误把受许人看作特许人的代理商或雇员。而事实上，由于特许权利的转让和授予发生在彼此独立的法律主体之间，特许人与受许人没有所有权权属关系，受许人有独立性。同时在特许合同中，应保证受许人是独立的合同当事人，而不是特许人的代理人或合作伙伴，受许人在经营中是以自己的名义与责任向第三人承诺承担责任，这样第三人就应当具有更加准确的判断识别能力并负担基于对受许人的信赖而产生的法律后果。所以，在本案中，某洗衣设备公司作为特许人，因不对丁某负有法律义务，故不承担连带赔偿责任。

（资料来源：110 法律咨询，http：//www. 110. com/ziliao/article - 163576. html）

连锁加盟陷阱重重

加盟特许经营的风险及其防范对策

一、特许经营法律概况

特许经营所涉及的法律包括两大类：基本法律和特许经营专门法律。基本法律是指除特许经营专门法律以外的与特许经营有关的所有法律，具体包括基本民事法律、合同法、知识产权法、公司法、劳动法、行业专门法律、其他专门法律、程序性法律。

特许经营中的专门法律是指对特许经营直接做出规定的法律，一般包括两种情况：一是为特许经营专门做出的法律，内容仅限于特许经营，比如马来西亚的《特许经营法》；二是在其他法律当中有针对特许经营的特别规定，如澳大利亚在《贸易实践法》当中补充的《特许经营行为准则》。

特许经营与法律的关系密切，特许经营当事人之间的关系就是一种特殊的法律关系。从商业角度而言，特许经营是一种商业模式，是经营资源的组合与运营；从法律角度而言，特许经营就是特许经营权的许可使用，是知识产权的许可使用关系和合同关系。特许经营主要是知识产权法、合同法的应用，也包括特许经营的单行法规，以及产品质量法、价格法等相关法律。特许经营是建立在现代民商法基础之上的现代商业模式。没有系统的民商法作为支撑，特许经营就不可能存在。

【拓展阅读】

特许经营合同无效

"案件索引"：延安市宝塔区人民法院（2012）宝民初字第 02155 号

"案情"：2007 年 6 月 5 日，上海某公司为甲方、张伟作为乙方签订了特许经营合同。合同约定：甲方将其所有的"金百味"商标、产品及相关的经营模式授予乙方使用。乙方取得"金百味"的经营权,须一次性向甲方缴纳加盟费 39 420 元。合同有效期为 2007 年 6 月 5 日至 2010 年 6 月 4 日,同日张伟交纳加盟费用 34 920 元。合同签订后,上海某公司即留下李姓职员负责指导店面装修、带店及传授技术方面的工作。张伟按上海某公司职员确定的装修方案,将原房屋中的装修拆除,重新进行装修装饰,前后一个月时间共花费 80 000 元,并在上海某公司职员的指定下购买了 53 100 元的设备,还与当地电信公司签订了代销协议,花费 39 00 元办理了销售蛋糕所需的优先报号、品牌查询、信息发布等业务。张伟开业十五天后,上海某公司将李姓职员调离延安,之后再未与张伟有过任何联系,未负责过张伟经营中的原材料采购、产品设计、开发和生产等问题,更未向张伟提供任何"金百味"更新产品。张伟多次与上海某公司联系,无果,因不能生产产品无营业收入于 2008 年 2 月关门。张伟营业期间,共支出水电费 5 710 元,每月支出人工工资 4 000 元,工商税务费用每月 280 元。

另查明,签约前,上海某公司没有向张伟披露"金百味"商标的真实情况及其实际经营状况,从未向张伟出示法国的授权和商标证书,只在签约后给张伟邮寄了一份"金百味"商标注册申请受理通知书复印件,上海某公司的王文在其上签署了"授予张伟在陕西省延安市'金百味'品牌使用权"字样,上海某公司加盖了公章。上述事实,有特许经营合同、商标注册证、收据、发票及双方当事人的陈述等在案佐证。

"审判":我院审理认为,违反我国法律、行政法规的强制性规定,违反国家限制性经营规定而签订的合同,属于无效合同。本案中,被告上海某公司在"金百味"既非注册商标,也非国际品牌的情况下,将"金百味"作为国际品牌进行宣传,还将并不存在的"法国金百味(中国)加盟连锁总部"谎称为正式成立,均属故意陈述虚伪事实的行为。同时,根据《商业特许经营管理条例》的规定,特许人应当在订立特许经营合同之日前至少 30 日,以书面形式向被特许人提供真实、准确的有关特许经营的基本信息资料等。因此,在特许经营中,特许人违反信息披露义务,也构成欺诈。本案中,被告上海某公司没有将其不拥有注册商标、不符合特许人应当具备的条件、没有进行特许经营企业相关备案等基本情况向原告披露,违反了其信息披露义务,应认定被告上海某公司的行为已构成合同欺诈。且被告上海某公司在未获得以特许经营方式从事商业活动的情况下所签订的合同违反法律、行政法规的强制性规定,违反国家限制性经营规定。综合上述因素,本院认为涉案的特许经营合同属无效合同。合同被确认无效后,因该合同取得的财产应当予以返还,有过错的一方应当赔偿对方因此受到的损失。被告上海某公司为合同被确认无效的过错一方,应向原告返还加盟费并赔偿给原告造成的损失。原告租赁店面进行装修及购买的设备系特定为履行合同所投资,现根本无法获得丝毫经营利益,此费用应属原告直接损失,被告公司应予以赔偿。原告开业后支出的水电费、人工工资、工商税务费用及为打开销路向电信公司支出的费用亦属于合理开支,本院依法予以保护。依据《中华人民共和国合同法》第五十二条、第五十八条,《最高人民法院关于适用〈中华人民共和国合同法〉若干问题的解释(一)》第十条及《商业特许经营管理条例》第三条、第七条、第八条、第二十一条、第二十二条、第二十三条之规定,判决:一、确认原告张伟与被告上海某公司于 2007 年 6 月 5 日签订的《金百味(中国)加盟管理总部合同书》无效;二、由被告上海某公司向原告张伟返还加盟费 34 920 元;三、由被告上海某公司赔偿原告张伟经济损失 228 770 元;四、驳回原告张伟其他诉讼请求。

金百味餐厅
形象宣传片

金百味餐饮连锁
店招标片–成品

"评析"：该案是违法进行特许经营许可而导致的特许经营合同无效案，其法律意义一方面在于，以司法裁判形式确定了企业从事特许经营"违反我国法律、行政法规的强制性规定，违反国家限制性经营规定而签订的合同，属于无效合同"；同时，《商业特许经营管理办法》等部门规章也是人民法院审理特许经营合同纠纷的判决依据。最终认定特许经营合同是否有效的司法裁判权属于人民法院。另一方面，合同法的宗旨是维护经济关系的稳定，其精神就是尊重契约自由与契约自治原则，主张合同无效或可撤销的权利仍然在于合同当事人（国家强制进行干预调整是极个别情形）；因而，在企业违法违规从事商业特许经营活动中，其与加盟者订立的合同是否有效、是否可被撤销，属于具体合同的效力认定问题，应由合同当事人向人民法院提出主张并由法院裁决。一个基本的法理是，民事行为的有效性取决于民事行为发生时（而不是审判时）是否具备行为生效的法律要件，也就是说，即使在后补办增加"以特许经营方式从事商业活动"的经营范围，也无法对抗前合同无效的因素。

从本案事实来看，在原被告双方签订合同时，被告未取得相应授权，甚至还未获得其商标注册证，所签订的特许经营合同当然属于无效合同。

（资料来源：延安人民政府网，http：//yabtfy.chinacourt.org/public/detail.php?id=1645）

二、中国特许经营的有关法律法规

特许加盟作为一种重要的营销方式和连锁经营的主要形式之一，随着市场经济体制的建立和完善，正在成为国内企业实现低成本高速度扩张的重要手段，显示出强大的生命力和良好的发展前景。为规范特许加盟活动的开展，我国商业服务业特许经营活动的行业主管部门先后颁布了《商业特许经营管理办法》《商业特许经营管理条例》《商业特许经营信息披露管理办法》《商业特许经营备案管理办法》。

【拓展阅读】

商业特许经营信息披露管理办法

第一条 为维护特许人与被特许人双方的合法权益，根据《商业特许经营管理条例》（以下简称《条例》），制定本办法。

第二条 在中华人民共和国境内开展商业特许经营活动适用本办法。

第三条 本办法所称关联方，是指特许人的母公司或其自然人股东、特许人直接或间接拥有全部或多数股权的子公司、与特许人直接或间接地由同一所有人拥有全部或多数股权的公司。

第四条 特许人应当按照《条例》的规定，在订立商业特许经营合同之日前至少30日，以书面形式向被特许人披露本办法第五条规定的信息，但特许人与被特许人以原特许合同相同条件续约的情形除外。

第五条 特许人进行信息披露应当包括以下内容：

（一）特许人及特许经营活动的基本情况。

1. 特许人名称、通信地址、联系方式、法定代表人、总经理、注册资本额、经营范围以及现有直营店的数量、地址和联系电话。
2. 特许人从事商业特许经营活动的概况。
3. 特许人备案的基本情况。
4. 由特许人的关联方向被特许人提供产品和服务的，应当披露该关联方的基本情况。
5. 特许人或其关联方过去2年内破产或申请破产的情况。

（二）特许人拥有经营资源的基本情况。

1. 注册商标、企业标志、专利、专有技术、经营模式及其他经营资源的文字说明。
2. 经营资源的所有者是特许人关联方的，应当披露该关联方的基本信息、授权内容，同时应当说明在与该关联方的授权合同中止或提前终止的情况下，如何处理该特许体系。
3. 特许人（或其关联方）的注册商标、企业标志、专利、专有技术等与特许经营相关的经营资源涉及诉讼或仲裁的情况。

（三）特许经营费用的基本情况。

1. 特许人及代第三方收取费用的种类、金额、标准和支付方式，不能披露的，应当说明原因，收费标准不统一的，应当披露最高和最低标准，并说明原因。
2. 保证金的收取、返还条件、返还时间和返还方式。
3. 要求被特许人在订立特许经营合同前支付费用的，该部分费用的用途以及退还的条件、方式。

（四）向被特许人提供产品、服务、设备的价格、条件等情况。

1. 被特许人是否必须从特许人（或其关联方）处购买产品、服务或设备及相关的价格、条件等。
2. 被特许人是否必须从特许人指定（或批准）的供货商处购买产品、服务或设备。
3. 被特许人是否可以选择其他供货商以及供货商应具备的条件。

（五）为被特许人持续提供服务的情况。

1. 业务培训的具体内容、提供方式和实施计划，包括培训地点、方式和期限等。
2. 技术支持的具体内容、提供方式和实施计划，包括经营资源的名称、类别及产品、设施设备的种类等。

（六）对被特许人的经营活动进行指导、监督的方式和内容。

1. 经营指导的具体内容、提供方式和实施计划，包括选址、装修装潢、店面管理、广告促销、产品配置等。
2. 监督的方式和内容，被特许人应履行的义务和不履行义务的责任。
3. 特许人和被特许人对消费者投诉和赔偿的责任划分。

（七）特许经营网点投资预算情况。

1. 投资预算可以包括下列费用：加盟费；培训费；房地产和装修费用；设备、办公用品、家具等购置费；初始库存；水、电、气费；为取得执照和其他政府批准所需的费用；启动周转资金。

2. 上述费用的资料来源和估算依据。

（八）中国境内被特许人的有关情况。

1. 现有和预计被特许人的数量、分布地域、授权范围、有无独家授权区域（如有，应说明预计的具体范围）的情况。

2. 现有被特许人的经营状况，包括被特许人实际的投资额、平均销售量、成本、毛利、纯利等信息，同时应当说明上述信息的来源。

（九）最近2年的经会计师事务所或审计事务所审计的特许人财务会计报告摘要和审计报告摘要。

（十）特许人最近5年内与特许经营相关的诉讼和仲裁情况，包括案由、诉讼（仲裁）请求、管辖及结果。

（十一）特许人及其法定代表人重大违法经营记录情况。

1. 被有关行政执法部门处以30万元以上罚款的。

2. 被追究刑事责任的。

（十二）特许经营合同文本。

1. 特许经营合同样本。

2. 如果特许人要求被特许人与特许人（或其关联方）签订其他有关特许经营的合同，应当同时提供此类合同样本。

第六条 特许人在推广、宣传活动中，不得有欺骗、误导的行为，发布的广告中不得含有宣传单个被特许人从事商业特许经营活动收益的内容。

第七条 特许人向被特许人披露信息前，有权要求被特许人签署保密协议。

被特许人在订立合同过程中知悉的商业秘密，无论特许经营合同是否成立，不得泄露或者不正当使用。

特许经营合同终止后，被特许人因合同关系知悉特许人商业秘密的，即使未订立合同终止后的保密协议，也应当承担保密义务。

被特许人违反本条前两款规定，泄露或者不正当使用商业秘密给特许人或者其他人造成损失的，应当承担相应的损害赔偿责任。

第八条 特许人在向被特许人进行信息披露后，被特许人应当就所获悉的信息内容向特许人出具回执说明（一式两份），由被特许人签字，一份由被特许人留存，另一份由特许人留存。

第九条 特许人隐瞒影响特许经营合同履行致使不能实现合同目的的信息或者披露虚假信息的，被特许人可以解除特许经营合同。

第十条 特许人违反本办法有关规定的，被特许人有权向商务主管部门举报，经查实的，分别依据《条例》第二十六条、第二十七条、第二十八条予以处罚。

第十一条 本办法由中华人民共和国商务部负责解释。

第十二条 本办法自2012年4月1日起施行。原《商业特许经营信息披露管理办法》（商务部令2007年第16号）同时废止。

（资料来源：商业特许经营信息管理，http：//txjy. syggs. mofcom. gov. cn/manager/news. do？method＝view&id＝2555589）

加盟特许经营陷阱案例分析

(一)《商业特许经营管理办法》

原国内贸易部于 1997 年 11 月 14 日发布《商业特许经营管理办法（试行）》，这是一个启蒙性的法规，对于宣传、普及特许经营模式具有历史性意义。试行办法的显著特点是对商业特许经营进行了准确的定义，明确了特许经营合同主体资格、特许经营合同的基本内容以及合同当事人的基本权利义务。该试行办法规定"本办法适用于在中华人民共和国境内从事商业（包括餐饮业、服务业）特许经营活动的企业、个人或其他经济组织"，而不适用于境外投资人及外资企业在中国内地从事商业特许经营活动，中国商业特许经营领域对外国投资人或外资企业是封闭的。

中国于 2001 年 12 月 11 日加入 WTO（世界贸易组织），承诺在三年内开放市场准入。商务部于 2004 年 12 月 31 日发布《商业特许经营管理办法》，2005 年 2 月 1 日实施。该办法具有如下特点。

（1）明确了特许经营当事人的条件，不仅对特许人的资格有了明确的规定，而且要求被特许人必须是"依法设立的企业或者其他经济组织"，强调了参加特许经营活动的经营主体性。

（2）通过强化特许人的义务，明确中国商业特许经营的特点是经营方式提供型，而不是产品提供型。特许人在将特许经营权授予被特许人使用时，应"提供代表该特许经营体系营业象征的经营手册"，并"为被特许人提供开展特许经营所必需的销售、业务或技术上的指导，培训及其他服务"。

（3）除规定特许经营合同的主要条款外，还专门规定了特许经营合同终止后特许经营合同的"余后效力"，即竞业禁止内容。

（4）拟制了信息披露制度，对特许人应当披露的信息内容做了明确的规定。

（5）为了规范特许经营市场秩序，防止以特许经营虚假广告形式坑害加盟商的行为发生，要求特许人发布广告宣传的信息必须具有真实性。

（6）根据中国政府加入 WTO 的承诺，《商业特许经营管理办法》明确取消了外商投资企业从事商业特许经营的市场准入限制，设立了外资企业从事商业特许经营活动的特别行政许可制度。

《商业特许经营管理办法》的立法方向符合国际特许经营立法的趋势，其是中国特许经营立法史上的重要里程碑。

(二)《商业特许经营管理条例》

国务院于 2007 年 2 月 6 日发布《商业特许经营管理条例》（以下简称《条例》），2007 年 5 月 1 日实施。《条例》是中国特许经营立法走向成熟的标志，也是具有强制执行力的行政法规。《条例》主要确立了五个方面的制度。

一是明确了特许人从事特许经营活动应当具备的条件。具体包括三个方面：第一，只有企业可以作为特许人从事特许经营活动，其他单位和个人不得作为特许人从事特许经营活动；第二，要求特许人从事特许经营活动应当拥有成熟的经营模式，并具备为被特许人持续提供经营指导、技术支持和业务培训等服务的能力；第三，规定特许人从事特许经营活动应当拥有至少 2 个直营店，并且经营时间超过 1 年。第三个方面的条件，也就是通常所说的"两店一年"要求，主要目的是防止一些企业利用特许经营进行欺诈。同时，直营店具有一定的示范作用，便于其他经营者从直营店的经营中较为直观地了解特许人的品牌、经营模式、经营状况等。

二是规定了特许人的信息披露制度。特许人的信息披露，对于保证被特许人及时、全面、准确地了解、掌握有关情况，在充分占有信息的基础上作出适当的投资决策，防止上当受骗，非常关键。因此，有特许经营立法的国家，都把信息披露作为核心制度。《条例》借鉴国际通行做法，专设"信息披露"一章，明确规定特许人应当建立并实行完备的信息披露制度，在订立特许经营合同之日前至少30日，以书面形式向被特许人提供有关信息和特许经营合同文本，并明确规定了特许人应当提供的信息内容。《条例》还对特许人提供的信息应当真实、完整、准确，不得遗漏有关信息或者提供虚假信息作出了明确规定。

三是确立了特许人备案制度。由于从事特许经营活动是当事人的民事权利，政府不宜对其实行行政许可，但又需要对其经营活动进行监督管理，以维护市场秩序。为了便于商务主管部门及时了解、掌握特许人的数量等有关情况，有针对性地对特许经营活动进行规范、监督，也为了有助于潜在的投资者了解特许人的基本情况，作出恰当的投资决策，同时有利于形成对特许人的社会监督，《条例》确立了特许人备案制度。明确规定特许人应当自首次订立特许经营合同之日起15日内，向商务主管部门备案，并规定了备案的程序以及备案时应当提交的文件、资料。商务主管部门收到特许人提交的符合规定的文件、资料后，应当予以备案，通知特许人，并将备案的特许人名单在政府网站上公布和及时更新。

四是对规范特许经营合同作出了规定。特许经营合同，是明确特许人和被特许人之间权利义务的依据。特许经营活动在实践中出现的不少问题和纠纷，与特许经营合同不够规范有直接关系。为此，《条例》从三个方面做了规定：第一，特许人和被特许人应当采用书面形式订立特许经营合同，并明确了特许经营合同应当包括的主要内容；第二，借鉴其他国家的做法，规定特许人和被特许人应当在特许经营合同中约定，被特许人在合同订立后一定期限内，可以单方解除合同；第三，除被特许人同意的情况外，特许经营合同约定的特许经营期限应当不少于3年。

五是规定了特许人和被特许人的行为规范。《条例》针对特许经营活动本身的特点以及实践中存在的主要问题，重点对特许人的行为规范做了规定。比如，特许人应当向被特许人提供特许经营操作手册；特许人应当按照合同约定的用途使用向被特许人收取推广、宣传费用；特许人在推广、宣传活动中不得有欺骗、误导的行为等。对被特许人的行为规范，《条例》也做了相应规定，主要是被特许人未经特许人同意，不得向他人转让特许经营权；被特许人不得向他人泄露或者允许他人使用其所掌握的特许人的商业秘密。

肯德基在中国的
熟店转让加盟模式

【拓展阅读】

商业特许经营管理条例

第一章　总　　则

第一条　为规范商业特许经营活动，促进商业特许经营健康、有序发展，维护市场秩序，制定本条例。

第二条 在中华人民共和国境内从事商业特许经营活动,应当遵守本条例。

第三条 本条例所称商业特许经营(以下简称特许经营),是指拥有注册商标、企业标志、专利、专有技术等经营资源的企业(以下称特许人),以合同形式将其拥有的经营资源许可其他经营者(以下称被特许人)使用,被特许人按照合同约定在统一的经营模式下开展经营,并向特许人支付特许经营费用的经营活动。企业以外的其他单位和个人不得作为特许人从事特许经营活动。

第四条 从事特许经营活动,应当遵循自愿、公平、诚实信用的原则。

第五条 国务院商务主管部门依照本条例规定,负责对全国范围内的特许经营活动实施监督管理。省、自治区、直辖市人民政府商务主管部门和设区的市级人民政府商务主管部门依照本条例规定,负责对本行政区域内的特许经营活动实施监督管理。

第六条 任何单位或者个人对违反本条例规定的行为,有权向商务主管部门举报。商务主管部门接到举报后应当依法及时处理。

第二章 特许经营活动

第七条 特许人从事特许经营活动应当拥有成熟的经营模式,并具备为被特许人持续提供经营指导、技术支持和业务培训等服务的能力。特许人从事特许经营活动应当拥有至少2个直营店,并且经营时间超过1年。

第八条 特许人应当自首次订立特许经营合同之日起15日内,依照本条例的规定向商务主管部门备案。在省、自治区、直辖市范围内从事特许经营活动的,应当向所在地省、自治区、直辖市人民政府商务主管部门备案;跨省、自治区、直辖市范围从事特许经营活动的,应当向国务院商务主管部门备案。

特许人向商务主管部门备案,应当提交下列文件、资料:(一)营业执照复印件或者企业登记(注册)证书复印件;(二)特许经营合同样本;(三)特许经营操作手册;(四)市场计划书;(五)表明其符合本条例第七条规定的书面承诺及相关证明材料;(六)国务院商务主管部门规定的其他文件、资料。特许经营的产品或者服务,依法应当经批准方可经营的,特许人还应当提交有关批准文件。

第九条 商务主管部门应当自收到特许人提交的符合本条例第八条规定的文件、资料之日起10日内予以备案,并通知特许人。特许人提交的文件、资料不完备的,商务主管部门可以要求其在7日内补充提交文件、资料。

第十条 商务主管部门应当将备案的特许人名单在政府网站上公布,并及时更新。

第十一条 从事特许经营活动,特许人和被特许人应当采用书面形式订立特许经营合同。

特许经营合同应当包括下列主要内容:(一)特许人、被特许人的基本情况;(二)特许经营的内容、期限;(三)特许经营费用的种类、金额及其支付方式;(四)经营指导、技术支持以及业务培训等服务的具体内容和提供方式;(五)产品或者服务的质量、标准要求和保证措施;(六)产品或者服务的促销与广告宣传;(七)特许经营中的消费者权益保护和赔偿责任的承担;(八)特许经营合同的变更、解除和终止;(九)违约责任;(十)争议的解决方式;(十一)特许人与被特许人约定的其他事项。

第十二条　特许人和被特许人应当在特许经营合同中约定，被特许人在特许经营合同订立后一定期限内，可以单方解除合同。

第十三条　特许经营合同约定的特许经营期限应当不少于3年。但是，被特许人同意的除外。特许人和被特许人续签特许经营合同的，不适用前款规定。

第十四条　特许人应当向被特许人提供特许经营操作手册，并按照约定的内容和方式为被特许人持续提供经营指导、技术支持、业务培训等服务。

第十五条　特许经营的产品或者服务的质量、标准应当符合法律、行政法规和国家有关规定的要求。

第十六条　特许人要求被特许人在订立特许经营合同前支付费用的，应当以书面形式向被特许人说明该部分费用的用途以及退还的条件、方式。

第十七条　特许人向被特许人收取的推广、宣传费用，应当按照合同约定的用途使用。推广、宣传费用的使用情况应当及时向被特许人披露。特许人在推广、宣传活动中，不得有欺骗、误导的行为，其发布的广告中不得含有宣传被特许人从事特许经营活动收益的内容。

第十八条　未经特许人同意，被特许人不得向他人转让特许经营权。被特许人不得向他人泄露或者允许他人使用其所掌握的特许人的商业秘密。

第十九条　特许人应当在每年第一季度将其上一年度订立特许经营合同的情况向商务主管部门报告。

第三章　信息披露

第二十条　特许人应当依照国务院商务主管部门的规定，建立并实行完备的信息披露制度。

第二十一条　特许人应当在订立特许经营合同之日前至少30日，以书面形式向被特许人提供本条例第二十二条规定的信息，并提供特许经营合同文本。

第二十二条　特许人应当向被特许人提供以下信息：（一）特许人的名称、住所、法定代表人、注册资本额、经营范围以及从事特许经营活动的基本情况；（二）特许人的注册商标、企业标志、专利、专有技术和经营模式的基本情况；（三）特许经营费用的种类、金额和支付方式（包括是否收取保证金以及保证金的返还条件和返还方式）；（四）向被特许人提供产品、服务、设备的价格和条件；（五）为被特许人持续提供经营指导、技术支持、业务培训等服务的具体内容、提供方式和实施计划；（六）对被特许人的经营活动进行指导、监督的具体办法；（七）特许经营网点投资预算；（八）在中国境内现有的被特许人的数量、分布地域以及经营状况评估；（九）最近2年的经会计师事务所审计的财务会计报告摘要和审计报告摘要；（十）最近5年内与特许经营相关的诉讼和仲裁情况；（十一）特许人及其法定代表人是否有重大违法经营记录；（十二）国务院商务主管部门规定的其他信息。

第二十三条　特许人向被特许人提供的信息应当真实、准确、完整，不得隐瞒有关信息，或者提供虚假信息。特许人向被特许人提供的信息发生重大变更的，应当及时通知被特许人。特许人隐瞒有关信息或者提供虚假信息的，被特许人可以解除特许经营合同。

第四章　法律责任

第二十四条　特许人不具备本条例第七条第二款规定的条件，从事特许经营活动的，由商务主管部门责令改正，没收违法所得，处10万元以上50万元以下的罚款，并予以公告。企业以外的其他单位和个人作为特许人从事特许经营活动的，由商务主管部门责令停止非法经营活动，没收违法所得，并处10万元以上50万元以下的罚款。

第二十五条 特许人未依照本条例第八条的规定向商务主管部门备案的，由商务主管部门责令限期备案，处1万元以上5万元以下的罚款；逾期仍不备案的，处5万元以上10万元以下的罚款，并予以公告。

第二十六条 特许人违反本条例第十六条、第十九条规定的，由商务主管部门责令改正，可以处1万元以下的罚款；情节严重的，处1万元以上5万元以下的罚款，并予以公告。

第二十七条 特许人违反本条例第十七条第二款规定的，由工商行政管理部门责令改正，处3万元以上10万元以下的罚款；情节严重的，处10万元以上30万元以下的罚款，并予以公告；构成犯罪的，依法追究刑事责任。特许人利用广告实施欺骗、误导行为的，依照广告法的有关规定予以处罚。

第二十八条 特许人违反本条例第二十一条、第二十三条规定，被特许人向商务主管部门举报并经查实的，由商务主管部门责令改正，处1万元以上5万元以下的罚款；情节严重的，处5万元以上10万元以下的罚款，并予以公告。

第二十九条 以特许经营名义骗取他人财物，构成犯罪的，依法追究刑事责任；尚不构成犯罪的，由公安机关依照《中华人民共和国治安管理处罚法》的规定予以处罚。以特许经营名义从事传销行为的，依照《禁止传销条例》的有关规定予以处罚。

第三十条 商务主管部门的工作人员滥用职权、玩忽职守、徇私舞弊，构成犯罪的，依法追究刑事责任；尚不构成犯罪的，依法给予处分。

第五章 附 则

第三十一条 特许经营活动中涉及商标许可、专利许可的，依照有关商标、专利的法律、行政法规的规定办理。

第三十二条 有关协会组织在国务院商务主管部门指导下，依照本条例的规定制定特许经营活动规范，加强行业自律，为特许经营活动当事人提供相关服务。

第三十三条 本条例施行前已经从事特许经营活动的特许人，应当自本条例施行之日起1年内，依照本条例的规定向商务主管部门备案；逾期不备案的，依照本条例第二十五条的规定处罚。前款规定的特许人，不适用本条例第七条第二款的规定。

第三十四条 本条例自2007年5月1日起施行。

（资料来源：商业特许经营信息管理，http：//txjy.syggs.mofcom.gov.cn/manager/news.do? method = view&id = 681）

国务院法制办、商务部负责人就《商业特许经营管理条例》有关问题答中国政府网问

（三）我国特许经营其他法律

我国于2007年5月1日起施行《商业特许经营信息披露管理办法》，2012年2月1日起施行《商业特许经营备案管理办法》。

三、国外特许经营法律法规概述

（1）美国的特许经营法律制度。1971年，美国加利福尼亚州通过了特许经营投

资法,这是美国第一部要求特许人披露其特许信息的法律。此外,美国还在1992年成立了美国受许人与经销商协会,这是全世界第一个受许人组织,主要义务是保护受许人,防止特许人欺诈。

美国有关特许经营的法律、法规和相关措施大多以保护受许人、限制特许人为其主要立法宗旨。

(2) 加拿大的特许经营法律制度。加拿大政府未设立特定的部门来管理特许经营行业,也未制定全国性的特许经营法律、法规。加拿大部分地方政府制定了具体的特许经营法。这些地方特许经营法律、法规分别规定了必要的信息披露制度来帮助被特许人进行投资决策,并对违法行为提供有关民事补偿,允许被特许人享有自主联合权利,并为特许人和被特许人提供自律、自治的方法,目的在于促进公平交易。加拿大关于特许经营的法律、法规着重于建立公平交易、诚信的商业原则和合理的商业标准,强调行业自治自律,最大限度地保护特许经营双方当事人的合法权益。

中国连锁经营协会特许经营行为准则

(3) 欧洲的特许经营法律制度。20世纪70年代初期,特许经营被引入欧洲并取得了巨大成功。在1988年之前,欧盟并没有对特许经营加以立法规制。1988年11月30日,欧盟颁布了《关于特许经营类型合同适用条约第85条第3款的第4087/88条例》。欧盟关于特许经营的这些规则分别规定了特许经营的定义、类型和规则适用范围。欧盟关于特许经营的法律更多的是从肯定、有利于竞争的角度规定特许经营合同。

商业特许经营备案管理办法

【拓展阅读】

特许经营合同无效的原因和法律依据

特许经营合同无效?在现实中加盟商被"骗"?是什么原因造成加盟商与特许经营企业之间的矛盾?

一、特许经营合同无效(加盟合同无效)的商业原因

从特许经营、连锁加盟法律的例子来看:

一方面是加盟商加盟一个项目比较草率,没有对项目的市场情况及特许经营企业进行调查,就轻信特许经营企业"一夜暴富"、神话般的宣传,糊里糊涂地交纳了加盟费及保证金。

另一方面是特许经营企业违规操作。一些特许经营企业看到了不错的项目,没有经过系统准备及经验积累,一味追求"入账"的加盟费和保证金(或者一开始在本质上就不想做好对加盟商的服务而只想着收钱),忽视或轻视特许经营过程是否合法,更忘记了对加盟商进行市场及培训支持的承诺,违规操作。

二、特许合同无效(加盟合同无效)认定的法律依据

(一)《中华人民共和国合同法》第五十二条 有下列情形之一的,合同无效:

1. 一方以欺诈、胁迫的手段订立合同,损害国家利益;
2. 恶意串通,损害国家、集体或者第三人利益;
3. 以合法形式掩盖非法目的;

4. 损害社会公共利益；

5. 违反法律、行政法规的强制性规定。

（二）《商业特许经营管理条例》第二章、第三章对于特许经营资格、信息披露等进行了比较明确的规定。

三、特许经营合同无效（加盟合同无效）的法律操作

《商业特许经营管理条例》属于国务院颁发的，属于行政法规层次，那么对于违反该条例而签订的特许经营合同，一般来说，可以按《中华人民共和国合同法》第52条第（一）项的规定向法院主张无效。此时，特许经营企业需要拿出证据证明自己的特许经营活动符合该条例，才能走出特许经营合同被认定为无效的区域，否则，可能面临承担特许经营合同被认定无效、返还加盟费等法律后果。

学习任务三
特许经营
法律法规

（资料来源：特许经营第一网，http://www.texu1.com/a/texujingyingfagui/20160810/6721.html）

【职场指南】

创业加盟连锁常见的陷阱

有关人士提醒投资者，在投资中遇到以下情况，就要留一个心眼儿了。

（1）特许商是一个自然人而不是一个法人机构。

（2）特许商的商标不是注册商标，不受法律保护。

（3）特许商从未自己经营过，只是兜售一个概念。

（4）特许商虽然自己有过经营历史，却从未赚过钱，投资者千万别指望自己的运气比他好，智商比他高。

（5）有特许商信誓旦旦地向投资者保证，只要答应投资，就能100%赚钱。

（6）不管投资者的资格，只要买够几十万的产品就可以加盟，这类加盟方式也要引起投资者注意。

（7）当投资者想了解特许商的经营情况时，特许商支支吾吾，或以商业秘密来搪塞。

（8）当投资者提出要仔细考察特许商时，对方却宣称有数不清的人要加盟。

（9）许诺只要投资者肯介绍亲朋好友加入，就可以立即赚钱。

（10）宣称"我是你的好朋友，我才介绍给你，别人很难有这样的机会"。

（11）当投资者对总部管理能力进行考评时，发现人员很不稳定，换人就像走马灯。问起原因，得到的回答是："这就是特许经营的特点，干事靠体系，不靠人，我们的政策就是铁打的营盘流水的兵。"

（12）对于投资者要认真研究《特许经营合同》条款时，却被告知"中国人做生意讲情义，靠朋友，别学西方人讲法律，不讲情面"。

【特许经营创业故事】

蜂蜜两年开 7 家分店

周明是江山市长台镇人,父母都是地地道道的农民。父亲从 16 岁开始养蜂,靠手中的技术维持着一家人的生活。2004 年,周明考进了浙江经贸职业技术学校,学习投资理财。大一第二个学期,周明和几个同学合开了一家公司。当时公司没有具体的定位,做的业务也很杂。看到什么赚钱,他们就做什么。周明觉得,在学校经商一方面能赚点学费和生活费,另一方面能将理论运用到实践,学以致用。

周明的母亲每年都来杭州放蜂采蜜,周明有空就会去陪母亲。他发现,在城郊锻炼的中老年人很多,学校的从商经历给了他灵感。来这里的人那么多,蜂产品又是针对中老年人的,为什么不在城郊开家卖蜂产品的店面呢?而且原料由父亲把关肯定没问题,东西好,回头客肯定多。

周明向学校提交了申请,提早一年离开了学校,在家里自学课程,参加学校的毕业考试。周明的想法得到了家里的支持,父亲也拿出了积蓄,支持儿子创业。周明就在母亲支帐篷的杭州玉泉青芝坞租下了一间店面。周明给自家的蜂产品取了名——江山百姓,自己设计商标,进行了注册。产品的说明书也是自己设计,自己写的。靠良好的人缘,周明找同学建起网站,找朋友印说明书、印包装盒等。周明发现杭州人喜欢打折,于是在开业前几天,印了打折宣传单发给到这里来锻炼的人。2005 年,周明的第一家蜂产品店开业了。开业第一天,生意出奇地好,从早忙到晚,一天卖出了 4 000 块钱的产品。隔了 4 个月,周明的第二家蜂产品店又开业了,这次店铺照样设在城郊中老年人经常去锻炼的地方。不久,周明又开了第三家店。通过朋友的介绍,通过网络,到现在,山东烟台、江苏泰州和浙江宁波等地,已经开出了江山百姓共 7 家加盟店。周明现在已经顺利地拿到了大学毕业证,在杭州买了房、买了车。

项目小结

本项目介绍了特许权的概念,使学生能对特许权组合知识有清晰的认知,通过技能训练对特许权组合准确识别,并能掌握特许经营、特许经营合同的特征,能根据特许经营方式的不同进行正确选择。认真学习和领会特许经营相关法律法规,有助于法律意识的培养和运用法律分析问题、解决问题。另外,理论的学习与研究也为企业的特许加盟店经营实践提供了更广阔的视野。

同步测试

一、复习与思考

1. 简述特许权的定义。

2. 谈谈特许经营权组合的构成。
3. 简述特许经营合同的基本内容。

二、案例分析

特许经营的必备要件

复习与思考答案

经过张某在互联网上浏览到特许加盟公司 A 公司，与该公司签订了《加盟合同》和《产品购销合同》，在缴纳了 1 万元加盟费和 10 余万元设备费之后，成立了三家在超市内经营的 "×××" 连锁加盟店。之后不久，张某发现，A 公司没有特许经营业务的资源， "×××" 商标没有取得国家注册证书，而且，该公司不能按时与超市结算，致使他有 22 万余元的营业款 "呆滞"，经营资金得不到保障，长期亏损，最终导致其不得不停业。经进一步调查，A 公司的 "×××" 商标虽已向国家行政管理总局商标局提出申请注册，该局接受申请并受理，但至今尚未取得商标注册证。为了维护自己的正当权益，张某将 A 公司告上法庭，要求依法判令撤销与其签订的《加盟合同》及《产品购销合同》，退还 1 万元加盟费、10 余万元的机器购置款，返还 22 万余元的营业额款，赔偿其他经济损失 1.8 万元。

法院认为，双方是特许经营关系，商业特许经营是指拥有注册商标、企业标志、专利、专有技术等经营资源的企业（以下简称特许人）以合同形式，将其拥有的经营资源许可其他经营者（以下简称被特许人）使用，被特许人按照合同约定在统一的经营模式下开展经营，并向特许人支付特许经营费用的经营活动。特许人与被特许人之间签订合同应符合法律规定。然而，A 公司授权张某使用的注册商标，其实仅是一个已经但申请尚未取得注册商标证的待批准商标，致使张某产生误解，而与其签订了合同，其实际上是一种欺诈行为。因此最终判决：撤销张某与 A 公司签订的《加盟合同》和《产品购销合同》。A 公司于判决生效后 10 日内，返还张某加盟费 1 万元、设备费 8.6 万元，给付经营款 22 万元。

案例分析答案

思考题：
1. 试分析该合同应符合哪些法律规定。
2. 案例中的纠纷应怎样解决？

实践训练

特许经营法律法规讨论：搜集相关法律，分析其应用。

【实训目标】
（1）通过搜集相关法律法规资料，帮助学生增进对特许经营理论的理解，提升学生学习兴趣。
（2）通过分析案例，使学生了解更多相关法律法规方面的内容，拓宽视野。
（3）培养学生整理材料、分析材料的能力。

【实训内容与要求】
（1）由学生自愿组成学习小组，每组 4~5 人，各组自主收集资料。
（2）学习小组组长给本组同学分工整理资料。
（3）学习小组组长组织本组同学讨论整理资料情况，并最终形成分析结论。
（4）各小组撰写一份分析报告。

(5) 各小组制作 PPT, 班级范围内讲解展示。

【成果与检测】

(1) 小组分析报告一份。
(2) PPT 汇报展示。
(3) 学生提出问题，汇报人解答。
(4) 教师现场点评与总结。

项目四
特许总部系统设计

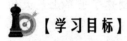【学习目标】

知识目标
- 了解特许经营总部系统的定义及构成；
- 了解特许经营总部在特许经营体系中扮演的重要角色及功能；
- 理解特许经营总部经营系统的构建与设计；
- 理解特许经营总部运营管理系统的构建与设计。

技能目标
- 能够初步胜任特许经营总部经营模式构建的设计策划工作；
- 能够初步胜任特许经营总部营运管理模式构建的设计策划工作。

素质目标
- 培养学生的综合分析判断的能力；
- 培养学生的团结协作能力；
- 强化学生兼顾不同利益的群体意识。

【项目导入案例】

克罗克——连锁经营的改变者

全球麦当劳餐厅中有 70% 是特许经营店，麦当劳作为世界上最成功的特许者之一，在其企业发展历程中，积累了大量宝贵的实战经验。

1. 改变特许经营体系

在当时，特许经营总部往往在收取高昂特许费后，贩卖一些原材料、半成品或器材给对方，然后就不管不顾了。在麦当劳的特许经营系统中，克罗克强调相互制约、相互扶持的合作关系，他认为，只有双方经济利益捆绑，才可以共存共荣。比如，"麦当劳叔叔"就是由加盟者与广告公司创造出来的，并被总公司启用推广。"联合广告基金会"模式也是由麦当劳加盟者创立的。

2. 拒绝地区特许权制度

克罗克拒绝使用区域特许权制度。克罗克说："如果你卖出一大块区域的特许权，那就等于把当地的业务全部交给了他。他的组织代替了你的组织，你便失去了控制权。"麦当劳规定，一次只卖一家店的特许权，表现优异者可以拥有多家加盟店，表现不好的就只能拥有一家店。

3. 后续保障服务

加盟者的加盟费不是白白支付的。麦当劳为加盟者提供完整的服务运作、市场营销、人力资源、员工培训、设计创意、机械设备和采购服务，从而确保加盟店的表现和麦当劳品牌的一致性。运作顾问从加盟者加入麦当劳体系之后，就开始提供一对一服务。麦当劳于各区域设立汉堡包大学，目前全球已有7所，每年有超过5 000名员工到汉堡包大学参与训练课程。正是这样严格的挑选制度和完善的后续服务，保证了麦当劳加盟的成功。

【案例分析】

（1）克罗克通过相互制约、相互合作改变了特许经营体系，创建了世界上最大的特许企业之一，还开创了"联合广告基金会"模式。

（2）通过执行"一次只卖一家店的特许权"的经营方针，保证了麦当劳总部对加盟店的控制，更好地满足了现代消费者高品质的需求。

（3）麦当劳为加盟者提供完整的服务运作、市场营销、人力资源、员工培训、设计创意、机械设备和采购服务，从而确保加盟店的表现和麦当劳品牌的一致性。

（资料来源：360个人图书馆，http：//www.360doc.com/content/17/0331/16/535749_641738549.shtml）

麦当劳睡着的爸爸广告

阿米巴经营模式——组织的构建

学习任务一　特许总部系统设计概述

●●● 【案例导入】

7—11总部领导的共同配送中心战略

作为全球最大的便利店企业之一，7—11的特许经营企业的单店都是由特许经营总部进行统一领导、授权、管理、培训的，同时对各单店的经营进行协调，并作为信息中心为各单店提供后台支持。建立了由特许经营总部管理的共同配送中心，为特许单店进行集约配送。7—11在建立其全球零售网络时正是利用了这种优势，几乎所有由7—11总部制定的具体物流战略都由配送中心来实现。

7—11的物流体系并非独自完成，而是由合作的生产商和经销商按照7—11的网络扩张，根据其独特的业务流程与技术而量身打造。根据7—11与各生产商、批发商达成的协议，生产商和批发商对其所在地区内的闲置土地、设施或运转率较低的设施，投资建立共同配送中心。生产商和批发商将配送业务和管理权委托给共同配送中心，7—11与参与共同经营的生产商、批发商密切协作，以地区集中建店和信息网络为基础，创建高效的配送系统。

共同配送中心的功能主要包括商品的集中和分散。首先由批发商将制造商的商品集中到配送中心，然后与零售商进行交易，这样就可以将多数制造商的商品进行调配，从而起到商品的集中和分散功能。共同配送中心的建立，使商品的周转率达到了业界非常高的水平，大大提高了单店商品的新鲜度。共同配送中心实现了拼箱化，提高了车辆的装载率和利用率，降低了配送成本。

另外，建立共同配送中心这种战略令7—11总部能充分了解商品销售、在途和库存的信息，使7—11逐渐掌握了整个产业链的主导权。

【案例分析】

在连锁业价格竞争日渐犀利的情况下，7—11总部通过降低成本费用，为整体利润的提升争取了相当大的空间，同时也为7—11实现不同温度带物流战略、物流差异化战略等其他物流战略铺平了道路。

（资料来源：五星文库，http：//www.wxphp.com/wxd_945fj2p4x42xzhu2l5gp_1.html）

7—11便利店"知心朋友"贴纸活动广告

一、总部系统的定义与构成

特许经营总部（Headquarter）是受特许人的委托，代表特许人建立、发展、运营和管理特许经营体系的机构，是特许经营体系两个基本子系统之一。作为一个系统，总部由以下三部分组成。

核心部分：总部的经营模式。

基础部分：总部的运营管理系统。

外在部分：总部的识别系统（CIS）。

总部系统三个部分之间的相互关系如图4–1所示。

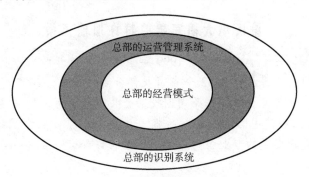

图4–1 总部系统三个部分的相互关系

【案例】

耐克的总部管理

耐克是运动装的世界名牌，90%的耐克产品都是由中国和韩国的工厂完成的，耐克自己从来不投资工厂，耐克把销售交给了加盟商，销售网络布满全世界各地，而她自己只负责品牌管理。这种"哑铃"式的管理模式可以使其最大限度地扩大生产和销售，而无须投入大量的资金、资源和精力去建厂开店。这种模式充分利用了各方资源，同时也降低了企业的投入和风险。于是，许多的知名加盟店投资者们开始学习采用耐克的管理模式。

（资料来源：五星文库，http：//www.wxphp.com/wxd_945fj2p4x42xzhu2l5gp_1.html）

耐克大型物流仓储系统展示

二、总部在特许经营体系中扮演的重要角色

总部与单店都是特许经营体系中的基本组织形态,但总部在特许经营体系中与单店扮演着完全不同的重要角色,归纳起来有以下七点:

(1) 领导者的角色。特许经营体系作为一个新型的社会经济组织具有高度群体一致性的特点,这种一致性为特许人和受许人都带来了巨大的利益。但这种一致性对特许人来讲,也存在着较大的决策风险,因为一旦决策失误,将给整个体系带来灾难。

总部在特许经营体系中的角色

因此在激烈的市场竞争当中,特许经营总部必须担当起领导的责任,时刻关注市场竞争态势,看准前进方向,及时调整资源配置,制定行动方针和政策,从而保持和发展体系的整体竞争力。如果把激烈竞争的市场比作大海,那么特许经营体系则犹如一支在惊涛骇浪中航行的庞大舰队,特许经营总部就是其中的旗舰,负责领航。

总部在特许经营体系中的角色

【案例】

重庆小天鹅完善的特许加盟体系

重庆小天鹅火锅诞生于1982年,1999年重庆小天鹅开始引进特许经营模式,目前拥有300多家门店,遍及中国32个省市及部分海外地区。2007年6月由重庆小天鹅集团、红杉资本中国基金、海纳亚洲创投基金共同组建而成的"重庆佳永小天鹅餐饮有限公司",以"创建中国火锅第一品牌"为企业愿景,成为从事"重庆小天鹅"火锅品牌全球化连锁发展的专业公司。荣获中国特许经营一百强、中国餐饮连锁业十强、中国优秀特许品牌。

1999年从国际特许经营服务组织引入特许经营理念和操作模式,加盟业务发展迅速。到目前为止,重庆小天鹅连锁经营管理体系已经形成具有六大支持系统,包括营建、营运、培训、物配、企划和工作手册,拥有完善的管理制度、组织机构以及一支有知识、有专业、高素质的管理团队,真正实现了盟主和加盟者的"双赢"。

小天鹅公司在特许体系中创造了"支持小组"的概念,加盟店开业前特许总部都会派3~5名支持人员协助加盟商做前期筹备和培训指导。开业以后在人才和技术上遇到问题时也由支持小组提供帮助,给加盟商以最大的支持和信心。

加盟商本能地把特许总部提供的有偿服务看成是在赚他们的钱,这就需要特许总部的每一个职员做好说服和解释工作,让加盟商认识到提供有价值服务的重要性。在这方面特许总部通常采取培训、开会、印刷刊物,以及参加评选"天鹅之星"活动等进行讲述和宣传。

重庆小天鹅为了培训加盟商专门成立了管理学校,一方面为加盟商提供业务培训,另一方面为加盟商提供店铺管理人才。

(资料来源:肖永添.总部管理[M].北京:中国人民大学出版社 2014.)

加盟商违规问题操作问题

(2) 授权者的角色。特许经营总部受特许人的委托,代表特许人发布特许经营招

商信息，制订并实施加盟商招募计划（Recruitment Plan），对加盟申请者进行遴选、签约授权以及对加盟商实施开店前的指导和培训，因此总部完全扮演着特许经营授权者的角色。

（3）经营者的角色。特许人在委托特许经营总部建立、发展、运营和管理整个特许经营体系的同时，也授予特许经营总部很大的行政管理权，同时要求总部对特许经营体系的运营结果负责。

因此，总部必须承担特许经营体系年度经营计划的制订和组织实施的责任，也就是扮演特许经营体系经营者的角色。

（4）创新管理者的角色。特许经营体系是一个新型的社会经济组织，与在同一资本控制下的传统经济组织相比，具有高度分散化经营，同时高度统一化管理的显著特征。这样一个新型的社会经济组织给特许人的管理能力提出了挑战，即管理特许人"本身并不拥有的资产"的能力，从而实现特许经营体系整体的高效率运转。因此，特许经营总部担当起了创新管理者的责任。

（5）培训者的角色。特许人通过与受许人签订特许经营合同的方式将特许权授予受许人使用。特许权的核心是特许人的知识产权，而知识只能通过一个完整的培训和教育的过程，才能真正实现从所有者向使用者的转移。这也就是为什么标准的特许合同中都把培训作为特许人必须履行的基本义务之一。因此，总部在扮演一个授权者的同时必须扮演培训者的角色。

【拓展阅读】

麦当劳汉堡大学

麦当劳汉堡大学于1961年在美国芝加哥艾尔克格罗夫村（EkI Grove Village）创立。麦当劳是世界上第一个拥有全球性训练发展中心的餐饮企业。目前，麦当劳在全球各地共有7所汉堡大学，分别位于芝加哥、悉尼、慕尼黑、伦敦、东京、圣保罗、上海。截至2014年年底，全球已有超过341 000名员工和被特许人毕业于麦当劳汉堡大学。

麦当劳中国汉堡大学成立于2010年3月，位于上海，是全球第七所汉堡大学，致力于成为企业界的"哈佛商学院"，是麦当劳培养管理人才的摇篮。麦当劳中国汉堡大学的校训是"学习成就未来"，所有课程均由拥有丰富实践经验的专业教授讲授。

截至2014年年底已有超过9 000位员工在麦当劳中国汉堡大学参加了运营管理和领导力培训，为麦当劳中国培养了大批本土管理和营运精英。麦当劳在中国还设有10个学习训练中心，拥有超过60位全职培训专家，2014年为员工提供的培训时间超过266 000个小时。

（资料来源：百度百科，https：//baike.baidu.com/item/）

（6）后台支持者的角色。单店负责直接服务于客户，向客户提供价值，并获取价值回报。特许经营总部作为单店的主要系统供应商，负责源源不断地向单店提供各种有形和无形的资源。整体观察一个特许经营体系，单店就相当于前台的明星，以他们个体的经营业绩，放射出特许人品牌的光芒，总部则是强大的后台，以默默无闻的踏实工作，支持着处于不同地区的单店，使单店在激烈的市场竞争中永远立于不败之地。

（7）信息中心的角色。单店处于市场的前沿，除了直接服务于客户之外，同时收集并向总部反馈单店的运营管理信息和局部市场的信息，特许经营总部则汇总和处理这些信息，并将这些信息作为运营管理决策的重要依据；另外，总部作为一个商业网络的中心，要承担协调外部供应商与单店之间、单店与单店之间业务往来的责任，甚至要作为这些业务往来的结算中心。

因此，总部在特许经营体系中就相当于一个服务器，支持着一个个终端——单店和外部供应商。

【案例】

北京东来顺特许总部对加盟商的支持

总部和加盟商签订《特许经营合同》后，加盟方可得到东来顺特许总部提供的下列支持。

（1）无偿提供东来顺特许经营管理手册，包括《东来顺集团简介》《东来顺门店装修装饰建议》《特许加盟店铺体系设计》《关于遵守穆斯林习俗的规定》《服务营运管理手册》《厨务营运管理手册》《特许加盟店财务管理手册》《产品配送手册》《加盟店培训手册》《加盟店装修装饰建议》等。

（2）无偿提供东来顺标识，包括东来顺logo设计、东来顺牌匾。

（3）无偿提供东来顺文化宣传品，包括东来顺宣传光盘、宣传季刊、宣传照片。

（4）营建指导支持，包括无偿提供设计装修元素、审定布局平面图、审定设计效果图等。

（5）统一培训支持，包括对店长、厨师长、服务经理等岗位进行定期培训。另外，开业前，加盟方必须参加特许总部对切肉、面点、收银、炒菜、冷荤、火锅岗位的岗前培训（此次培训免收培训费）。

（6）统一配送支持，包括东来顺专用原材料、东来顺专用设备等。

（7）统一宣传支持，包括定期在有关媒体上宣传"东来顺"品牌等。

（8）技术扶持，包括开业前期派出相关技术人员进行开店前的扶持和现场培训等。

（9）开业指导支持，包括开业验收等。

（10）巡回督导支持，包括开业后不定期到店检查与督导等。

（资料来源：东来顺官网，http：//www.donglaishun.com/）

特许总部的
组织结构

加盟商注册
企业问题

三、总部系统的功能

特许经营作为人类的一种商业活动，有其特殊的交易客体——特许权。特许权作为一种买卖双方的交易客体，有别于有形的物品和有形的物理空间，不具有交易的排他性。特许权是一种无形的权利，可以在一个特许人与 N 个受许人之间平行地实现交易。在这种一对 N 的商业关系基础上就形成了一个有规模的、具有新型产权结构的经济组织体系，即特许经营体系。特许经营总部系统是特许经营体系中 N 个子系统的一个系统，它的结构及功能可以用图 4-2 来描述。

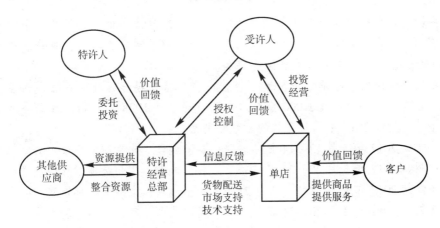

图 4-2　特许经营系统结构功能图

特许总部系统、单店系统和四个利益主（体特许人、受许人、其他供应商、客户），这六部分以及它们之间的互动就构成了一个完整的特许经营体系，其中特许经营总部、单店是特许经营体系中的两个基本的组织形态。因此，总部系统功能强大，其突出体现在以下几个方面。

（1）建立完善的经营管理系统，促进各加盟店单店管理模式的不断完善；

（2）开发和采购（或者协助）加盟店需要的各种物资，确保各被特许者经营所需物资的稳定供给；

（3）品牌宣传推广：对授权的品牌开展宣传和推广活动；

（4）组织开展形式多样的促销活动；

（5）信息收集与处理：积极搜集、整理、传播与本体系有关的国内外经济、政治等各种信息，并制定相应的经营策略；

（6）培训：提供培训指导，增强培训工作的力度和水平；

（7）对各被特许者进行监督与控制管理；

（8）经营顾问：对被特许者遇到的各种经营管理问题进行诊断和咨询。

四、总部系统设计步骤

总部系统设计与构建的步骤按照图 4-3 展开。

图 4-3　总部系统设计与构建的步骤

关于竞业禁止问题

> **知识拓展**
>
> **中国特许展**
>
> 　　中国特许展作为亚洲最大的特许经营展览会,为特许企业提供了一个宣传树立品牌形象、扩大品牌影响、展望行业发展趋势、了解投资动向、招募加盟商的最佳平台,助力海内外特许企业业务拓展。
>
> 　　中国特许展的主办单位中国连锁经营协会是特许经营领域唯一的全国性行业组织,目前拥有企业会员1 000余家。中国特许展从1998年开始,每届会展要历经五个站,例如2017中国特许展的五站分别是:
>
> 　　北京站2017年5月12—14日　　　　展出地点:北京国家会议中心
> 　　广州站2017年5月25—27日　　　　展出地点:广州琶洲国际会展中心
> 　　上海站2017年8月31日—9月2日　　展出地点:上海新国际博览中心
> 　　武汉站2017年3月20—21日　　　　展出地点:武汉国际会展中心
> 　　重庆站2017年11月2—4日　　　　　展出地点:重庆国际博览中心
>
> 　　中国特许展作为亚洲最大的特许经营展览会,以其专业性、权威性、规范性,吸引了众多国内外优秀的特许加盟品牌和数以万计的专业投资人前来展会参观洽谈,成为特许企业树立企业形象、扩大品牌影响、了解行业发展、招募加盟代理的不二之选。一大批优秀的特许加盟品牌伴随着展会不断地成长发展,连锁店铺遍及全国。
>
> (资料来源:百度百科.中国特许展.[EB/OL].https://baike.baidu.com/item/.)

学习任务二　总部经营系统设计

●●●【案例导入】

麦当劳的特许经营模式

麦当劳的特许加盟和连锁经营模式具有以下特点。

1. 严格挑选加盟商

　　一个商家要加盟麦当劳,首先必须向麦当劳总部提出申请,总部对其资信状况、经营管理能力、资金能力审查合格后,双方协商一致,才能签订加盟合同。在部分国家,申请人需要具备在麦当劳工作10年以上的经历,才有资格申请加盟。1999年,麦当劳在中国台湾上万个申请人中,只选择了3人加盟。麦当劳之所以如此严格地挑选加盟商,主要是因为任何一家加盟商的经营失败,都会影响到麦当劳的企业形象。

2. 统一加盟条件

　　麦当劳规定,加盟商至少要拥有自有资金10万美元,一旦与公司签订合同,必须先付首期特许费4.5万美元,此后每月交一笔特许权使用费和房产租金,前者约为月销售额的4%,后者约为月销售额的8.5%。

麦当劳与加盟商签订的合同有效期为20年，公司授予加盟商：麦当劳的企业名称和商标使用权、产品制造技术、经营管理诀窍等；公司的汉堡包大学为加盟店培训员工；提供管理咨询，负责广告宣传，向加盟店供货时提供优惠。总部每月都要派督察团到各地加盟店巡视，督察团把督察结果向总部汇报，对不合标准的加盟店，强制其改变经营面貌。

3. 统一企业名称、标识

所有的加盟店都以"麦当劳"命名，企业的标志是"金色拱门"，它是一个弧形的"M"字母，以黄色为标准色。每一家快餐店的门口都有一个象征性的人物偶像——"麦当劳叔叔"，它是传统马戏小丑的打扮，是风趣、友谊、祥和的象征。

4. 统一的广告宣传

1967年，麦当劳的加盟商设立了全国广告基金，作为全国性广告宣传费用。1968年，这个基金收到了300万美元，并用于电视广告，1985年则收到了1.8亿美元。现在麦当劳的年度广告支出达到10亿美元，但分摊到28 000多家分店和400多亿美元的销售额上，广告费用的负担并不重。

5. 统一产品质量

麦当劳对食品质量要求极高，并且要求做到标准化。面包不圆或切口不平都不能销售；奶浆接货温度要在4 ℃以下，否则就退货；用机器切的牛肉饼每个重47.32克，直径98.5毫米，厚度为5.65毫米，肉中不能掺进任何一点心、肺等下水料，脂肪不能超过11%，并要经过40多项质量控制检查；任何原料都有保存期，生菜从冷藏库拿到配料台上只有2个小时的保鲜期，过时就报废。制作好的成品和时间牌一起放到成品保温槽中，炸薯条超过了7分钟、汉堡包超过10分钟就扔掉。

6. 统一服务规范

顾客走进任何地方任何一家麦当劳餐厅，都会感到这里的建筑外观、内部陈设、食品规格、服务员的言谈举止和衣着服饰等诸多方面惊人地相似。它们都能给顾客以同样标准的享受。

7. 统一作业程序

麦当劳的员工"小到洗手有程序，大到管理有手册"。麦当劳的营运手册详细说明了餐厅各项工作的操作程序和方法，并且在实践中不断丰富和完善。

8. 统一员工培训

麦当劳总部开办了"汉堡包大学"，专门培训各分店经理和专业技术人员。

【案例分析】

（1）麦当劳的特许经营模式通过清晰、严格、明确的特许经营加盟制度使麦当劳和加盟者处于相互制约、共荣共存和联系紧密的关系中，不仅帮助麦当劳实现了非常好的盈利，也实现了其加盟店的盈利目标，实现了双赢。

（2）麦当劳非常重视员工培训，并建立了较完备的培训体系。这为受许人成功经营麦当劳餐厅、塑造"麦当劳"品牌统一形象提供了可靠保障。

（3）标准化加盟是麦当劳管理全球连锁餐厅的重要手段，它通过制定一系列加盟制度来约束加盟商的行为，保证麦当劳的品质。

（资料来源：百度百科，https://baike.baidu.com/item/.）

美素佳儿品牌宣传

一、总部经营模式设计概述

(一) 总部经营模式的定义

总部客户定位、总部业务组合、总部获利模型以及特许人对整个特许经营体系的战略控制四个要素组合在一起就构成了总部的经营模式。

从系统角度观察,总部的客户有两个,一个是受许人,另一个是单店,总部对受许人有明确的选择条件,单店系统本身就有标准化的设计,这些就是总部的客户定位;所谓总部的商品/服务组合就是总部代表特许人给加盟商授权的全部内容以及总部提供给单店的全部资源;总部作为一个经营单位当然也有自己的获利模型;总部作为一个经营机构当然也有自己的业务组合和获利模型;特许人委托总部来建立、发展、运营、管理整个特许经营体系,当然,也要对整个体系有战略控制的手段。

(二) 总部经营模式各要素设计之间的关联性

总部经营模式中四个要素之间也同样具有很强的逻辑关联性,如图4-4所示。

总部的客户定位,取决于这些受许人和单店能否带来利润;总部的获利模型取决于总部的业务组合;特许人的战略控制往往取决于什么样的客户定位以及什么样的业务组合;业务组合一定是要适合目标客户的需求,并可以给总部带来利润,而且要便于特许人对整个体系的战略控制。

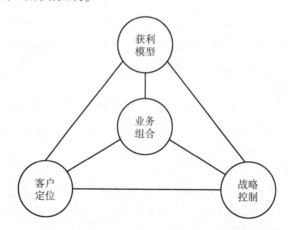

图4-4 总部经营模式各要素之间的关联性

(三) 总部经营模式设计的步骤

综上所述,总部经营模式的设计就是对构成总部经营模式的四部分以及它们之间的相互关系进行的设计。

总部经营模式设计的步骤如图4-5所示。

代理发展
授权模式

图4-5 总部经营模式设计的步骤

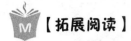【拓展阅读】

特许金融分析师

CFA 是由美国投资管理与研究协会（AIMR）于 1963 年开始设立的特许金融分析师资格证书考试。考试每年举办两次，是世界上规模最大的职业考试之一，是当今世界证券投资与管理界普遍认可的一种职业称号。CFA 的课程以投资行业的实务为基础。要成为一名 CFA，必须经过美国投资管理与研究协会命题、组织的全球统一考试。特许金融分析师分初、中、高三个等级。每年每人只能报考一个等级。只有通过全部三个级别的考试，且有 4 年金融从业经历者才能最终获得资格证书。

CFA 协会定期对全球的特许金融分析师进行职业分析，以确定课程中的投资知识体系和技能在特许金融分析师的工作实践中是否重要。考生的 Body of Knowledge TM（知识体系）主要由四部分内容组成：伦理和职业道德标准、投资工具（含数量分析方法、经济学、财务报表分析及公司金融）、资产估值（包括权益类证券产品、固定收益产品、金融衍生产品及其他类投资产品）、投资组合管理及投资业绩报告。

CFA 一级考试课程着重于投资评估和管理的工具，还包括资产估值和投资组合管理技巧的入门介绍。一级考试（Level 1）形式为选择题，每卷各 120 题，共 240 题。

CFA 二级考试课程着重于资产估值及投资工具的应用（包括经济学、财务报表分析和数量分析方法）。二级考试（Level 2）形式为案例选择题，每卷各 60 题，共 120 题。

CFA 三级考试内容为前两组内容的综合总结。三级考试（Level 3）分为两个部分，上半部分包括简答题和计算题两大类，下半部分与二级形式一致，为 10 道 Item Set，每题 6 个小题，共 60 道题。

（资料来源：百度百科，https://baike.baidu.com/item/）

阿米巴经营模式的运行

总部经营模式设计

总部客户定位设计

总部业务组合设计

二、总部经营模式设计步骤

（一）总部客户定位的设计

1. 总部客户定位设计的概念

如前所述，总部的客户就是受许人和单店。因此，所谓总部客户定位的设计就是受许人的定位和单店系统的设计。

2. 受许人的定位

受许人的定位就是确定与本特许经营体系匹配度最高的受许人的条件。受许人的定位建立在这样的假设基础上：具有不同的投资动机、文化认同度、商业诚信度、心理素质、身体素质、家庭关系、社会关系、管理能力、教育背景、资金实力、行业经验的加盟申请人（投资人）与本特许经营体系具有不同的匹配度。受许人的定位可以通过制作目标受许人模型（雷达图）来实现。具体方法如下：

第一步，对投资动机、文化认同度、商业诚信度、心理素质、身体素质、家庭关系、社会关系、管理能力、教育背景、资金实力、行业经验等各项分别根据一定的假设设定出若干个等级并对每一个等级给定一个分值。

第二步，确定目标受许人的每一项的分值。

第三步，根据以上分值制作一个雷达图，即目标受许人模型。

【例】某特许经营体系目标受许人模型设计，各个等级给定的分值如表4-1所示。

表4-1 各个等级给定的分值

选择参数		投资动机	文化认同度	商业诚信度	心理素质	身体素质	家庭关系	社会关系	管理能力	资金实力	教育背景	行业经验
等级标准		维持生存1	很低1	很低1	很差1	很差1	不稳定1	极少1	很弱1	无开店资金且无融资渠道1	小学1	无经验1
		资金安全或打发时间2	低2	低2	差2	差2	稳定2	少2	弱2	可以自筹开店资金2	初中2	有间接经验2
		发财3	中3	中3	一般3	一般3	和睦3	一般3	中3	有足够的开店资金3	高中3	有经验3
		发展自己的事业4	高4	高4	好4	健康4	支持4	多但实力一般4	强4	有充足的开店资金和融资渠道4	大学4	有丰富经验4
			很高5	很高5	很好5	健壮5	全力支持5	丰富且有实力5	很强5		研究生以上5	
选择决策		2	3	4	3	5	4	3	4	3	3	2

受许人模型雷达如图4-6所示。

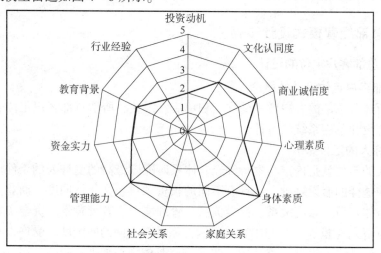

图4-6 受许人模型雷达

【案例】

永和大王筛选加盟商的条件

1995年，永和大王在上海开始了在中国蓬勃发展的步伐。2004年菲律宾快乐蜂集团正式收购永和大王。经过20多年努力经营，永和大王已经成为中式快餐行业的品牌领导者，并在全国拥有超过360家门店，涉足50多个城市，每天为全国各地的顾客提供台式美味和安心服务。

截至2016年，永和大王连续五年荣获由工信部科技司和工信部消费品司共同颁发的"C-BPI中国中式快餐连锁行业品牌力指数第一名"，连续三年获得由第一财经媒体主办并颁发的"食品健康七星奖"，连续两年获得WTU"最具价值中国品牌TOP100强"的荣誉。

永和大王取得如此业绩，与永和大王对受许人的严格密不可分。加入永和大王，受许人前期要固定投入约人民币153万元，包括一家餐厅的设备、装修、桌椅、招牌、装饰、环保、消防等投资。流动资金约50万元，包括加盟费25万元、保证金18万元、员工招募费、培训费、薪资以及宣传费等。

除了受许人雄厚的资金实力外，受许人还要具备以下条件。

(1) 中国国籍，年龄在20至50岁之间，身体健康状况良好。
(2) 热衷餐饮行业，对于永和大王品牌文化有强烈的认同感。
(3) 具备成功的商业经营经验，良好的企业管理经历。
(4) 愿意与永和大王品牌共同成长，以此作为长期奋斗的事业。
(5) 愿意花至少三个月的时间完成基础训练课程和评估鉴定。
(6) 能致力于餐厅的日常运营管理。

(资料来源：永和大王官网，http：//www.yonghe.com.cn/index.php/Index/brand)

永和豆浆宣传片

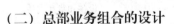

(二) 总部业务组合的设计

1. 总部业务组合的概念

从特许经营总部的基本功能来看，总部的业务组合分为三大板块：一是市场拓展，包括加盟商招募、授权以及对加盟商的开店支持；二是对现有单店网络的运营管理，包括管理信息系统、物流配送系统、培训督导系统、市场支持系统和技术支持系统；三是对企业外部资源的整合，如表4-2所示。

表4-2 特许总部三大业务板块

项目	市场拓展	现有单店网络的运营管理	企业外部资源的整合
工作内容	加盟商的招募 加盟店开业支持	管理信息系统 物流配送 培训督导 市场支持 技术支持	供应链上游资源的后向整合 相关产业资源的横向整合

因此,总部业务组合的设计就是设计满足总部客户需求的三大业务板块以及制定总部对每个业务板块付出成本的补偿模式。

2. 商品/服务组合的构成要素

总部的商品/服务组合就是总部提供给单店的全部资源,如表4-3所示。

表4-3 总部的商品/服务组合

单店供应者	输入资源	单店偿付方式
总部	特许权组合	加盟商支付,单店摊销
	专用设备或系统	现金支付或租金
	统一配送的货品/物料	按发生额现金支付
	培训督导	支付特许权使用费或按发生额现金支付
	市场支持	
	技术支持	

3. 市场拓展业务板块的设计

总部市场拓展业务板块的设计包括以下三方面的内容。
(1) 设计加盟商招募基本方式;
(2) 设计并撰写加盟商招募工作所需的基础文件;
(3) 设计对加盟店开业支持的所有工作内容。
以上三方面的内容详如表4-4所示。

表4-4 总部市场拓展业务板块

项目	加盟商招募基本方式	招募工作基础文件	开店支持工作内容
内容	网上招商 招商会 广告招商 直销式招商 招商热线	加盟商指南 特许经营合同 特许经营操作手册 特许人信息披露文件 特许人备案文件	店铺选址支持 店铺租赁支持 店铺装修支持 开业前人员培训 设备和货品支持 开业典礼支持

关于加盟商招募方式的设计,表4-4列举了各种可能的方式。在全球特许经营实践中,表4-4所列招商方式通常是混合在一起使用的。其中特别值得一提的是直销式招商方式。这种招商方式在赛百味的特许体系中被成功地应用。

【案例】

永和大王加盟流程

(1) 申请人登录永和大王官方网站了解详情。
(2) 申请人在线完整填写资料表。
(3) 资格审查,公司通过申请表对申请者的工作经历、商业经验、财务状况等情况进行调查、分析，评定申请者是否符合加盟条件，对申请书中所得到的数据进行科学的定位、分析，了解所调查区域的市场运作状况。

（4）邀请双方都有意向的初选人到永和大王上海总部，参加特许经营项目简报会，并面对面交流申请人关心的相关问题。

（5）安排初选人到永和大王一家餐厅完成3天的岗位实习评估，双方进行了解。

（6）邀请通过岗位实习评估的初选人参加面试。

（7）通过面试的候选人与永和大王签订培训协议，并到一家永和大王餐厅完成为期4个月左右的培训，完成从员工到餐厅经理的所有实地培训及课程；永和大王会在候选人培训期满两个月和四个月时对其进行两次实习鉴定。

（8）通过永和大王全面鉴定的候选人注册公司、验资、与永和大王签订加盟合同。

（9）被特许人选址（须经永和大王批准）并与业主签订租赁合同，确定店面装修方案。

（10）被特许人在永和大王的协助下招募、培训员工，设计、装修餐厅，同时总部根据当地市场信息，提供最佳货品配备方案，予以配货。

（11）被特许人在永和大王的协助下新店隆重开业。

（12）被特许人在经营期间接受永和大王管理团队的指导、鉴定和协助，并按时支付相关费用。

（资料来源：永和大王官网，http：//www.yonghe.com.cn/index.php/Index/brand）

4. 现有单店网络运营管理业务板块的设计

总部与现有单店在一起形成一个以总部为中心节点的商业运作网络，如图4-7所示。

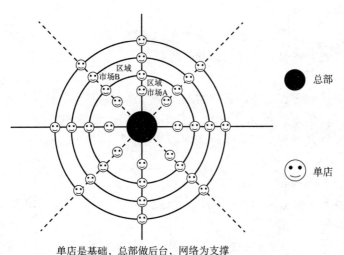

图4-7 单店运营网络

总部现有单店网络运营管理业务板块的设计包括以下五个方面的内容。

（1）管理信息系统的设计。

管理信息系统是指总部、单店和供应商三者共享的一个信息平台，这个信息平台把单店客户的信息、产品和服务销售的信息、供应商提供的商品/物料的信息汇集到总部，总部根据汇集来的信息作出相应的经营决策。

管理信息系统的建设对一个特许经营体系来说至关重要。成功的特许经营体系都有完善的管理信息系统，如麦当劳、美特斯邦威等。

给加盟商和供应商提供完善的信息系统服务是总部应该履行的基本职责。

信息系统软件（ERP、DRP、CRM等）的开发是特许人必须做的投资。通常总部把管理信息系统软件的终端使用以向单店和供应商收取月费或年费的方式来补偿管理信息系统软件的运行和维护所付出的成本。

（2）物流配送系统的设计。

物流配送系统是指总部、单店和供应商三者共享的一个物流平台，这个物流平台把单店所需的商品/物料在总部统一调度下从供应商发送到单店。

物流配送系统的建设对那些商品分销型特许经营体系以及快餐特许体系来说至关重要。

成功的便利店特许经营体系如7—11，快餐业的特许经营体系肯德基都有完善的物流配送系统。

给加盟商和供应商提供完善的物流配送系统服务是总部应该履行的基本责任。

物流配送系统的建设是总部必须做的投资。通常那些商品分销型特许经营体系会把物流配送业务外包给第三方物流企业。而快餐业特许经营体系则大多自建配送中心，即所谓中央厨房，以保证食品的绝对卫生和安全。

总部通常以向单店收取物流费用的方式补偿总部对物流系统的运作和维护所付出的成本。

（3）培训督导业务的设计。

培训督导是指总部将特许人的经营理念以及知识、技术、标准、规范与加盟商、单店、供应商进行分享。

培训督导对特许经营体系的成功来说至关重要，世界上很多成功的特许经营体系都有完善的培训督导系统，给加盟商和供应商提供完善的培训督导服务是特许人应该履行的基本义务。

培训督导系统的建设是总部必须做的投资。目前在某些行业中，比如服装和美容行业，在一个特许体系开始起步阶段，通常会把培训督导业务外包给专业的培训公司。而成熟的特许体系则大多自建培训中心甚至大学，并且设有完善的分区域的培训督导组织。

（4）市场支持业务的设计。

市场支持业务是指总部对单店的运营在品牌推广、新产品的研发以及商品/服务促销方面的整体策划、组织和执行。

为加盟商提供市场支持是特许人必须履行的基本义务，市场支持系统建设对任何特许经营体系来说都是基础性的建设。

（5）技术支持业务的设计。

技术支持业务是指总部对单店的运营在管理技术、生产操作技术、服务技术等方面提供现场岗位人员支持。

并非所有的特许经营体系都存在这种业务，尽管提供技术支持是特许人对加盟商必须履行的基本义务。这是因为，在很多特许经营体系中技术支持可以通过培训督导业务来实现。

技术支持业务通常出现在快捷酒店（总部托管）、中式快餐（总部统一招聘、培训和派遣厨师）以及英语培训（总部统一招聘、培训和派遣外教）等行业的特许经营体系中。

由于培训督导、市场支持以及技术系统这三项业务的运作往往是紧密结合在一起的，所以这三项业务也并称为营运支持系统。营运支持系统对加盟商来说通常是一种免费的服务，总部在这些业务中所付出的成本，以向加盟商收取特许权使用费的方式得到补偿。

5. 企业外部资源整合业务板块的设计

总部企业外部资源整合业务板块的设计包括以下两个方面的内容。

（1）对供应链上游资源的后向整合业务。

这种资源整合业务存在以下三种模式。

①直接采购模式，比如餐饮行业统一采购物料。

②OEM模式，比如服装行业、家电业、电子产品等。

③产品销售代理模式，比如便利店行业，此种模式要求总部建立非常有效的ERP系统和结算系统。

（2）对相关产业资源的横向整合业务。

这种整合业务存在以下三种模式。

①直接采购，比如服装行业中总部统一采购货架和部分装修材料。

②OEM模式，比如服装行业中总部自己设计货架，然后统一定制。

③产业战略联盟，比如麦当劳与地产业的联盟。

企业外部资源整合业务是总部除了加盟金和特许权使用费之外的主要利润来源。因此，也补偿了总部对运作这个业务板块所付出的成本。

6. 总部业务组合的系统集成

所谓总部业务组合的系统集成就是依据简单化、标准化和专业化（3S）的设计原则，剔除重复、重叠的工作，强化总部业务三大板块之间的相依互动的关系，如图4-8所示。

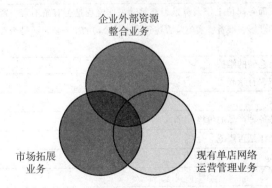

图4-8　总部业务组合的系统集成

知识拓展

特许经营总部督导体系

督导即监督和指导。督导是对制造产品或提供服务的员工进行管理的人,市场督导就是针对市场终端进行的监督和指导的行为。特许经营督导是连接总部与加盟店的桥梁,发挥着沟通、监督与指导等多重管理职能,是连锁店标准化的执行者。

特许经营总部常用的四种督导体系与方法:远程督导、现场督导、神秘顾客、社会监督。督导的重要性表现在以下几方面。

加强总部与加盟商的沟通,督查公司有关营销计划和营销政策,贯彻执行情况;提高开业的成功率;有效传播企业文化、会议精神、营销思路、经营理念及管理要素;标准化的有力执行,维护品牌形象统一;监控加盟店财务管理,有效控制成本;考评加盟店绩效,引导各店规范化、科学化的管理,改善加盟店促销和服务水平;协助和支持营销一线,解决具体实际的问题;收集、整理、分析市场信息,为公司制定营销政策提供依据;督查各加盟管理人员具体工作的落实情况。

附:某特许经营总部督导组对专卖店人员作业情况检查表(表4-5)。

表4-5 对特许经营专卖店人员作业情况检查表

店面名称:

	检查项目	满分	得分	检查情况描述
导购顾问	着装、仪容仪表是否得体、整洁	10		
	服务态度、言谈举止是否符合标准	10		
	对工作职责和规范、流程的熟悉程度	10		
	对商品陈列技巧(产品组合合理、产品层次分明、主推产品突出、宣传包装醒目、赠品堆放抢眼、演示效果生动、整体气势集中)的了解与运用水平	10		
	对商品知识的了解与应用情况(卖点、价格、组合)	10		
	对店面货品的熟悉程度(畅销品、滞销品、特卖品、最低售价、赠品)	10		
	对竞争品牌的性能、价格等是否清楚	10		
	销售技巧的掌握情况(当地市场消费者心理、导购技巧)	10		
	促销活动时,店面各岗位工作人员是否充足,工作流程是否有条不紊、紧密协作;对促销方案的理解、准备、实施是否达到了连锁公司的统一要求,是否实现了预期的活动目标	10		
	货架仓储、门店仓储的维护	10		
收银员	收银员是否热情、有亲和力	10		
	收银台是否整洁	10		
	收银员是否熟悉各种产品的价格	10		
	收银员的收银操作是否规范	10		
总 分		140		
总评:				
督导员 日期: 年 月 日				

(资料来源:中国特许经营第一网,http://www.texu1.com)

(三) 总部获利模型的设计

总部获利模型是指总部在为其所选择的客户创造价值时获取回报的方式，即总部各种盈利方式的组合以及总体盈利的水平。

与单店相比较，总部通常会有更多的盈利方式，甚至某些特许经营体系总部利润的主要来源已经与其主营业务看上去毫无关联，典型的例子就是麦当劳总部利润主要来自房地产。

总部获利模型归纳起来有以下几种，如图4-9所示。

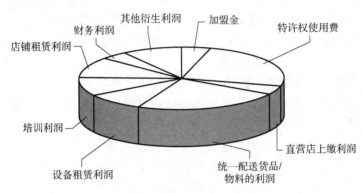

图4-9 总部获利模型

(四) 特许人对整个体系的战略控制设计

特许经营企业在实施经营战略过程中，还必须对经营战略进行控制。所谓控制，是指管理者将预定的目标或标准与经过反馈回来的实现成效进行比较，以检查偏差的程度，并采取措施进行修正的活动。控制是经营战略管理的重要环节，是保证实施结果与战略目标趋于一致的重要手段。特许人对整个体系的战略控制设计是指设计特许人对整个体系的控制手段，从而保持整个体系的核心竞争力。

表4-6列出了不同行业的战略性资源和特许人可能的战略控制手段。

表4-6 战略性资源控制及控制手段

行业	战略性资源	控制手段
服装行业	面料	控股面料供应商或与面料供应商形成战略联盟
餐饮业	食材	控股食材生产基地或与食材供应商形成战略联盟

这里所谈的控制手段不仅是对体系关键性战略资源的控制，也包括对受许人关系、品牌、组织文化的控制。这属于企业战略管理课程的内容，本课程不做深入探讨。

> **知识拓展**
>
> ### 连锁总部价值与定位
>
> 如果处理不好连锁总部的价值定位，很容易让下属公司抱怨，并影响组织的整体效率。这是连锁集团企业普遍存在的问题。

一、连锁集团总部应定位于价值创造

如果把企业看作为社会和市场提供有竞争力产品和服务的营利性组织，那么在集团公司中，创造价值的主体是直接提供产品和服务的业务单元和子公司，集团公司通过为下属业务单元提供管理和服务实现自身价值。集团总部的管理既可能创造价值，如提供子公司所不具备的业务技能，也提高了子公司在市场上的竞争力。集团总部的管理也可能破坏价值，如官僚作风导致决策效率低下，影响业务单元对市场的响应速度，或强迫业务单元采用总部职能部门的无效率、不专业的服务。从这种角度看，集团总部应充分发挥自己的职能管理专长，发挥对业务的专长，为下属业务单元提供服务，对业务单元实行广泛的分权，将干预范围控制在能产生某些优势的业务范围内。

二、逐步弱化业务指导和具体事务干预

集团企业的发展壮大，除了领导者的战略眼光，更重要的是领导者对所处行业的深刻理解，对关键价值链环节的把控和行业潜规则的适应，并在实践中摸索出一些卓有成效的操作手法和管控方式。如在咨询中接触的一家房地产企业中，董事长的产品理念非常超前，在房地产萌芽时期就从客户角度考虑房地产户型定义、小区环境，并结合不同区域的经典楼盘形成自己独有的风格，得到市场的高度认可。在另外一家快速消费品企业，董事长很早就摸索出权威媒体"高空轰炸"与地面促销相结合的复合营销模式，极大地提升了品牌价值。这些运作手法得到了市场的检验，进一步提炼有可能形成企业的核心专长。但是，领导者也容易形成定式思维，要求组织沿用、发扬过去的成功经验，创业老板更习惯亲力亲为，深入参与具体事务的管理。

总部特许权的设计

三、强化职能管理和业务协同

职能管理是集团总部作为股东和其他投资人的代表，行使决策权和管理权的重要体现。从管理角度，总部检查下属业务单元是否有称职的管理人员、合理的战略与规划、为支持战略而配置资源，进而监督并确保计划的执行步入正轨。此外，集团总部还可能为业务单元提供独特的专门技能、传播各种创意和在战略问题上集思广益，协助解决棘手问题。一旦集团提供的服务比业务单元自身或外部供应商更有效、快捷和低成本，集团总部就为子公司创造价值而不是破坏价值，从职能管理角度有以下方式：战略规划、人力资源管理、财务管理、品牌管理。

保证金退还问题

四、重点关注业务发展

集团总部通过改变业务组合的定义和构成，推动集团发展，并使集团更适应外内部环境变化，增加整体价值，并获得持久发展动力。

在这四种方式中，职能管理和业务指导是基础，是区分普通集团和优秀集团的关键点；协同管理和业务发展能创造出乘数效应，是实现集团总部从优秀到卓越的标志。

（资料来源：中国特许经营第一网，http：//www.texu1.com/）

学习任务三　总部管理系统设计

●●● 【案例导入】

　　某餐饮连锁经营企业专门经营有特色的水饺和凉菜类产品，在行业内有一定的知名度和影响力。2000年10月，该企业与武汉某加盟者签订了一份特许经营合同，合同明确约定加盟店内只能经营特许总部规定的产品。在合作过程中，特许总部依约向加盟者提供了人员培训、开业指导等服务，但加盟者违反合同的规定，以专门经营水饺和凉菜不能满足消费者需求为由，擅自开发并经营热菜、盖饭等产品，并不接受管理，给特许经营体系造成不良的影响。为了规范整顿特许体系，维护特许体系的形象，特许总部多次发函要求该加盟商进行整改，并派人到加盟店进行协调和监督。但是该加盟商一意孤行，并不配合特许总部的工作。为此，特许总部的法律顾问给该加盟店发去措辞严厉的律师函，明确提出要求：一、解除双方签订的特许经营合同，责令被告停止使用原告的商标及其他经营标志，不得以原告加盟商的身份开展业务；二、如果加盟商不予理睬，继续一意孤行，特许总部将采取法律行动，通过诉讼解决。

【案例分析】

　　（1）在特许经营业务过程中，特许企业为了保证业务的规范性和统一性，通常会要求加盟者按照总部的统一经营范围从事经营活动。在没有征得总部同意的情况下，加盟者不得擅自改变经营范围。

　　（2）在特许经营过程中，加盟商为了适应当地市场的需要，认为应该增加或者改变加盟店的经营品种。对此，加盟商应该向特许总部提出申请，经过总部同意后方可执行。否则，特许体系的统一性不能保证，特许体系的固有风格和特色也会被打乱，从长远来看，加盟商的利益也必将受到损害。

小猪芭那童装连锁经营介绍

一、总部运营管理系统设计概述

（一）总部运营管理系统的概念

　　根据系统理论，总部运营管理系统可以用SIPOC组织系统模型来描述，如图4-10所示。

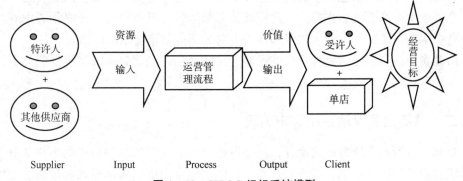

图4-10　SIPOC组织系统模型

从图中可以看出，总部系统的客户包括两个，一个是受许人，另一个是单店。

输出部分是总部提供给受许人和单店的全部价值，在具体的总部运营管理中表现为总部提供给单店的各种有形和无形的资源；输入部分是总部的供应者提供给单店的所有资源；总部的运营管理流程将资源转化为提供给总部客户的价值；总部的供应者不仅包括特许人，还包括其他供应商；总部运营管理系统作为一种组织形态也存在一个组织的目标，具体来讲就是总部的经营目标。

（二）总部运营管理系统设计的步骤

从总部运营管理系统的定义可以明确，所谓总部运营管理系统的设计就是对构成总部的 SIOPC 组织系统模型中的五部分以及总部的经营目标的设计，其设计步骤如图 4-11 所示。

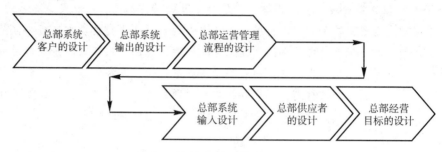

图 4-11　总部的经营目标的设计

（三）总部运营管理系统设计的特点

相对于单店运营管理系统的设计，总部运营管理系统设计最大的特点就是前者是一种相对静态的设计，而后者是一种动态设计。

单店运营管理系统是特许权要素之一，被授予 N 个加盟商来使用，基本上是一种不随时间变化而变化，也不随加盟商所在地域不同而变化的标准化的、相对静态的设计。

而总部运营管理系统的重要功能之一就是体系的推广，是市场的开拓。随着体系规模的不断扩大、加盟商数量和单店数量的不断增多以及地域分布的不断扩张，总部运营管理系统也会随时间和空间两个维度上的变化不断进行调整，进一步讲，总部运营管理系统的设计应当反映一个特许经营体系下一个年度的发展变化。

总部的运营管理系统并不是孤立存在的，它是在一个更大的系统内即特定行业内或一个商业生态系统中运作的。因此在设计总部运营管理系统时，还必须考虑到行业内或商业生态系统中各种竞争力量和参与者对总部运营管理系统的影响。

由此看来，总部运营管理系统的设计就是结合特许经营总体发展规划制订下一年度总部经营计划。

总部运营管理系统设计

二、总部运营管理系统客户的设计

总部运营管理系统客户的设计，就是设计 SIPOC 组织系统模型里的客户部分，总部系统客户的设计是指结合特许经营发展总体规划做出下一年加盟商和单店的发展数量、单店开业时间以及它们的地区分布计划。

【例】某特许体系总部在 2007 年已有 10 家加盟店、一家直营店的基础上，根据总体发展规划，制定 2008 年的加盟商和单店发展数量、单店开业时间以及它们的地区分布计划，如表 4-7 所示。

表 4-7　某特许体系总部 2008 年开店规划

项目		加盟店				直营店			总计
	单店地区分布	广州	深圳	珠海	合计	深圳	中山	合计	
2008 年年初单店数量		5	5		10	1		1	11
2008 年新增单店数量	一月	1			1			0	
	二月		2		2			0	
	三月	2			2			0	
	四月		1	1	2			0	
	五月			2	2			0	
	六月		1		1			0	
	七月				0			0	
	八月		1	1	2			0	
	九月				0			0	
	十月	2			2			0	
	十一月				0			0	
	十二月				0		1	1	
	合计	5	5	4	14	0	1	1	
2008 年年末单店数量合计		10	10	4	24	1	1	2	26

三、总部系统输出的设计

总部系统输出的设计，就是设计 SIPOC 组织系统模型里的输出部分。总部系统输出的设计是指根据总部提供给受许人和单店的全部价值，对下一年度每一个加盟商和单店回馈给总部的价值进行预估，并在此基础上作出下一年度总部营业收入的预算。

【例】在上述例子中，若已设计加盟金是 5 万/5 年，单店每月的营业收入是 15 万元，直营店税后利润 3 万元/月，特许权使用费是单店营业收入的 2%，总部配送给每个单店的物料是 5 万/月。根据以上条件做出 2008 年度该特许总部营业收入的预算（表 4-8）。

表 4-8　2008 年度该特许总部营业收入的预算　　　　　　　　　万

项目		一月	二月	三月	四月	五月	六月	七月	八月	九月	十月	十一月	十二月	总计
2008 年新增单店数	加盟店	1	2	2	2	2	1	0	2	0	2	0	0	14
	直营店	0	0	0	0	0	0	0	0	0	0	0	1	1
2008 年各月单店数	加盟店	11	13	15	17	19	20	20	22	22	24	24	24	24
	直营店	1	1	1	1	1	1	1	1	1	1	1	2	2

续表

项目		一月	二月	三月	四月	五月	六月	七月	八月	九月	十月	十一月	十二月	总计
总部来自加盟店的收入	加盟金	5.00	10.00	10.00	10.00	10.00	5.00	0.00	10.00	0.00	10.00	0.00	0.00	70.00
	特许权使用费	3.30	3.90	4.50	5.10	5.70	6.00	6.00	6.60	6.60	7.20	7.20	7.20	69.30
	货品/物料的费用	55.00	65.00	75.00	85.00	95.00	100.00	100.00	110.00	110.00	120.00	120.00	120.00	1 155.00
总部来自直营店的利润		3.00	3.00	3.00	3.00	3.00	3.00	3.00	3.00	3.00	3.00	3.00	6.00	39.00

四、总部运营管理流程的设计

(一) 总部运营管理流程设计的概念

总部运营管理流程就是总部为获得预定的系统输出而必须进行的一系列逻辑上相关的工作任务。那些直接给系统的客户提供价值的工作流程称为主流程，其他流程称为辅助流程。

总部运营管理流程的设计包括以下三项任务。

(1) 设计总部系统的主流程和辅助流程；

(2) 设计保障主流程和辅助流程各项任务得以高效率完成，并与下一年度总部经营计划相匹配的总部组织结构；

(3) 作出总部的人力资源成本预算。

(二) 总部主流程和辅助流程的设计

由于单店简单化的设计，其主流程通常不会超过两个。但是，总部由于其系统客户既有受许人也有单店，且总部提供给系统客户的资源既有无形的，也有有形的，因此，总部系统内存在多种并行的主流程，如图 4-12 所示。

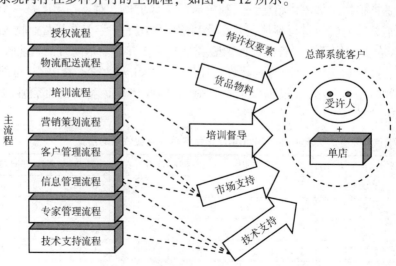

图 4-12 总部系统内存在多种并行的主流程

总部系统主流程设计涉及很多个领域的专业知识，下面对普遍存在于几乎所有类型的特许体系中的授权、物流配送，以及培训三大主流程的设计进行简要介绍。

1. 总部授权流程的设计

总部授权流程就是为实现加盟商招募和开店计划，总部进行的一系列逻辑上相关的工作任务，如图4-13所示。

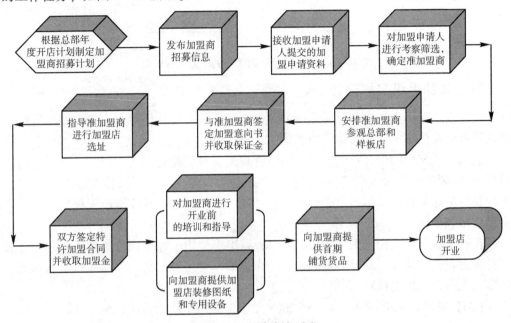

图4-13 总部授权流程

2. 总部培训流程的设计

总部培训流程是指为实现特许人的知识、技术、标准、规范以及文化理念在特许经营体系内的快速传播和落实而开展的一系列逻辑上相关的工作任务，培训流程如图4-14所示。

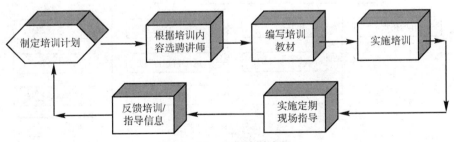

图4-14 总部培训流程

3. 总部物流配送流程的设计

总部物流配送流程就是为实现准确、安全、及时地向单店提供总部统一配送的货品，总部开展的一系列逻辑上相关的工作任务。

总部物流配送流程本身就构成一个复杂的系统，因为与物品的流动并行存在着信息的流动。由于具有不同的特许经营体系，总部物流配送流程千差万别，图4-15只描述了总部物流配送流程的一般逻辑模型。

总部主流程系统设计

"九牛一杯"
手握牛排
加盟介绍

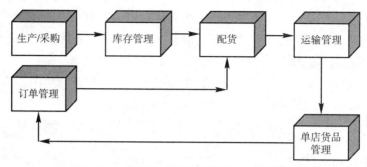

图 4-15　总部物流配送流程的一般逻辑模型

五、总部组织架构设计

在完成了总部主流程和辅助流程的设计之后，就要设计保障主流程和辅助流程各项任务得以高效率完成的总部组织结构。

总部组织架构的设计首先要根据运营管理流程设置相应的工作岗位、责任部门以及指挥/协调链。比如，对应授权流程总部通常会设置授权中心（授权部或发展部）；对应物流配送流程，总部通常会设置配送中心（贮运部）；对应培训流程，总部通常会设置培训中心（培训部）等。

在有了总部组织架构的基础上，就要根据组织架构中每个岗位的具体工作责任和对总部运营管理绩效的重要程度确定每个岗位的基本工资标准，并据此做出总部下一年度的人力资源成本预算。

【例】某培训机构特许经营总部 2008 年组织架构设计如图 4-16 所示。

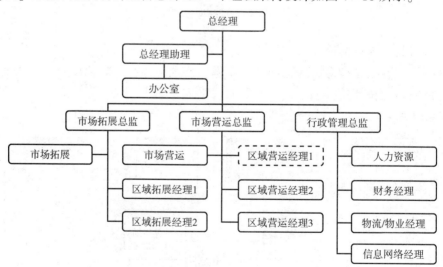

图 4-16　某培训特许经营总部 2008 年组织架构设计

该总部人力资源总成本预算如表 4-8 所示。

表 4-8　总部人力资源总成本预算

人员岗位	岗位定编/人	工资标准/（万元·年$^{-1}$）	工资预算/（万元·年$^{-1}$）
总经理	1	20	20
总监	4	10	40

续表

人员岗位	岗位定编/人	工资标准/（万元·年$^{-1}$）	工资预算/（万元·年$^{-1}$）
部门经理	11	5	55
普通职员	11	3	33
总计	27		148

六、总部系统输入的设计

总部系统输入就是特许人、其他供应商提供给总部的全部有形和无形的资源。总部系统输入的设计就是确定特许人、其他供应商提供的各种资源要素以及为获得这些资源总部必须支付的价格，并根据前面对总部年度营业收入的预算作出总部运营管理的年度运营成本预算。

总部系统输入的设计包括以下三项任务。

（1）列出特许人对总部的投资项目明细清单，并说明总部摊销和折旧方式。

（2）列出其他供应商下一年度对总部输入的所有资源明细清单，并说明总部必须支付的价格和偿付方式。

（3）设计出下一年度总部运营管理总成本预算。

表4-9是总部供应者可能提供给总部的主要有形和无形的资源要素及总部的偿付方式，确定下这些资源要素和单店的偿付方式之后，就要具体确定总部为获得这些资源必须支付的价格，并根据前面对总部客流的预测和营业收入的预测作出总部运营管理的成本预算（不含人力资源成本），如表4-10和表4-11所示。

表4-9 供应者供给总部的资源要素及总部的偿付方式

总部供应者	输入资源	总部偿付方式
特许人	对总部投资（商标注册、VIS系统开发、办公场所及装修、办公设备、开业前筹备资金、对直营店投资）	折旧或摊销
	流动资金	按发生额现金支付财务成本
其他供应商	总部办公楼	现金支付租金
	设备	按发生额现金支付
	商品	按发生额现金支付
	水、电、气、通信	按发生额现金支付
	其他物料和用品	按发生额现金支付
	其他服务	按发生额现金支付

表4-10 特许人对总部的投资项目明细清单

科目	金额	偿付方式
商标注册	×××	按年摊销。利润上缴或分红
总部经营场所装修和家具、设备投资	×××	按年折旧。利润上缴或分红
总部筹建期费用	×××	按年摊销。利润上缴或分红
流动资金	×××	支付财务费用

表 4-11　其他供应商下一年度对总部输入的所有资源明细清单

科目	子科目	价格	偿付方式
商品/物料	商品	×××	现金购买
	物料	×××	
广告		×××	现金购买
营业场所		×××	现金支付租金和物业费
水、电、气、通信费用	水	×××	现金支付
	电	×××	
	气	×××	
	通信	×××	

【案例】

案例中介绍的某培训机构总部于 2004 年 1 月 1 日开始运作。在此之前特许人投资总部的建设资金总计 100 万元，总部筹建资金 50 万元。截至 2007 年年底，总部运营管理着 5 家直营分校和 5 家加盟分校。在已做出 2008 年度总部 3 000 万元总收入预算，每月总部办公楼租金 5 万元，总部水、电、气、通信费用预算每月 1 万元，人员差旅费用预算每月 2 万元，其他物料和用品每月 1 000 元，广告及促销费用为总部年度总收入的 2% 预算的前提下，作出该总部 2008 年度运营管理总成本预算，如表 4-12 所示。

表 4-12　总部 2008 年度运营管理总成本预算

项目	运营管理成本/万元	备注
总部装修、设备、家具折旧	20.00	100/5
总部筹建资金摊销	10.00	50/5
总部办公楼租金	60.00	5×12
水、电、气、通信费用	12.00	1×12
广告促销费	60.00	3 000×2%
人员差旅费用	24.00	5×12
其他物料和用品费用	1.20	0.1×12
总部人工成本	148.00	
合计	335.20	

七、总部系统供应者的设计

总部系统供应者由特许人以及其他供应商组成。总部系统供应者的设计就是对总部资源的提供者与总部的关系进行设计。

【例 1】特许经营总部是特许人组织中的一个部门，如图 4-17 所示。

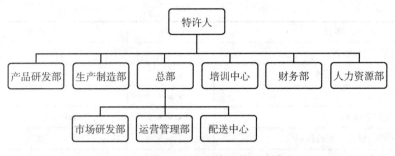

图 4-17 重庆小天鹅等总部设计模式

【例2】特许经营总部是特许人直接投资控股的、与特许人企业分立的法人组织，例如重庆小天鹅、杉杉集团等，如图4-18所示。

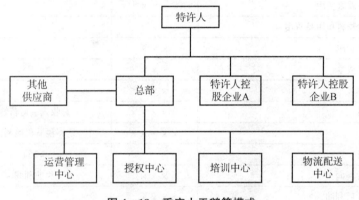

图 4-18 重庆小天鹅等模式

需要强调的是，目前，随着全球经济一体化和全社会专业化分工的发展，其他供应商的作用越来越受到组织的重视。典型的做法就是大量采用OEM的生产方式以及第三方物流，从而将组织有限的资源集中在产品开发、市场及品牌的拓展方面，如麦当劳、赛百味、宜家、美特斯邦威等。

马马卡拉茶加盟宣传片

八、总部经营目标的设计

在完成总部 SIPOC 系统的五部分的设计之后，就可以来设计总部的经营目标了。总部经营目标的设计就是确定总部年度总营业收入指标、年度运营管理总成本、年度利润指标。这项设计可以通过总部年度运营管理损益分析模型来完成，如表4-13所示。另外，总部的外在部分即总部的识别系统，将在项目五单店系统中论述。

表 4-13 总部年度运营管理损益分析模型

项目	金额	说明
一、总收入	×××××	=1) +2) +3) -4) +5)
1) 加盟金	×××	
2) 特许权使用费	×××	

续表

项目	金额	说明
3）商品/服务销售收入	×××	
4）减：商品/物料销售成本	×××	
5）营业外收入	×××	
二、运营管理总成本	×××××	=6）+7）+…+15）
6）总部装修、设备、家具折旧	×××	
7）总部筹建资金摊销	×××	
8）总部办公楼租金	×××	
9）总部水、电、气、通信费用	×××	
10）总部广告促销费	×××	
11）总部人员差旅费用	×××	
12）总部其他物料和用品费用	×××	
13）总部财务费用	×××	
14）总部人工成本	×××	
15）其他费用	×××	
三、税前利润	×××××	=总收入−运营管理总成本
四、所得税	×××××	所得税=税前利润×25%
五、税后利润		=16）+17）
16）总部税后利润	×××	=税前利润−所得税
17）直营店税后利润	×××	

【案例】

在项目四中介绍的ABC睡眠监测中心案例中，在已知直营店的标准运营管理成本为每月8.1万元的前提下，设计该中心总部2008年度的运营管理损益分析模型，如表4-14所示。

表4-14 中心总部2008年度的运营管理损益分析模型

项目	金额/万元
一、总收入	439.05
1）加盟金	168.00
2）特许权使用费	173.25
3）商品/服务销售收入	0.00
4）减：商品/物料销售成本	0.00
5）直营店营业收入	195.00
6）减：直营店运营管理成本	97.20
7）营业外收入	0.00

续表

项目	金额/万元
二、运营管理总成本	224.18
8)装修、设备、家具折旧	10.00
9)筹建资金摊销	10.00
10)办公楼租金	6.00
11)水、电、气、通信费用	1.20
12)广告促销费	8.78
13)人员差旅费用	24.00
14)其他物料和用品费用	1.20
15)财务费用	0.00
16)人工成本	163.00
17)其他费用	0.00
三、税前利润	214.87
四、所得税	53.72
五、税后利润	161.15

中吉号茶叶商业经营模式

国际知名酒店集团商业模式浅析

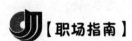

【职场指南】

连锁门店"六脉神剑"之人员管理

从国外的沃尔玛、麦当劳、肯德基到国内的国美、苏宁,连锁发展势不可挡。连锁即流通领域的流水线生产,连锁经营实现的载体即连锁门店,连锁经营的成败在于连锁门店是否成功。那么,连锁门店的成功在于什么呢?在于"六脉神剑"。

六脉神剑是武侠泰斗金庸大师《天龙八部》中的一套武功,分为少商剑、商阳剑、中冲剑、关冲剑、少冲剑、少泽剑六剑。

借大师之六脉神剑引连锁门店之六脉神剑,少商剑:人员管理之剑;商阳剑:顾客服务之剑;中冲剑:销售导购之剑;关冲剑:商品管理之剑;少冲剑:卫生管理之剑;少泽剑:促销管理之剑。此六剑为连锁卖场成功的六大利剑,有质而无形,于无形之中展示有质之量,从而使连锁卖场无往不利,实现成功连锁帝国。

连锁门店的成功首先要具有规范的人员管理机制,从店长到店员,既职责分明,各司其职,工作井井有条,又需要像团队那样一起工作。

管理岗位可设店长、店长助理,店员可设导购员及收银员岗位。

1. 店长

代表者——店长代表整个店铺的形象。店长是连锁公司管理门店的代理人,对外处理与主管部门、顾客等之间的关系;对内又是店员的代言人。

经营者——指挥店员高效运作，对店铺经营的各项数据进行分析，在满足顾客需求的同时创造一定的经营利润，并对各项工作作出正确决策。

管理者——控制和运用店铺的相关资源，管理店内营业活动并实现营业目标。

协调者——协调解决店铺出现的各种问题，使工作保持顺畅。

培训者——培训店员的各种技能，提升员工整体素质，激励店员不断为店铺创造效益。

2. 导购员

负责顾客接待、礼送，推荐门店商品，解答顾客疑问，整理维护商品，保持店面清洁等工作，是门店顾客服务的具体执行者。

3. 收银员

负责收银、现金管理、账目管理工作及顾客咨询等服务工作。

（资料来源：宜春就业网，http://s.yc9y.com/Article-1444.html）

【特许经营创业故事】

町上寿司为创业梦想助力

2017年11月21日，町上寿司郭嘉鑫正式上任"辽宁省连锁经营协会会长"一职。仪式受到各行各业的广泛关注，作为町上寿司八百余家连锁店的掌舵人，他的经验、他的创新意识、他的匠人精神，必定为行业带来一股无形的力量和新鲜动力。

少年创业、白手起家，他用十三年的时间将一间3平方米的町上寿司小店，打造成为全国拥有800余家连锁店，辐射20个省90余个城市的寿司连锁王国，并创立了町上餐饮连锁品牌，其辉煌的成绩令人惊叹不已。町上寿司帮助近千人实现创业梦想，为社会提供了3 000多个就业岗位，日服务近十万名消费者。町上寿司"不忘初心，坚守使命"，吸引近百家国际一线品牌争相合作，强强联合，全力打造中国寿司第一品牌。

（资料来源：中国加盟网，http://www.cy.jmw.com.cn/meishipinp/17572535.html）

项目小结

本项目介绍了总部系统的构成和扮演的角色、功能，使学生能对特许总部系统的构建有清晰的认知。本项目在介绍特许经营总部系统构成的基础上，对构成总部的经营系统系统、运营管理系统的各个要素的设计逐一进行了深入探讨，同时要求学生切实掌握对构成总部系统的各个部分的构成要素及设计方法。应重点理解和掌握以下知识点：

（1）总部的系统构成；

（2）总部在特许体系中的重要角色；

（3）总部经营模式的概念和各要素设计；

（4）总部运营管理系统的概念和各要素设计。

同步测试

一、复习与思考

1. 简述总部在特许经营体系中扮演的角色。
2. 总部经营模式是由哪些要素构成的？
3. 总部经营模式设计有哪些重要步骤？
4. 总部运营管理系统设计是由哪些不同的部分组成的？
5. 总部运营管理系统设计有哪些重要步骤？

复习与思考答案

二、案例分析

美宜佳在全国发展的 6 个驱动

美宜佳目前在华南、华中、华东有 3 大总部，覆盖 14 个省（市、自治区），但在布局过程中也遇到了一些困难。胡育秋从战略、组织、资金、人才、技术、供应理念 6 个方面，总结了美宜佳的经验和教训。

第一，战略驱动。美宜佳于 1997 年成立于东莞。在发展方面，它先立足并做深做透珠三角，再拓展全国市场。

第二，组织驱动。美宜佳实施组织体系变革、赋能放权、激活团队的战略。2003 年，美宜佳成立事业部，促进美宜佳从东莞走向珠三角；2015 年实施大区制，将职能逐步下移；2017 年实行总公司制，便于美宜佳在全国布局；2018 年实行省外公司股权改制，推出大中台、小前端的组织运营体系。

第三，人才驱动。美宜佳一方面培养内部人才，另一方面引进外部高端人才。

第四，资金驱动。美宜佳的一部分开店资金来自企业，一部分由内部员工自筹，实行合伙店模式，由高管自筹资金，快速开出一批店铺。

第五，技术驱动。围绕主要客户（消费者、门店及厂商）的需求，美宜佳建立了门店智能经营平台、供应链数字化平台和门店智能经营平台，基于大数据为客户提供精准服务，实现经营的千人千面、千店千面等个性化服务与支持。

第六，共赢驱动理念。美宜佳赋能单店，将单店实现盈利作为出发点和归宿点。

现阶段，美宜佳的线下实体门店超 16 000 家，月均增长 300~400 家，月均服务客户 1.5 亿人次，线上会员活跃度为 70%。

案例分析答案

思考题：

1. 通过美宜佳的案例我们能得出哪些启示？
2. 特许经营总部应如何发展自己的业务？

实践训练

加盟店方案设计：结合实际，分析设计。

【实训目标】

（1）通过搜集相关特许经营总部资料，帮助学生对特许经营总部系统构建与设计做理论的理解，提升学生的学习兴趣。

（2）通过分析，使学生了解更多相关加盟店和总部的认知，拓宽视野。

（3）培养学生整理材料、分析材料的能力。

【实训内容与要求】
(1) 由学生自愿组成学习小组,每组 4~5 人,各组自主收集资料。
(2) 学习小组组长给本组同学分工整理资料。
(3) 学习小组组长组织本组同学讨论整理资料情况,并最终形成结论。
(4) 各小组撰写一份设计《特许经营总部系统设计报告》。
(5) 各小组制作 PPT,在班级范围内讲解展示。

【成果与检测】
(1) 小组设计方案一份。
(2) PPT 汇报展示。
(3) 学生提出问题,汇报人解答。
(4) 教师现场点评与总结。

项目五

特许门店的设计与管理

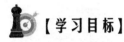【学习目标】

知识目标
- 对特许门店的管理内容有准确的认知；
- 了解基本的特许经营手册的知识；
- 掌握单店系统及单店经营模式的基本概念；
- 掌握和领会特许门店系统设计和经营模式的内涵。

技能目标
- 能对现实中的单店系统进行分析；
- 能设计一个单店系统；
- 对单店客户定位、商品服务组合、获利模型设计重点掌握并能熟练应用于真实场景中。

素质目标
- 具有全局意识和精准的分析判断能力；
- 具备门店管理者的综合素质。

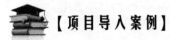【项目导入案例】

　　坐落在上海南京路的永安百货有限公司是百联集团的下属企业。公司创建于1918年，历经上海永安公司、上海第十百货商店、上海华联商厦，2005年翻牌永安百货有限公司。其以经营"环球百货"为特色，是中华人民共和国成立前上海高雅、时尚、尊贵的象征，是上海首屈一指的高档百货商店。而现在是以"经典百货"为经营理念，以经营个性化、品牌化、特色化的中高档服饰类商品为主的经典百货商店。其创办人郭氏兄弟当年在选择投资地点时颇下了一番功夫。1915年，郭氏兄弟在上海繁华的闹市区南京路选好地方后，为弄清南京路两侧到底哪边人多，煞费苦心，亲自坐镇五龙日升楼茶馆，然后指派两名手下各守于南京路上的一南一北，身边每过一个行人即往口袋里投一粒豆子，到晚上再分别清点各自口袋里的豆子，以比较人流量的多少。经过几天的测定，最后得出南京路南侧的人流量高于北侧的结论。于是，郭氏兄弟拍板决定永安大楼坐南朝北，就造在先施公司的对面。

【案例启示】

　　（1）进行特许经营的企业在选址、建设品牌、获利模型等方面都要进行充分的论证和考量，企业在进行特许经营门店选择时会考虑多方面因素，选择合适的地址和受许人,并且在经营的时候要对单店系统设计,对单店经营模式进行充分研究才能获利。

(2) 永安百货曾在中国香港开设多家分店,但部分随后结业,包括 1970 年代铜锣湾波斯富街分店、1980 年代湾仔合和中心分店、1990 年代旺角弥敦道分店、2001 年美孚分店结业,2004 年 2 月则把九龙湾及黄浦分店结业。可见其在连锁经营上有充分的实力和经验,凭着自身的品牌影响力和良好经营成为业内标杆之一。

学习任务一　受许人的选择与管理

●●●【案例导入】

湖南韶山毛家饭店发展有限公司遵循"支持、规范、双赢"的特许理念,负责对各地加盟连锁店的开发、指导和支持工作。

加盟者条件:品行优良,身体健康,热爱毛家事业,服从总部指导和管理,接受总部的统一配送,具备一定的商业背景、良好的人际关系和信誉,以及管理能力和投资实力,没有犯罪和破产的记录。

店铺条件:地处城市主要街道,交通便利;店面横向跨度长,纵向深度适中;大厅宽敞明亮,支撑柱少;有相应的停车场地;周边环境卫生较好。

加盟流程:申请方电话咨询—加盟者发出邀请函—公司派人员实地考察、商圈分析—选址评估—到总公司签署特许加盟协议—店面、店堂设计装修、文化布局—招募培训员工—原材料物品配送—开业筹备—试营业—正式开业。

加盟者有偿使用"毛家"注册商标及商号、店牌、店徽、经营模式、装潢式样及毛家企业文化等;公司免费为加盟者培训员工,向加盟者处派工程指导监理技师;加盟者所需毛家菜厨师队伍须由公司统一组织派驻,所需毛家菜原材料、纪念品等须由公司统一配送;加盟期限为 3 年,加盟费 20 万元,第一年权益金 10 000 元。

【案例分析】

各品牌因品牌知名度、发展战略、提供的加盟服务不同,要求不一样。毛家饭店作为一个餐饮界的知名品牌,在加盟流程上是科学和专业的,对加盟者提供的服务也是全方位的。

《乐在天津》
天津毛家饭店

一般情况而言,加盟店面要自己找,有的品牌会提供店址的选择,或者会到你选好的店址来考察,然后就看有没有固定的装修风格,有的会指定材料,有的会指定装修风格,等等。投资的话,就是"店租+装修+加盟费用+设备费用+各种食材的费用+员工工资+给工商、消防、卫生部门、水电费用"等,因此企业在加盟一个品牌时要多方面考量,从而保证加盟后的收益。

【知识要点】

受许人,亦称为加盟商、被特许人等,指加盟某一特许经营体系的独立法人或者自然人,他们在特许经营活动中,通过付出一定的费用来获得其他组织或个人的商标、商号、产品配方、专利和专有技术、经营模式及其他营业标志等一定期限、一定范围内的使用权或经营权的自然人或者法人。特许人将其特许权市场化的最好方法是增加较多受许人，通用的方式是展示其成功以吸引受许人，从而建立双方信任，实现互惠互利的合作伙伴关系。

一、受许人的选择

特许人为了更成功地吸引受许人并且选择到合适的受许人，可以进行试点经营，特许人首先要确定市场需求状况，选择不同的地点作为试点经营，经营期限有必要定为一到三年。特许人对受许人承担重大责任，在经营期内，传递经营理念及业务概念，帮助受许人实现其利益。试点经营的成功对于受许人是莫大的鼓励，能带来受许人和特许人合作的良性循环，并且将试点成功案例展示给潜在受许人后，特许经营方式就可以有效地开展，所以特许经营要避免一个失败的开始。对受许人的选择要考虑以下几个条件。

（一）业务经验

受许人具备的业务经验是特许人考虑的重要因素之一。如果受许人从事过特许经营业务，即便是其他行业的特许经营，受许人在管理技巧、人际交往等方面都具备了丰富的经验。再加上成功的欲望、富有创业精神，更增加了吸引特许人的砝码。

（二）经济条件

受许人的经济条件和财务状况也是特许商重视的重要条件。受许人要有能力提供第一笔资金投入，并能保证后续的追加资本。有些特许人会提供部分的投资，例如提供租赁经营场所、购买经营场所或装修投入的选择。受许人的财务状况反映了其借贷和偿债能力，一般要求其资产总额的20%~40%是非借贷的个人资产。对受许人评估的资产反映在财务报表里一般包括：现金、银行存款、公司债券、应付票据、应付账款、股票和债券、寿险的现金值、应收账款、固定资产、到期税务、经营利润、其他资产及其他债务和负债。

（三）个性

受许人的性格、习惯和态度等个性因素是业务获取增长的关键性因素。克拉汀和斯威弗利将1 206家特许经营体系受许人选择过程加以分类，并从各个网站获取每个评估标准的重要程度，总结发现超过60%的特许人认为个人面试是最重要的因素，36%认为整体商业经验为第二重要的因素，34%的特许人认为财务净值最重要。所以受许人在个人面试时表现出来的个性、品质是特许人非常关注的方面。影响个性的众多因素有些是与生俱来的，例如气质，俗话说："江山易改，秉性难移。"在受许人和特许人的谈话和面试中，双方能从气氛中感受到双方的适应程度。个性里的习惯与能力是能够后天培养的，像工作激情、自我激励、积极向上的品质等。以下这些个性和品质是大多数特许人期望受许人具备的：

(1) 对工作持续的热情；
(2) 管理能力；
(3) 解决危机的能力；
(4) 良好的沟通与人际交往能力；
(5) 家庭支持；

(6)适应能力;

(7)领导能力。

(四)合作意愿

特许经营要求各方都有良好的合作意愿。受许人对特许人的经营哲学和价值观认同;受许人愿意为特许经营业务投入几乎所有的精力和时间;在业务拓展时,受许人愿意进行迁移;受许人对特许经营关系有忠诚的承诺等。上述条件,受许人都能做到的话,才能在后期5到10年不等的合作关系中良性互动并长远发展。

(五)其他

合作人的教育程度、爱好习惯、心理因素也是影响能否成为一个好的合作伙伴的重要因素,英国特许经营协会对个体受许人的选择提出了以下建议:"特许人应选择具有优秀品质的个体受许人,他们应就特许项目做过可行性调查,拥有基本的技能、教育和个人素质,具有从事特许业务足够的资金来源。"

总之,特许人要充分考量各方面因素,结合自身的业务特点,选择最适合自己的具备优秀能力的受许人来共创事业。

受许人的选择

二、受许人管理

特许人和受许人的关系和产品生命周期有着相似的特征,经历了起步阶段、成长阶段、成熟阶段和衰退阶段。在不同阶段,双方的了解程度、支持程度、亲密程度都有所区别。双方只有在各个方面积极地努力,才能获得关系的良好发展,特许人不是单方面地领导和控制受许人,而是和受许人一同发展,共同成长。特许人对受许人的管理中,下面几个方面尤为重要。

黄金特许经营

(一)受许人培训

特许者通过制订合理的培训计划,并且根据关系的不同阶段,更新培训内容,帮助受许人更快地成长。特许人提供优秀培训师和一流的培训项目,使受许人获得前沿信息、更广泛的知识,并且得到更好的激励。

(二)对受许人关系营销

特许人可以将关系营销的理论贯彻到与受许人的关系发展上,特许人以受许人为中心,提供优质的产品和服务,提高受许人的满意度,让渡给受许人更多的价值,建立稳固的授权—受许人关系,甚至成为长期稳定的合作伙伴,为彼此创造更多价值。

(三)专业支持

特许人与受许人达成特许经营协议以后,从选址开业、店面管理、人员管理到帮助促销方案制订等各个阶段进行支持,巩固并加强双方的关系。特许人定期向受许人提供物料配送、财务管理、营销建议、促销支持等专业上的支持和帮助,增强了受许人的信心和销售额,也提高了特许人的管理经验,增加了营业利润。

(四)良好沟通

受许人和特许人有效的沟通是双方经营活动成功的关键。双方可以选择多种沟通方式,如企业内部邮件、电话、网络聊天工具、手机聊天软件、受许人俱乐部等方式进行沟通和交流,特许人也可以组织受许人交流研讨会,了解受许人的困难,保持沟

虹泥小厨
加盟合作案例

通顺畅。或者组织特许经营顾问委员会为受许人解决问题，美国清洁业的知名企业 Merry Maids 拥有一个由 11 个地理区域组成的特许经营顾问委员会，总部为每个地区委派一名协调员。这些协调员半年组织一次区域性的会议，以提供一些营销和服务思想，这一委员会为受许人许多问题的解决提供了机会。

世园会首批 150 种特许产品亮相

 【拓展阅读】

知名公司的受许人选择标准如表 5-1 所示。

表 5-1　知名公司的受许人选择标准

公司	受许人选择标准
麦当劳公司	富于创业精神、强烈的成功欲望；能够激励、培训员工；具有管理财务的能力；愿意用所有时间、尽最大努力经营企业；愿意完成全面培训和评估计划；经济条件合格
波士顿比萨	必要的资本投资和经济条件；人力资源，包括人事管理、当地市场的从业经验；愿意与波士顿比萨合作；强烈的成功欲望、勤奋工作、有成功的发展趋势
Jungle Jims	"我们只接受那些经合理调查，表明拥有必需的技术、教育、个人素质和经济来源，能够满足成功餐馆经营需求的受许人。我们会对受许人的活动适当监督，为公众、其他受许人、员工和供应商保护特许经营体系的完整性"
Wendy 国际（澳大利亚）	积极的态度，提供出色客户服务的能力，和员工搞好关系的能力；强烈的成功欲望，愿意积极投身 Wendy 特许经营；充满精力和热情；能够加以引导，愿意接受改变，有团队精神，愿意成为特许经营的一部分

（参考来源：[美] 贾斯特斯，[美] 贾德. 特许经营管理 [M]. 张志辉，王丹，等译. 北京：清华大学出版社，2005.）

大连修正堂药房连锁经营的优势

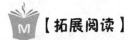 【拓展阅读】

特许人与受许人的关系

特许人与受许人之间的关系被称为商界最复杂的一种关系。特许经营是基于特许经营合同而建立起来的商业合作关系，特许人与受许人之间所有权分散、经营权集中，在合作中，由于经营理念、商业利益、行为模式等方面的差异，双方总是处于一种矛盾与冲突之中。

特许经营关系的这种矛盾性特点，要求双方只有在平等互利的基础上，加强沟通和理解，化解冲突和矛盾，才能使特许经营体系健康发展，达到双赢的目的。特许经营关系的时间性特征体现在双方合作的长期性上面。只有在正确认识特许经营运作的规律和原则基础上，本着平等协作、互利双赢、共同发展的基本理念，通过多种方法和措施努力塑造和维系平衡的特许经营关系，减少特许人和受许人之间的冲突，避免不必要的损失，才可能使特许人和受许人皆获得成功，实现真正的双赢。

A&P 公司连锁经营发展历程

特许加盟费用收取问题

学习任务二 单店系统设计

●●● 【案例导入】

锦江之星单店系统设计

锦江之星是国内知名的快捷酒店品牌，创立于1996年。至今，旗下各品牌酒店总数已超1 000家，分布在全国31个省（市、自治区），200多座城市，客房总数超100 000间。

锦江之星提供便捷的酒店快速预订、会员特价预订、地图查询预订等特色服务。目前旗下品牌有锦江之星快捷酒店、金广快捷酒店、百时快捷酒店、白玉兰、锦江都城等。

一、锦江之星单店系统的客户设计（表5-2）

表5-2 锦江之星单店系统的客户设计

客房类型	房间数量	价格/元
标准双人间		149（上下浮动20%）
大床房		159（上下浮动20%）
经济房		129（上下浮动20%）
商务房		229（上下浮动20%）

二、单店系统输出设计

单店客价预估 = 日消费总额/日消费人数 = （　　　）元/人次

月营业收入 = 客单价 × 日均交易量（人数）× 30

三、单店系统输入设计

(1) 供应者名单：生活日化用品、设备、营业场所、水电、通信、零售商品。要求的质量和服务标准。

(2) 总部的支持。

四、单店经营目标的设计

上述内容是关于一个经济型连锁酒店的一个简单的单店系统设计，请学习者们根据已有的特许经营知识并搜集资料来完善这个设计，并对照后面的理论知识发现不足，改进完善，达到提高学习效果的目的。

【案例分析】

经济型酒店在筹划初期就必须精心考虑自身的市场定位和特定的客源群，针对宾客的心理采取行动，将品牌的功能、特征与宾客心理需求联系起来。

前台是经济型酒店组织客源、销售客房商品、组织接待和协调对客服务，并为客人提供各种综合服务的部门，它是整个经济型酒店服务工作的核心，是管理的关键部位，其运行的好坏，将直接影响到经济型酒店的整体服务质量、管理水平和自身形象。客房销售，前台人员在接待过程中成功地将客房及本酒店其他产品推销给客人，应先识别客人，了解不同类型宾客需求，据此制定出更有针对性的营销策略。

常见的价格策略有常客价、会员价、批量价、季节价和机会价等。前台人员推销客房的要领：懂得必备知识、努力争取客源、了解宾客通常的问题、建立信息库、懂得必知问题（车辆路线，地区城市图，名声估计等）、与宾客建立良好的关系。

酒店要进行科学的客账处理，编制营业日报表，该表主要是关于当日所出租的客房数量、所接待的宾客数以及应获得的客房营业收入这三个方面。

对酒店客房日销售状态进行归类和总结。客户资料包括：订房单、登记单、客账单、投诉及处理结果记载资料、宾客意见征求书以及其他平时观察和收集的记录资料。

企业连锁
经营转型之路

【知识要点】

一、单店系统的定义和构成

（一）单店系统的定义

单店是特许经营体系中不可再分割的基本业务单元，是特许经营体系中不可或缺的子系统。国际连锁企业管理协会的专家认为，单店是特许经营体系的终端，从某种意义上说，是特许经营体系的产品。单店直接面向消费者，也是特许经营体系的窗口，是直接与顾客接触并展现优秀企业文化、优秀企业产品及优秀企业服务的前沿阵地，是特许经营体系成败的关键，所以单店运营管理体系的构建是特许运营管理体系构建的重中之重。

单店本身就是一个系统，贝塔朗菲创立的系统论认为，任何系统都是一个有机的整体，它不是各个部分的机械组合或简单相加，系统的整体功能是各要素在孤立状态下所没有的性质。一般系统论将系统定义为：由若干要素以一定结构形式联结构成的具有某种功能的有机整体。在这个定义中包括了系统、要素、结构、功能四个概念，表明了要素与要素、要素与系统、系统与环境三方面的关系。单店系统的设计重点是商圈与选址定位、单店盈利模型、商品与服务组合、单店企业识别系统导入等内容，即从零开始建设到维持正常运转的整个过程的设计，凭此设计可以建立起一个形象既定的单店和营销终端。

（二）单店系统的构成

作为一个系统，单店由以下三个部分组成：
（1）核心部分：单店的经营模式；
（2）基础部分：单店的运营管理系统；
（3）外在部分：单店的识别系统。

我们将在任务二里对单店的识别系统进行设计，在任务三里重点介绍单店的经营模式。

单店概念及类型

二、单店系统的分类

单店系统可以按照功能分成分销型、服务型和综合型三类。

一汽汽贸特许经营店招商片

分销型单店指以向客户提供商品零售或批发业务为主的单店。可以分为批发型和零售型。如耐克特许生产商属于批发型单店,杉杉时装店属于零售型单店。分销型单店主要分布在日用消费品、杂货品、中小电器等经营领域里。

服务型单店指以向客户提供消费、劳务、咨询等为主的单店。可以分为坐店型和流动型。如麦当劳属于坐店服务型单店,家庭装修属于流动服务型单店。

这种单店常见于美容美发、餐饮、教育培训等经营领域。

综合型单店是综合生产、零售、服务等功能的单店类型,包括生产加零售型、零售加服务型、生产加零售加服务型。

不同的经营领域在经营业态上也会有所区别,从而产生不同的单店类型,以餐饮行业来说,大致可以分成下面几种业态(图5-1)。

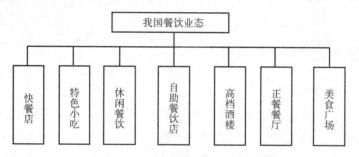

图5-1 我国餐饮行业业态分类

餐饮行业在现实生活中的单店种类非常多,因此对于单店的类型要结合不同的经营领域、不同的业态来看,具体实践时,根据现实情况也会发生很多变化,所以经营者们要了解普遍规律和特殊性,懂得因地制宜,顺势而为。

三、单店系统扮演的重要角色

单店系统作为整个特许经营体系中的一个子系统扮演着十分重要的角色,归纳起来有以下五点。

(一)每一个单店都是一个利润中心

门店的运营必须按部就班,由各项基本的事务着手,从而使门店能够步入正轨。为了圆满实现运营目标,应重点抓销售,因为销售本身就是门店的主要业务,只有尽可能地扩大销售额,才能实现门店的利润目标,销售额的最大化并不是盲目地或单纯地运用各种促销方式来达到的,而是必须通过正常的标准化运营作业来实现更好的销售。

(二)每一个单店都是特许权的载体

特许人授权给受许人产品品牌的使用、技术的使用,对受许人进行专业化管理,总部是决策中心,门店是作业管理,总部授权门店进行具体的作业实施,从而实现整个特许系统的协调运作。

(三) 单店是前台直接服务于客户和区域市场的窗口

单店是直接与顾客接触的窗口，顾客通过单店购买商品或接受服务，单店将顾客和市场信息反馈汇总到总部，为总部控制整个市场收集一手资料。

(四) 单店是整个网络信息系统的终端

门店通过对一线市场数据的收集，汇总到总部数据库，为总部经营决策提供依据。

(五) 单店的数量是衡量特许经营体系发展规模和速度的基本指标

特许经营的标准化、专业化，利于门店数量的迅速扩张，从而实现规模化效应。围绕着特许经营这根规模发展轴的转动，管理标准对于轴的驱动具有核心作用。可以这样说，如果管理的发展跟不上特许店的规模发展，那么规模越大效益越差，门店开得越多，产生的亏损面可能越大。而管理标准和管理活动本身就是维系特许经营统一运作的根本，因此明确的管理目标与严格的管理标准是驱动特许经营企业规模发展的核心。

【拓展阅读】

你我他快餐公司的连锁经营之道

上海你我他快餐食品有限公司成立于 1995 年 5 月，几年来，按照"七个统一"的经营模式，建立了 18 家直营连锁店和 1 家特许连锁店，连锁店经营达到了一定的规模效应，并取得了较好的经济效益。

1. 抓住机遇，率先在申城推出中式快餐连锁经营

进入 20 世纪 90 年代，上海经济飞速发展，宾馆酒楼大量涌现，肯德基、麦当劳等国外快餐风靡沪上。但令人遗憾的是，深受广大市民喜爱的大众化早点经营严重萎缩，供应网点从 1989 年的 1 649 家减至 1995 年的 748 家，于是，外省市个体无证早点摊棚乘虚而入，遍布申城大街小巷，由于卫生、质量得不到保证，广大市民十分不满。因此，1996 年和 1997 年，市政府都把"增设 100 家大众化早点供应网点"列入实施项目。

此外，随着现代社会生活节奏的加快，市场需要快捷、营养、卫生价廉的快餐食品。洋快餐一片红火，而中式快餐由于各种因素，发展却十分缓慢。

这种消费形势为饮食业提供了良好的契机。上海南风实业总公司抓住难得的机遇，率先在申城推出中式快餐连锁经营。

2. 积极探索中式快餐连锁经营的路子

上海南风实业总公司拥有近百个餐饮网点，虽然近几年来大多数网点都进行了装潢改造，但是随着市场经济体制的日益完善，小本经营、单店经营的粗放型传统模式难以适应日趋激烈的市场竞争，难以适应人民群众日益增长的消费需求。

连锁经营方式的实质就是高度的统一管理，你我他快餐食品有限公司坚持"为民、便民、利民"的经营方向，实行店标、管理、配货、价格、核算、服务、服饰"七个统一"的连锁经营模式。所需原料由中心厨房统一进货，集中生产制作，然后把成品和半成品配送各店,由各连锁店直接加工销售,减少货物的流转环节,保持商品质优价廉的优势。

(1) 连锁店的总体布局和服务功能。

你我他快餐连锁公司成立仅一年多,就建立了一个 1 200 平方米的配售中心和十几家连锁店。为了真正落实项目,公司在"你我他"经营网点的选择上投入了较多的资金。18 个网点,有 2 个是公建配套新网点(面积均在 200 平方米以上)。其余 16 个网点,其中大部分面积在 100 平方米以上,房屋结构较好。芙蓉镇店、姑苏村店、第一店等原来都是综合条件不错的。

在网点的布局上,既考虑整体合理,又侧重把网点设置在田林、长桥、漕河泾等新村小区和大木桥路、零陵路、乌鲁木齐中路等靠近集市、公交车站和居民住宅集中的地区,为广大的市民提供便利"七个统一"的经营模式,大大改善了各连锁店的经营环境和经营功能。红底白字的统一醒目招牌、大玻璃透视墙、整齐排列的餐桌、彩色灯箱,以及服务人员的统一着装和微笑服务,为消费者就餐营造了清洁、明亮、舒适、温馨的氛围。此外,煤气、空调、冷柜、电脑收银机等硬件设施的添置有效地改善了店堂内的卫生状况,提高了经营效率,并且所有连锁店实行全天连续供应方式,这样,不但充分发挥了店堂的经营功能,而且大大便利了广大的消费者。

(2) 增加有效的投入,充分发挥中心厨房的生产功能和服务功能。你我他连锁经营能否快速有效地发展,中心厨房是一个关键。因此,"你我他"对中心厨房的建设增加了有效的投入:①网点投入:我们把中心厨房迁入拥有 1 200 平方米的原奥奇食品厂;②资金投入:投资 200 多万元,改造装潢内部结构,按照中心厨房生产流程的需要建立了准备间、豆浆间、肉类加工间、切配间、拌制间、中点一间、原物料包库成品仓库等操作专间,添置了煤气灶、冷库、机器设备等硬件设施;③人才投入:委派公司副总经理兼任中心厨房经理,另配备两名得力的副经理;此外,把两名一级面点师和多名技术人员调往中心厨房。

中心厨房每天送货网点 20 多个(18 个连锁店加上公司若干直属酒家),供应成品、半成品数量 20 余种。其中仅豆浆日均供应量就近 5 000 克,馅心 3 000 多斤,要保证如此大需求量的品种质量,没有一套严格的管理制度是不可想象的。首先在采购环节上,对重要原料实行定点、定人、定价、定规格。如肉类,规定麦德龙为唯一进货渠道。进货严格执行验收鉴别制度。其次在生产环节上,按照既定的质量标准进行规范化操作。如豆浆制作,选用上好优质黄豆,浸水前务必将杂质拣出洗净,规定 500 克黄豆出浆 14 碗,浓度不低于 6 度,因此成品色泽乳白、口味清香;又如生煎、包子、馄饨、小笼、水饺等品种的馅心配制,集中公司点心品种各具特色;再如砂锅馄饨的底汤规定用草母鸡、蹄髈等原料熬制,一天一换,使得成品原汁原味、鲜美异常。由于严把质量关,形成了花色咸浆、阿富生煎、红油水饺、砂锅馄饨等一批深受大众喜爱的优质品种。最后在运输环节上,做到当日生产、当日送货、当日销售、食品专用车送货,盛放食品的周转箱洁净卫生,塑料薄膜封口,保证食品的卫生新鲜。

(3) 大众化、特色化的品种结构。集中生产、统一配货、分散销售的经营格局,制度化、标准化、规范化的管理手段,使得统一店名、统一装潢格调、统一品种质量、统一服务服饰的你我他快餐连锁店一进入市场就极具竞争力和吸引力。由中心厨房集中生产、加工的中式快餐在结构上做到了大众化点心和特色风味小吃相结合，早餐系列和中、晚餐系列相结合。既有大饼、油条、米饭、豆浆"四大金刚"等大众化点心，又有萝卜丝、酥饼、红油水饺、鸡鸭血汤等特色风味小吃；既有包子、面条等早餐系列，又有米饭、卤菜等中、晚餐系列。品种价格，坚持以中低档为主和优质优价相结合的原则，一套大饼、油条、豆浆，仅售2.5元，单价5元以下的占50种以上，满足中低档，适应多层次。

3. 连锁经营的反响和成效

你我他中式快餐连锁店以其整洁的就餐环境、价廉物美的品种结构和连续供应16小时便民经营的服务方式，从一定程度上改变了大众点心市场脏、乱、差的状况，赢得了各层次消费者的欢迎。广大消费者纷纷反映说：你我他快餐店"环境好、卫生好、味道好，来这里就餐感到舒心、放心。""价格实惠，可以承受。""你我他"的大众化美味点心同样赢得了海外人士的青睐。

"你我他"的连锁经营模式得到了各级领导的肯定。1996年国内贸易部、中国烹饪协会，市政府、市政协、市商委、区委区政府等领导先后视察了你我他快餐店。中央电视台和上海三报三台等新闻单位对"你我他"和"多旺"等为民办实事的大众化早点给予莫大关注，纷纷作连锁跟踪报道。如此众多的报纸、电台、电视台集中宣传大众化早点，这在本市还是第一次。你我他连锁经营中式快餐虽然时间不长，但是与传统的一家一户的大众化点心店经营模式相比较，其优势和效果是显而易见的：

①人、财、物得到合理配置，降低了费用消耗。首先是实行统一核算，企业会计人员减少了20人左右，其次是中心厨房集中生产，避免了连锁店某些设备和机器的重复购置。

②中心厨房集中采购大大降低了进货成本。据统计，关于成本，肉类、调味品下降10%～15%，酒、饮料、糯米下降8%左右，面粉下降15%左右，总体上可下降8%～10%。

③连锁店营业收入出现了明显增长的好势头，一般营业额比原来增加1～3倍，职工收入也得到相应提高。

④品种质量得到了保证，就餐环境和卫生条件得到改善，整洁了城市面貌，改善了市容环境。

⑤为100多名待岗的职工，创造了再就业的机会。

⑥小型饮食业实现了从粗放型向规模化、集约化生产的转变。

四、单店系统设计与构建的流程

（一）单店系统设计与构建的流程

单店系统设计与构建流程如图5-2所示。

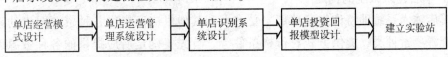

图5-2　单店系统设计与构建流程

(二) 单店运营管理系统的构建

国际连锁企业管理协会的专家认为，特许单店运营管理体系的构建原则主要是在特许经营总部或受许人的统一领导下，以运营管理流程为核心，连接输入和输出系统，并由此连接前端的供应商和终端的客户，形成一个完整的系统、运营管理流程、输出系统。单店运营管理系统的设计就是对构成单店 SIPOC 组织系统模型中 5 个部分以及单店经营目标的设计，如图 5-3 所示。

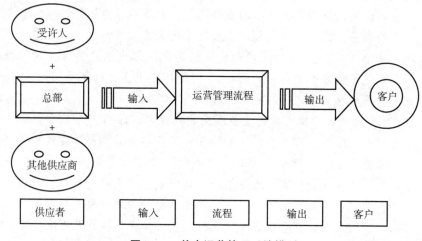

图 5-3　单店运营管理系统模型

1. 单店供应系统的构建

单店供应系统是由特许经营总部、受许人、其他供应商三方共同组成的系统，通常要根据单店的类型、系统设计模式对特许经营总部、受许人、其他供应商提出具体的要求，确定是否要求受许人本人直接参与单店的日常管理，确定是否由特许经营总部设立区域物流配送中心，确定是否由其他供应商将货品送到特许经营总部进行价格制定、质量检验并确定服务标准等。

国际连锁企业管理协会的专家认为，在建设单店供应系统及网络体系过程中，应该与整个体系正常运营所需要的一些外部合作伙伴加强联络。特许人企业可以和包括产品供应商、装修商、运输物流公司、设备制造商、工具供应商、设计印刷商、广告商、信息部门等合作者的受许人进行洽谈，以便确认他们是否有能力，愿意并同意以优惠、长期、稳定、互利的合作方式与本特许经营体系内的特许经营总部和单店进行战略联盟式的合作。与此同时，还应收集关于受许人的信息，了解社会人士对样板店、单店、特许经营总部及运营管理体系的反映，以便使单店供应系统设计得更科学、更完善。

2. 单店输入系统的构建

单店输入系统即特许经营总部、受许人和其他供应商提供各种资源要素的系统，包括资源要素种类、提供方式、价格条件等。首先要确定所应提供的各种资源因素，一般包括资金、经营管理模式、管理方法、特许权组合要素、统一配送的货品、客户资源、人力资源、信息管理平台、统一促销方案、企业文化理念、标准与规范及其他资源等。

国际连锁企业管理协会的专家认为，在确定了这些资源要素之后，接下来就要确定各种资源提供的方式和使用价格等问题。首先，要确定特许经营总部统一配送的货品是由特许经营总部的配送中心执行还是由第三方物流公司执行，特许经营总部统一配送的货品的价格是多少、是零售还是打折、能打多少折等一系列问题。其次，要保证特许经营总部提供给单店的专用设备是以售卖的方式还是以租赁的方式提供，售卖或租赁的价格各是多少要探讨清楚。最后，要保证特许经营总部提供给单店的知识、标准、规范和企业文化理念通常是通过手册、培训、现场指导等方式提供并且应该是免费的。总之，通过单店输入系统的设计可以确定单店的全部商品的相关信息。

3. 单店运营管理流程的构建

国际连锁企业管理协会的专家认为，单店运营管理流程就是为单店输出系统提供一系列有逻辑关系和有价值的工作流程，它分为主流程和辅流程两部分。单店运营管理流程的设计包括两项最基本的任务：一项是对主流程和辅流程进行科学的设计，另一项是对主流程和辅流程高效的完成提供组织保障。

（1）商品零售型单店的运营管理流程设计。在零售型单店中，运营管理的核心是向消费者和顾客直接销售商品，提供最直接的价值，因此商品管理流程就是它的主流程，包括商品计划、进货、库存、商品陈列、销售、信息反馈等具体项目。而卖场管理、促销管理、客户管理、客户服务、人员培训、财务管理、竞争店调查等均为辅流程，它们是支持商品管理流程的依托，其流程朝向主流程。

（2）服务型单店的运营管理流程设计。在服务型单店中，营运管理的核心是向消费者直接提供各种服务，因此服务计划、服务管理就是它的主流程，具体包括运营计划、产品设计、广告宣传、服务项目、产品销售、信息反馈等项目。而产品供应和仓储、物流运输、促销、客户管理、人员培训、财务管理及竞争店调查等就是辅流程，它们是支持服务计划与管理流程的依托，其流程朝向主流程。

（3）单店组织结构的设计。单店组织结构的设计就是根据单店主辅流程的设计情况来确定各个工作岗位及岗位工作的职责，涉及组织结构、人员岗位及编制、岗位职责、员工工资等内容。

一般而言，小型单店只设三四个人（包括店长和店员），组织结构简单，分工不细；而大型单店，比如大型超市，可能设有几十人或上百人，其组织机构健全、分工细致、部门众多、管理有序，可以保证商品销售和服务提供没有死角。但是，如果管理不善，容易导致人浮于事，经济效益下降。所以，加盟到特许经营体系中的每一个单店不仅要重视运营管理主辅流程的设计，更应该对组织结构进行科学的设计，以保证对各个部门职责的划定，对人员数量编制的确定，对相应岗位的责任和薪金标准的确定，据此就可确定出单店的全部人工成本。

4. 单店输出系统与客户端的构建

客户端的设计主要是结合单店的客户定位对单店的客流量进行预估，一般是采用对等店观察和样板店分析两种方法。客流量是单店运营管理的基础。

单店输出系统是单店向客户提供全部价值之所在，核心是单店的商品与服务组合。单店输出系统的设计对计算营业收入具有重要的作用。

单店输出系统的设计通常是根据对客单价的预估进行的。所谓客单价，就是客户平均为其一次消费而支付的费用，它与单店的商品与服务组合有关。客单价与单店营业收入关系极大，两者呈正比关系。一般规律是：单店提供给顾客的商品与服务组合越丰富，选择性越强，客户平均为其一次消费所支付的费用就越多；而客单价越高，则单店日营业收入也就越高。

国际连锁企业管理协会的专家认为，通过单店输入系统的设计，可以得到单店的全部商品销售（或原材料）成本；通过单店运营管理流程的设计，可以得到单店的全部人工成本；通过单店的输出系统和客户终端的设计，可以得到单店的营运收入预估。那么，在此前提下，只要对折旧费、经营费用、水电费、开店费用摊销、办公及其他费用、店铺租金进行一下评估，然后通过单店系统经营目标的设计，就可以对单店总的运营管理成本进行估算了。

国际连锁企业管理协会的专家认为，用营业收入减去总的营业成本就可以得出单店的毛利润，再用毛利润减去所得税额就可以得到单店的纯利润。表5-3是单店运营管理损益分析模型。

单店运营管理

小店连锁经营战略优势

成功构建特许经营体系五步法

表5-3 单店运营管理损益分析模型

项目	说明
一、总收入	
商品/服务销售收入	总收入 = 所列子项目之和
减：变动成本	
营业外收入	
二、运营管理总成本	
加盟金摊销	
装修、设备、家具、折旧	
开业筹备费摊销	
特许权使用费	
设备月租金	
场地月租金	运营管理总成本 = 所列子项目之和
水、电、气、通信支出	
卫生清洁用品和其他耗材	
办公费	
财务费用	
人工成本	
其他费用	
三、税前利润	税前利润 = 总收入 - 运营管理总成本
四、所得税	所得税 = 税前利润 × $x\%$
五、税后利润	税后利润 = 税前利润 - 所得税

五、单店识别系统设计

(一) 单店识别系统的概念

单店识别系统设计一般称为 SI 设计。SI(Space Identity):称为店面终端形象识别系统设计。与由大型企业集团实行品牌战略在国内引领起的 CI、VI 设计热潮不同,SI 只是针对于有连锁加盟性质的企业而实施的店铺形象设计与管理系统。其中规划项目包括:(1)总则部分;(2)管理原则;(3)商圈确定;(4)设计概念;(5)空间设计部分;(6)平面系统;(7)天花板系统;(8)地坪系统;(9)配电及照明系统;(10)展示系统;(11)壁面系统;(12)招牌系统;(13)POP;(14)管理部分;(15)材料说明;(16)施工程序;(17)估价;(18)协力厂商配合作业原则。

(二) SI 与 CI 的区别

SI 规划的内容也与 CI 不尽相同,一般来说它的组成部分也有 MI 和 VI,但是侧重的方面和企业的 CI 设计是不同的。

MI(Mind Identity):为理念识别,通过调查、研讨、评估等作业,建立符合实际情况的经营理念、远景与策略。其作业项目包括:(1)成立 SI 执行委员会;(2)SI 基础培训;(3)市场调研;(4)竞争分析;(5)视觉分析;(6)经营理念设定;(7)远景与策略设定;(8)形象策略;(9)法律作业;(10)商圈设定。

VI(Visual Identity):为视觉识别,VI 主要是将 MI 理念转化成具体的设计概念,再透过有形的造型符号传达出隐于身后的连锁经营理念。基础系统(标志/字体/主色彩等)及应用系统(事务用品/交通工具/制服)都是属于平面视觉上的设计。

居然之家视觉识别案例

(三) SI 与传统室内设计的区别

SI 规划与传统室内设计,不论是方法上还是逻辑上都大不相同,以前连锁店的装潢,只是针对某一个定点尺寸设计,以后的店便从原始的那家复制,但要知道,每家店面的条件均不相同,所以当第二家店产生不一致的条件时,设计就会做些修改,以此类推到多家店时,可能已经走样了,加上施工单位也会因地区不同而不同,大大地增加了走样的概率。SI 的规则是针对所有可能的情况来设计,除了少数物是固定尺寸外,其余全部采用比例或弹性规范原则。空间识别与传统装潢设计最大的不同就是它是系统性设计,而非定点式设计,以适应连锁发展时会碰到每个店面尺寸不一的问题。

单店视觉识别设计

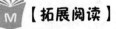

星巴克的识别系统设计

星巴克,一家 1971 年诞生于美国西雅图的咖啡公司,专门购买并烘焙高质量的纯咖啡豆,并在其遍布全球的零售店中出售。此外,还销售即磨咖啡、浓咖啡式饮品,以及与咖啡有关的食物和用品。

星巴克的营销观念："我们亲自为消费者选择咖啡豆。"从最稀少的蓝山、魔卡、巴西一直到维也纳等各种名贵咖啡，他们都在努力地帮顾客挑选咖啡豆。

与众不同的是，星巴克提出的第三空间理论："人有两个空间，第一个是办公室，第二个是家，如果你厌倦了你的办公室，烦透了你的家，快请到星巴克第三空间，去享受你的生活。"这就是星巴克文化，即所谓的第三空间文化。

比如，星巴克到上海之前，上海人也喝咖啡。星巴克的出现，使它成为上海人追忆往昔那种十里洋场的风光、消遣和娱乐的理想场所。它在上海经营得非常成功，一下子开了十几家连锁店。虽然星巴克不是上海唯一卖咖啡的店，但它非常吸引消费者。

星巴克的绿色徽标是一个貌似美人鱼的双尾海神形象，这个徽标上的美人鱼像传达了原始与现代的双重含义：她的脸很朴实，却用了现代抽象形式的包装，中间是黑白的，只在外面用一圈彩色包围。三十多年前星巴克创建这个徽标时，只有一家咖啡店。如今，优美的"绿色美人鱼"竟然也成了美国文化的象征之一，并逐渐"游向"各国。

星巴克故事宣传片

特许经营管理体系整体设计

学习任务三　单店经营模式设计

● ● ●【案例导入】

一位富有理想的工匠正打算开办一家自己的企业。他喜欢木工并想生产工艺桌、柜架和其他家具。在这之前，他和三个合作者曾为他所在城市的一些大型企业生产了花梨木和核桃木会议桌。这位有志于成为企业家的人表达了他的思想，这看起来更富于理想化而非商业化。他相信，他可以通过享受职业乐趣的氛围而获得成功。他甚至愿意在付给员工固定的薪水之后，分享企业利润。

【案例分析】

1. 其预期回报有：获得成功的满足感；更高的利润；独立自主、按照自己的意愿行动；灵活的工作时间。

这个预期的企业家完全是个工匠，他可能缺乏商业判断力或商业背景。他的基本特点是熟悉产品工艺技术，他喜欢职业所带来的满足感。这些动机可以保证产品的质量，如果他再掌握一些经营管理方面的知识，就有可能成功。

2. 他表达了希望建立富于理想化而非专业化企业的理想，他的最大优势是其具有专业工作经验。但他对未来的发展和变化很少有计划，缺乏长远的打算，所以这种企业很难有所发展，很难吸引到投资。

（资料来源：百度文库，https://wenku.baidu.com/view/85acce1810a6f524ccbf8542.html）

特许经营管理模式设计

中国连锁节——商业模式篇之魏炜专访

一、单店经营模式设计概述

（一）单店经营模式概念

单店特许经营模式是指特许人（盟主）将自己成功的单店经营模式许可给某一个

受许人（称为单店加盟商）来经营。严格意义上讲，受许人只在单店内享有特许人许可的所有权利，在单店外则不享有这种权利，这就意味着特许人在一家加盟单店的街对面再授权新的受许人开设加盟单店是合法的。不过，盟主为了保护受许人利益，避免受许人之间出现恶性竞争，都会将单店加盟商的权利扩大，如规定围绕单店一定范围内（3~5千米）不再授权新的受许人。单店加盟商（Unit Franchisee）的优点是：单店加盟商有小区域开设单店的独家经营权，对加盟商拥有的资金量要求不高，易于招募加盟商，单店经营业务相对简单、易于管理。其缺点是：盟主对加盟商的招募及管理成本高，加盟商无权出售特许权，只负责一个单店的业务，积极性受限，不愿投入广告宣传，小区域内有竞争。

一般认为，单店的客户定位、单店的商品/服务组合、单店的获利模型以及总部对单店的战略控制和支持这四个要素组合在一起就构成单店的经营模式。单店经营模式是构成单店系统的核心。单店经营模式的成功对于特许经营的复制和体系的建立意义重大。由于单店的经营模式是由4个关键性战略要素组合构成的，因此也就为在一个行业中创造出众多不同类型的单店系统提供了广阔的可能性。

业态是单店模式的基本形态，不同业态的单店经营模式不同，同一业态在不同行业或不同特许经营体系之间，单店经营模式也不同。

我国的店铺零售业态如图5-4所示。

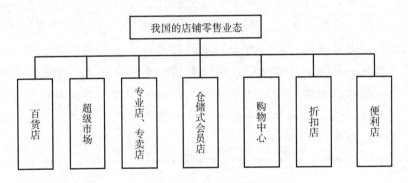

图5-4 我国的店铺零售业态

因此，不同的零售业态单店系统的设计、单店的运营模式都有区别。例如，便利店的服务功能更强大，产品多是日用急需消费品，更新速度快；而仓储式便利店的服务功能相对弱一些，产品品类丰富，大包装出售，针对会员制定一系列优惠措施。

（二）单店经营模式设计的步骤

单店经营模式设计的步骤是：单店客户定位设计—单店商品、服务组合设计—单店活力模型设计—总部对单店战略控制设计。

其中，这四个要素有很强的逻辑性：客户定位的设计取决于这些客户能否带来利润，获利模型的设计经常取决于单店的商品和服务的组合的设计，总部对单店战略控制的设计往往取决于什么样的客户的定位以及什么样的商品/服务的组合，商品/服务的组合的设计一定是要适合目标客户的需求,一定要有丰厚的利润空间,并且便于总部对单店的战略控制。

门店运营依靠的是门店店长及其带领的其他管理人员的管理,且各门店之间运营水平有所不同,所以必须按营运的标准化、规范化、系统化来体现每一个门店的工作质量、操作质量、商品质量和服务质量,从而达到最佳的经营效益。特许经营企业门店运营管理是一个作业化管理过程。由于特许经营各环节是专业化协作的分工,体现在各岗位上的作业过程是简单化和单纯化的作业性配合,因此较易产生分工所带来的高效率。可以说,特许经营企业从工业生产中导入了专业化分工协作的经营方式,完全改变了传统零售业的工艺过程,使现代化零售业的作业方式焕然一新。

【拓展阅读】

特许经营的统一性原则

特许经营有统一性原则,所谓统一性原则,就是指特许经营的单店必须遵守运营管理的基本规范,主要应用于经营模式特许,这些规范被概括为下面的六个统一:统一 VIS、商标、商号、服务标识、店面形象、着装,等等;统一管理,日常管理流程按照总部设计的营运手册进行;统一广告促销,单店日常广告促销活动按照总部统一规划和计划进行;统一配送,单店货品统一由总部配送中心配送或由总部指定的供应商以指定的价格配送;统一价格,单店商品进销价格执行总部的统一标准;统一商品和服务标准,单店商品和服务标准遵照总部设计的商品手册和服务手册执行。

二、单店客户定位设计

(一) 单店客户定位设计的概念

单店客户定位的设计就是选择单店的目标客户群并锁定单店要满足该目标客户群的心理偏好,用以指导单店经营模式其他要素的设计以及指导单店系统其他子系统的设计。单店客户定位设计是其他要素设计的基础,每个单店都要分析它的客户群,从而针对自己的客户群来确定产品组合、进行战略控制等。

(二) 单店客户定位设计的方法

根据客户的性别、年龄、社会群体、收入、教育背景、文化背景等标准将客户分成不同的类型。选择企业的目标客户群,并且评估目标顾客群的潜在购买力,掌握目标顾客群的消费心理、购买习惯,从而有针对性地开展宣传、促销活动。表 5-4 是对某化妆品专卖店的目标顾客群进行分析。

表 5-4　某化妆品专卖店目标顾客群的选择

选择参数	性别	社会群体	年龄/岁	教育程度	月收入/元
等级标准	男　1分	底层打工者　1分	1~3　1分	小学　1分	1 000以下　1分
	女　2分	普通工人　2分	4~12　2分	初中　2分	1 000~2 000　2分
		白领　3分	13~18　3分	高中　3分	2 000~4 000　3分
		高层管理者　4分	19~22　4分	大学　4分	4 000~6 000　4分
			23~29　5分	研究生以上　5分	6 000~8 000　5分
			30~40　6分		8 000以上　6分
			40岁以上　7分		
选择决策	女　2分	白领　3分	23~29　5分	大学　4分	2 000~4 000　3分

我们可以给表格中的每一个等级赋以分值（如教育背景这一项可以设定为小学为1分、初中为2分、高中为3分、大学为4分、硕士以上为5分），从而确定目标顾客群的分值，可以制作更为复杂的雷达图（本书不再赘述），上例中该化妆品专卖店最后选择的目标顾客群分值为：2分，3分，5分，4分，3分。

做最好的连锁经营商业模式

三、单店商品服务组合设计

（一）单店商品或服务组合的设计的概念

单店商品或服务组合的设计是指设计可以满足单店的目标消费群需求和偏好的全部商品或服务的组合结构以及每种商品或服务在整个组合结构中的经营属性。单店商品或服务组合的设计就是按一定的标准将单店提供的全部商品或服务划分成若干类别（或称系列和项目，或称品种、品目），并在设计了每个项目商品、服务的零售价格基础上确定各类别在商品或服务总构成中的比例。

社区附近最火的特色餐饮加盟品牌受青睐

根据产品组合的概念我们知道：如果一个单店中商品或服务类别、系列比较多，我们称该单店的产品线比较宽；如果一个单店中商品或服务类别、系列不超过两个但每一个类别中的项目却很多，我们称该单店的产品线比较长。

（二）单店商品或服务组合设计

单店商品或服务组合设计就是根据不同种类商品或服务对单店盈利的不同影响，将单店的全部商品或服务分为主力商品或服务、辅助商品或服务、关联商品或服务三大类。

主力商品或服务也称为主打商品或服务，通俗的说法是"卖点"，指那些周转率高、销售量大，在经营中无论是数量还是销售额均占主要部分的商品或服务，如肯德基店中的炸鸡和可乐。

辅助商品或服务是指那些在价格、品牌等方面对主力商品或服务起辅助作用的商品或服务，或以增加商品或服务宽度为目的的商品或服务，如肯德基中的油条豆浆、理发店中的头部按摩服务。

所谓关联性商品或服务是指那些与主力商品或服务、辅助商品或服务共同购买、共同消费的商品或服务，如服装店中的鞋和手袋等、肯德基店中的儿童游乐区。关联性商品或服务通过为客户提供便利和增值服务而实现吸引客户、保留客户和提高客户忠诚度的目的。在一个单店中主力商品或服务的销售收入通常占到单店营业收入的 75%~80%，辅助商品或服务通常占到单店营业收入的 20%~25%，关联性商品或服务则只占到 0~5%。

四、单店获利模型的设计

单店获利模型的设计是指设计单店在为其所选择的客户创造价值的同时获取回报的方式，即设计一个单店各单项商品或服务的边际利润和各种盈利方式的组合。

单位边际利润 = 某种商品或服务销售单价 - 某种商品或服务单位变动成本，即：$m = p - v$。

所谓变动成本是指那些随销售量变化（受客流量影响）而变化的成本，如原材料成本、商品销售成本、销售佣金等。通常每个行业中的平均边际利润以及变动成本是有一定标准的。比如我国服装零售业的边际利润一般都在零售价的 50%~60%。餐饮业的边际利润一般都在零售价的 50%~90%。而某些服务业的边际利润则会更高，比如美容业、培训咨询业、酒店业、快递业、房地产中介等。因为每种商品或服务的边际利润都不同，所以要设计合理的商品或服务组合数量、摆放位置等，从而使整体营业利润上升。例如，超市的商品数目繁多，洗化类的商品边际利润一般最高，其次是自产熟食、点心类，所以超市会结合促销活动来吸引客流，既提高了这两大品类的销售量，也带来了整体商品的销量上升。

表 5-5 是某商场内某服装品牌单店 2013 年 8 月到 12 月的销售额及费用情况，可以供我们学习及参考。

表 5-5　某服装品牌单店销售额及费用情况

科目	条件	月份				
		8	9	10	11	12
预估销售额/元		80 000	90 000	100 000	90 000	90 000
销售成本/元		47 059	50 000	55 556	50 000	52 941
销售折扣/%		85	90	90	90	85
供货折扣/%		50	50	50	50	50
销售毛利/元		32 941	40 000	44 444	40 000	37 059
经营费用（含商场扣额、店铺面积、店铺租金等）/元	店铺面积:150 平方米；店铺租金:2.7 元/(平方米·天)	12 500	12 500	12 500	12 500	12 500
店铺费用（含工资社保、水电费、修理费、清洁费、办公费、奖金等）/元		17 925	17 525	17 825	17 025	18 125
费用合计/元		30 425	30 025	30 325	29 525	30 625
营业利润/元		2 516	9 975	14 119	10 475	6 434

单店盈利模式

中国连锁节——企业与资本篇之王岑专访

五、总部对单店的战略控制设计

总部针对单店的战略控制设计是指设计对单店中关键性资源的控制手段，从而确保单店的盈利以及双方的高度协同。那些成功的特许经营体系无一不存在着强大的总部对单店的战略控制,表 5-6 是一些知名品牌的战略控制主要手段。

表 5-6 总部对单店的战略控制手段

品牌	关键性资源的控制	战略控制的主要手段
Subway(赛百味)	快餐连锁,食品统一配送,统一的装修设计、统一的菜单、统一的服务理念	货源控制+管理控制
毛家饭店	毛家菜专用料及副产品由总公司配送中心供应;为每个加盟店配备技术精湛的资深湘菜厨师队伍	货源控制+技术控制
马兰拉面	汤料统一配送,厨师总部统一管理和派遣	货源控制+技术控制
21世纪不动产	总部强大的房源数据库	客源控制
7—11	指定供应商+POS 系统	货源控制+信息控制
英孚教育	所有外籍教师由总部统一管理和派遣	技术控制

许多特许经营企业之所以成功,是因为它们控制了企业的关键性资源,并且制定了统一的、相对固定的经营模式,如麦当劳、肯德基、家乐福、沃尔玛等,都在全球进行着统一和标准的成功运作。标准和统一意味着高效率,是现代特许经营企业管理的核心内容。

特许经营的规模效益是通过特许经营门店的发展得到的。一个特许经营企业的总部可能分管十几家甚至几千家的商品采购、人员管理、物流配送等,所以总部需要在某些方面形成自己的竞争优势,不管是货源的统一还是信息系统的全面管理,或是技术的授予使用等,总部抓住经营的关键环节并且高度控制,既提高了运营效率又便于标准化管理,对于连锁企业的规模化发展都大有裨益。

维视力特许经营权分析

【拓展阅读】

沃尔玛山姆会员店的运营管理

沃尔玛山姆会员店在中国的第 12 家门店 2015 年 5 月 28 日正式在常州对外营业。这也是山姆会员店在江苏省继 2013 年苏州店之后开设的第二家门店,标志着江苏已经成为山姆会员店的重点发展地区。

山姆会员商店首席运营官文安德表示:"截至目前,我们在中国已经拥有超过 140 万名会员。山姆会员店已经成为沃尔玛在国内重点发展的两大业态之一。我们将加速在中国的发展,并计划在未来 3 年再新增 6 家山姆店。"

作为沃尔玛中国的掌上明珠,沃尔玛对山姆会员店在中国的选址有着非常严格的要求。目前仅在全国 10 个城市拥有 12 家门店,主要分布在北上广深等一线或接近一线的城市,而江苏省是华东地区唯一一个拥有 2 家山姆会员店的省份。

新开设的常州山姆店位于新北区通江中路 598 号常州环球港,商场总面积超过 2 万平方米,提供超过 1 800 个停车位。目前主要经营生鲜食品、干货、家电、家居、服装等国内外知名品牌商品。与当地一般超市不同,常州山姆通过沃尔玛强大的全球采购网络,精选了约 4 000 种高性价比单品,为会员免除挑选商品的烦恼,从而为他们省时省心。

近年来，山姆会员商店持续加大进口商品比重，常州山姆进口商品比例将超过30%。文安德特别向常州市民推荐的最新引自新西兰的柯林高德 Killinchy Gold 冰激凌，其采用新西兰新鲜奶油和牛奶，真正的手工艺制成。还有泰国进口的超值性价比金枕榴莲，在常州山姆仅售 10.90 元/斤。除了进口商品，山姆会员商店同样引以为傲的还有山姆的自有品牌"会员优品 Member's Mark"。作为品质的代名词，山姆"会员优品 Member's Mark"商品有着非常严格的质量控制体系，比如其"会员优品 Member's Mark"果汁均为原果榨原汁，并通过巴氏杀菌冷罐装保留了水果的原味，远非其他浓缩还原的果汁所能媲美。

大润发供应商管理案例

开业前数周，常州山姆会员店的网上商城已经提前运行。常州市民登录山姆网购常州站或下载移动端 APP"山姆会员商店"，直接在网上购买会员卡之后，就可优先订购常州山姆会员商店的各类商品。

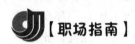
【职场指南】

如家的管理"圣经"

早上5点之前，如家的厨师就要进入厨房工作，7点准时准备好热腾腾的早餐；到晚上9:30关门，这些小小的餐厅一天也能做到四五千元的营业额。从后厨到前庭玄关的墙上，贴着各项检查标准表格，表格旁边还有一面很不起眼的小镜子。从这里经过的员工会下意识地看看镜子，保持微笑。

早上7点半，如家的两三位客房服务员就要推着工作车到岗，这时绝大多数客人还在睡梦中。这些客房服务员大多是三四十岁的女性，每人每天有15个房间的工作量，其中最熟练的人整理一个房间也要花费20分钟。最忙的时候，你能看到十几位客房服务员同时行动，工作车在各个楼层贴着墙边一字排开。

在走廊里，如果你遇到如家的员工，他们会对你露出微笑，并且主动说"你好"。实际上，在如家的规定里，员工在10步之内要对客人进行目光关注，在5步之内就要微笑打招呼。如果你想跟他们聊天，按照规定，第一句话和最后一句话都应该是由他们说出。在客房，电视一打开就要锁定在 CCTV-1，音量要调到15，案头印着"如家新月"标志的便笺纸是不多不少的5页……

你可能会觉得这些细节并不重要，或者乍一看上去，与其他酒店没有什么区别。然而，对于经济型酒店这样靠成本控制和规模取胜的企业来说，如家制胜的秘诀就蕴藏于其严谨的细节管理中，这可以保证它在高速扩张中不至于失控。业内公认的评价是，如家善于把握时机，从创业、高速扩张到上市，它总是"在正确的时间做正确的事情"。

在如家，上述那些细节要求都有据可查。它们统统写在16本厚厚的如家"运营文件汇编"里，其内容囊括了从服务、管理、硬件到客房等你几乎能想到的一切关于酒店运营的细节标准，从台风应急预案到台面胡椒瓶如何摆放的大小事情都有规定，其中的餐厅服务手册就有105页，而管理手册则有132页。这16本手册，如家的雇员人人必看,力求做到有关规定烂熟于胸,而且要每月就此考试——孙坚称之为"我们的管理圣经"。

从某种程度上说,如家制胜的秘密,就在于员工对这16本"圣经""奉若神明"后产生的执行力之中。如家从外面招聘来的中、高层管理人员几乎个个有星级宾馆部门主管的职业背景,这些酒店业的老手一致承认,"如家的执行力优于他们见过的任何酒店"。

这16本"圣经"是在2004年下半年逐渐一点一点汇编成型的。从诞生起,它们就有专门的小组维护,每半年公司都会开会吸取各个部门的意见,改进一次,保证其适应市场变化。

(资料来源:宜春就业网,http://www.yc9y.com/Article - 2680.html)

【特许经营创业故事】

新式茶饮——喜茶

喜茶的创始人Neo(聂云宸)在大学期间便开始创业了。寻着自己的爱好,他开了家手机店,卖一些感兴趣的手机品牌。但做久了,Neo发现,"卖别人的产品"这件事,并不是真正想做的。他想做一个属于自己的品牌,从无到有,每个细节都自己来把控。于是,Neo真的拿着开手机店赚的几万块钱,琢磨起茶的配方。

他从不用批发商运来的茶,尽管他们的茶更方便、更实惠。半年时间里,他不停地跑各地专业的茶庄,和茶农沟通细节,反复调整种植方案,以保证在茶叶这一关质量就足够好。

所以在喜茶,你花50元买下的两杯看上去颜色极其相近的茶,茶源很可能相距千里,这便意味着无论风土还是焙火程度,都千差万别。更别说茶的冲泡水温、水质、发酵程度乃至香调,每一款都全然不同。

就拿最受欢迎的金凤满玉来说吧,Neo选择的茶叶,是从温泉遍布的台湾远道而来,是台湾茶中的上品。为了调制出心中向往的那抹回甘,他不知喝了多少遍,微调了多少次工艺。经常前一天觉得好喝到不行,第二天又反悔。好在,最后总算调配出甘甜馥郁的口感,过了自己这关。

为迎合更多顾客的喜好,特制的水果茶系列终日与茶为伴,Neo对茶的历史早已信手拈来。"印象最深刻的一次,是关于抹茶。"他说,"说起抹茶,大家都会想到日本。但其实,抹茶最早发源于中国南宋,只是在改朝换代的过程中,不慎遗失了。而日本从我们这里学到之后,一直保留到现在。"

2012年5月,喜茶的前身——皇茶,开在了广东江门的一条小巷里。虽然一开始也曾门庭冷落,但随着Neo对茶的一步步改进,开业半年小店就步入正轨。到了2012年年底,皇茶首创的"芝士奶盖茶"火了起来,来年,Neo便将店开进了东莞,紧接着又发展至广州、深圳等省内城市,生意越做越好。

但"皇茶"真正蜕变成"喜茶",是在 2016 年年初。那时 Neo 发现,原名"皇茶"无法注册商标,要想注册只有"更名"这条路可以走。他开始为品牌加入"灵感"和"酷"这类元素,设计新的 Logo 和企业形象,把店开到更多年轻人出没的地方。

街边小窗口的皇茶小店,很快变成了市中心商场里清新别致的喜茶。还与当地插画师联名创作插画,让喜茶人格化、年轻化。而喜茶经典的旋盖外带杯,也是在那时诞生的。可调的杯盖紧实稳当,不小心就洒一地的情况,绝不会发生于喜茶。

现在的喜茶,50 多家店遍布各地,深受当地年轻人的喜爱。一杯喜茶,虽然看似微不足道,但足以让人体味一下午的小确幸。

项目小结

本项目对受许人、单店系统、单店经营模式等任务中的专业概念进行了解析,并对一些专业术语进行了必要的阐述,旨在帮助学习者更加清晰地把握门店运营管理的运作特点和方式。为更好地完成本项目,应掌握如下知识与技能:掌握受许人的选择条件;了解单店系统设计的内容;对单店经营模式深入学习和充分掌握。

学习本章后,学习者应当掌握和领会特许门店系统设计和经营模式的内涵,对单店客户定位、商品服务组合、获利模型设计重点掌握并能熟练应用于真实场景中。通过本项目的学习,使学生能对特许门店的管理有准确的认知,能对现实中的单店系统进行分析,并能掌握单店系统及单店经营模式的基本概念。

同步测试

复习与思考答案

一、复习与思考
1. 受许人的选择标准有哪些?
2. 单店系统的类型有什么?
3. 如何设计单店的获利模型?
4. 特许人从事特许经营活动应当具备的基本条件有什么?

二、案例分析

麦当劳中国内地及香港门店特许经营权超 20 亿美元出售

中信股份、中信资本控股("中信资本")、凯雷投资集团和麦当劳 2017 年 1 月 9 日联合宣布达成战略合作并成立新公司,该公司将成为麦当劳未来 20 年在中国内地和香港的主特许经营商。新公司将以最高 20.8 亿美元(约合 161.4 亿港元)的总价收购麦当劳在中国内地和香港的业务。

交易完成后,中信股份和中信资本在新公司中将持有共 52% 的控股权,凯雷和麦当劳分别持有 28% 和 20% 的股权。新公司的董事会成员将分别来自中信股份、中信资本、凯雷和麦当劳。麦当劳现有的管理团队会保持不变。未来各方将进一步发展麦当劳的业务,包括开设新餐厅(特别是在三、四线城市)、提升现有餐厅的销售额,以及在菜单创新、便捷服务、数字化零售、外卖等方面进行拓展提升。预计未来五年将在中国内地和香港开设 1 500 多家新餐厅。

麦当劳曾在 2015 年 5 月宣布,将在 2018 年年底之前把 4 000 家餐厅转为特许经营餐厅,而其长期目标是 95% 的餐厅都是特许经营餐厅。本次交易完成后,麦当劳在中国内地和香港的 1 750 多家直营餐厅将转为特许经营。

截至 2016 年 12 月 31 日,麦当劳在中国内地的直营和特许经营餐厅超过 2 400 家,在香港超过 240 家。经过 30 余年的发展,麦当劳已经成为中国内地和香港家喻户晓的品牌,并建立了稳健的运营体系。目前,麦当劳在中国拥有 12 万余名员工,每年为超过 10 亿人次的顾客提供服务,是中国内地排名第二、香港排名首位的快餐连锁店。

案例分析答案

该交易仍有待相关监管机构的审批,预计将于 2017 年中完成。

思考题:
1. 麦当劳如何出售特许经营权?
2. 麦当劳特许经营权变更有什么意义?

实践训练

自选某个行业的特许经营门店,调研其经营模式、获利模型,并进一步分析门店的关键性资源,设计适合门店发展的战略模式。

【实训目标】

使学生通过调研,了解这家门店的客户定位、商品组合、获利模型及战略控制设计等。

【实训内容与要求】

(1) 自由组合成小组,每组 4~6 人。

(2) 分组对不同特许门店进行调研。

(3) 要求各组撰写调研提纲,列出调研的重点,如特许门店经营商品、经营面积、营业收入、关键资源等情况,并进行初步总结。

(4) 调研结束后,组织讨论,请每组交流调研报告,实训指导老师要注意适时地提问,引导学生的思路。

【成果与检测】

表 5-7 所示为企业参观评价评分表。

表 5-7 企业参观评价评分表

考评教师		被考评学生	
考评地点	授课教室		
考评内容	对一家特许经营门店进行实地调研,了解该单店的经营模式		
考评标准	内容		分值/分
	撰写调研提纲和调研要点		10
	了解所调研特许门店的客户定位、商品、财务状况等基本情况		20
	初步整理分析这个门店的特许经营模式		30
	撰写小组调研报告		40
	合 计		100

注:考评满分为 100 分,60~70 分为及格;71~80 分为中;81~90 分为良好;91 分以上为优秀。

项目六

特许经营手册

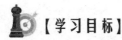【学习目标】

知识目标
- 了解特许经营手册的内容和意义;
- 了解基本的特许经营手册的知识;
- 掌握特许经营手册、特许经营总部手册、特许经营单店手册等专业概念。

技能目标
- 可以对其他企业的特许手册进行分析;
- 能结合具体案例进行深入阐述和解析;
- 能进行简单的特许经营手册的编制;
- 能看懂不同行业的特许经营手册,甚至分析问题并进行改善。

素质目标
- 培养学生具备诚信的品质;
- 培养学生具有特许经营的职业素养。

【项目导入案例】

贝蒂打算开一家多纳圈特许经营公司。现在,贝蒂已经搜集到一些声名显赫的特许人的信息,并把目标缩小到两个特许经营系统。贝蒂从她咨询过的几家特许人那里收集到了他们的信息披露文件、特许经营合同样本、费用交纳期限表和受许人财务报告样本等相关材料信息。然后,贝蒂打算咨询几个多纳圈受许人,听取他们对各自特许人的特许经营安排的意见。

这些特许人告诉贝蒂,特许人的广告、促销和营销项目构成了美国人对其认识的97%。作为受许人,贝蒂可以拥有一条具有强大的购买力和影响力的消费链,而且作为特许人营销和广告委员会的代表之一,她还能够对特许人的广告决策造成影响。贝蒂还应该收集什么信息?

【案例分析】

(1) 开设一个特许经营公司,就需要获得其他特许经营公司的信息,最好能详细了解他们的经营手册,要充分了解特许经营手册有哪些内容,该案例里贝蒂应该就企业的受许人条件要求,总部能给受许人什么样的支持以及未来的扶持等进行详细了解。

(2) 特许经营手册是特许人拓展特许经营业务的唯一文件集,涉及了企业经营管理的流程和经营层面的几乎所有内容，是特许人重要的无形资产，几乎所有信息都从手册上获得。受许人开展一项新的业务时，要充分学习特许经营手册的内容，基本能解决在经营过程中遇到的基本问题。

（参考来源：[美] 贾斯特斯，[美] 贾德. 特许经营管理 [M]. 张志辉，王丹，等译. 北京：清华大学出版社，2005.）

学习任务一　特许经营手册概述

●●●【案例导入】

上海东恩儿童用品有限公司在母婴产业品牌化运营中积极探索与实践，助推母婴产业一次又一次跨越式发展。十年磨一剑，2011年东恩资本，以极富远见的前瞻性的眼光斥资千万，拓展运营旗下加盟品牌"优家宝贝"。定位专业的母婴品牌加盟连锁公司，以"专注母婴，用心服务"为核心价值。优家宝贝产品囊括了国内外母婴产品品牌，近万款单品，服务于广大创业加盟者。提供专业营销策划、门店设计建设、营销培训、产品支持于一体的专业服务。

（1）品牌授权。

①公司为加盟商提供优家宝贝品牌的全套视觉设计产品，专业的装修施工专家监督店面设计与装修质量，让加盟商完全放心。

②统一店名、统一宣传资料、统一网络管理、统一牌匾、促销物品、礼品、《优家宝贝母婴生活馆运营手册》等。

③我们将免费为加盟店提供以下特色服务：免费赠送会员卡、促销品、名片、工衣、标价签、宣传页、购物袋、打价纸、吊旗、员工培训教材、加盟授权牌等。

（2）总部将提供三级培训（加盟商，店长，导购员），陈列督导，新店开业时的系统培训指导。

①提供个性化经营管理模式，规范系统的识别及管理支持；

②提供循序渐进的各级人员培训支持（产品、管理、业务、促销、导购、理货等人员培训）；

③提供专业的营销指导，协助订出一系列完整的促销计划，帮助提升竞争力；

④不断编写各类相关培训资料，并及时提供国外和国内产品技术和市场资讯；

⑤每个年度合格代理商可选拔1~2名员工参加本司举办营销人员专业提升培训。

（3）系统的经营管理培训支持。

①岗前培训：每位上岗的员工都要经过严格的理论培训、实际操作培训、销售导购实践与考核，持合格证上岗；

②持续培训：每年定期为加盟连锁店提供再培训及更新内容的培训；

③增员培训：公司对加盟连锁店的新增人员进行免费培训，以确保加盟机构的服务品质；

④市场营销培训：市场定位与定价、开业宣传推广计划、开业促销体系、大中小型促销策划组织、会员销售技巧、会员服务技巧；

⑤培训档案与证书发放：公司为每位接受培训的营业员建立培训档案并对考核通过的学员发放相关结业证书，以确保培训品质。总部培训：起点高、容量大、内容广、实用性强。优家宝贝秉持专业素养，聘用专业培训人士，用通俗易懂的语言向客户传送专业知识，通过"在参与中学习"的方式，用案例说话，培训学员的实战经验，让学员从实际案例中发现各种典型问题，激发学员解决问题的热情和潜力。

（4）配送：货物齐、库存大、发货及时准确。

优家宝贝基于多年发展的经验，能合理把握产品品种、价格、技术含量等综合因素，满足不同用户在不同发展阶段对产品的需求。总部凭借多年的经验积累，拥有完善的现代物流配送体系，包含自主开发的软件系统以及自建的仓储等硬件设施，与优家宝贝覆盖全国的电子商务相结合，为您及时地配货、发货、换货。

①专业分工，保证效率：总部物流中心设定订单管理、仓库管理、运输配送管理三大部门，对物流配送的各个环节进行专业的分工协作，切实保证加盟商在货品配送上的及时、准确；

②订货方式多样、快捷：加盟商可以根据自己的实际情况选择订货方式，既可到总部直接看样订货，也可参照网站上公布的产品图片或者产品画册，通过电子邮件或者传真订货；

③专人专区专管：针对不同的业务分区，各区域经理对所辖加盟店的货品负责，保证最畅通的信息沟通和业务往来，及时把市场信息反馈物流中心，调整滞销商品，保证产品配货结构的合理。

（5）优秀店长经理培训手册。

针对店长工作中的岗位操作与管理需要，从职业技术和经营管理的角度提供了店长工作中所需的专业知识、规范、方法、流程、标准等，如商品盘点、商品的采购与验收、理货与补货等。

（6）加盟店运营管理手册。

内容主要针对优家宝贝母婴生活馆的运营绩效管理，同时也包含了优家宝贝母婴生活馆员工工作规范及相关管理标准。本手册内容都是针对实际运营的需要编写的，实用性和针对性强。本手册可以作为优家宝贝母婴生活馆运营管理人员和导购人员必备的指导书。

（7）优家宝贝开店指导手册。

对新店开业进行详细指导，避免新店开业毫无章法，顾此失彼，最后忙得焦头烂额却收效甚微，如果根据本手册的相关指导，开业成功率将大大提高，筹备效率也将非常高。

（8）导购培训手册。

旨在规范导购员的一言一行，包含导购的礼仪规范以及言语修炼。在销售活动中，人和产品同等重要。据美国纽约销售联谊会的统计，71%的人之所以从你那里购买，是因为他们喜欢你、信任你。所以，导购员要赢得顾客的信任和好感。本手册的意义就在于能让每位加盟商培训出优秀的导购。

（9）产品陈列手册。

主要包括从开业装修到中期的活动策划设计装修，再到各种物料维护与检测等内容，分为启蒙期、筹备期、运营期、维护期四个板块。其中启蒙期分为四个章节，涉及陈列的定义与目的，陈列基本原则、基本形态和基本要素。筹备期从店铺装修、店内装饰、装饰重点及店铺装饰图例进行展述。

（10）加盟政策手册。

详细地介绍了优家宝贝代理的 585 个全球知名母婴产品品牌以及所获得的荣誉，同时系统阐述了加盟优家宝贝的条件、流程、合作方式及配送的物料。让有意从事母婴领域的有志之士感悟到优家宝贝的诚意，系统认识到优家宝贝的实力，增强合作的信心！

【案例分析】

上海东恩儿童用品有限公司为加盟商提供优家宝贝品牌统一店名、统一的宣传资料、统一的网络管理、统一牌匾、促销物品、礼品、《优家宝贝母婴生活馆运营手册》等，还有多种手册，包括培训管理手册、加盟手册、开店指导手册、导购培训手册等，为加盟者和受许人提供全方位的支持，解决了加盟者的后顾之忧，是一个成熟品牌表现出来的经验和专业度。

特许经营手册介绍

特许经营手册包含许多类型，其中总部手册是总部为了特许经营体系的良性运转而编制的对整个特许经营体系运营、管理进行工作指导的一本规范性册子，其使用者主要为总部或特许人，必要时可将其部分交由受许人或加盟商使用。这是特许人自己进行特许经营体系运营与管理的依据。

分部或区域加盟商手册的内容主要是描述分部或区域加盟商开展工作的原则、流程和具体的技术等。

【知识要点】

一、特许经营手册的概念

所谓特许经营手册，指的是特许人所编制的一系列指导、规范、监督、考核、介绍特许经营体系并使之顺利运营的文件，是特许人对于自己的特许经营业务的全面的知识、经验、技能、创意、状况等的文本、图形或音频、视频等形式的体现，是特许人工业产权或知识产权的物化形式。它们可以有多种的分类形式，比如可以分为招商加盟指南、单店系列手册、分部或区域加盟商系列手册、总部系列手册四大部分。

特许经营手册是特许经营中最常提到且最主要的手册。由于它概括了特许经营的各个经营层面，所以内容异常机密。特许经营的所有内容主要在这个手册中涉及，因而这个手册必须书写清楚并能够按时间等顺序有条理地表达出所有信息。同时，特许经营手册也应该按时更新和修改，应该不断地检查其实用性，不清楚的地方应进行修正。通常，受许人和他们所提出的问题为经营手册的使用提供了良好的反馈。特许经营手册应在需要的地方附上一些图片、图表、数字和表格；描述行政管理、功能性和法律层面的部分应清楚标明。经营手册应是综合性的，足以回答有关特许经营各个经营层面的所有问题。另外，特许经营手册是特许人的重要财产，它详细描述特许经营体系的基本经营层面，应机密处理。

二、特许经营手册的性质

（一）指导性

特许人指导受许人开店、选址、经营，并且对受许人进行支持和帮助，参考的主要内容就是特许经营手册，双方都在手册的指导下进行一系列活动。

（二）规范性

特许经营手册的内容是经过广泛考查和专业调研而制定的，具有专业性和规范性，不能随意更改和调整，只有这样才能更好地约束特许经营关系的双方合作者。

（三）知识性

受许人开展一项新的业务时，要充分学习特许经营手册的内容，基本能解决在经营过程中遇到的基本问题。

（四）保密性

特许经营手册是特许人拓展特许经营业务的唯一文件集，涉及了企业经营管理的流程和经营层面的几乎所有内容，是特许人重要的无形资产，应该严格保密。

（五）契约性

特许经营关系一旦形成，特许手册也具有了契约的性质，特许人和受许人都应当按照手册的要求执行具体活动并解决问题，双方只有在信守承诺的前提下才能长久地合作。

三、特许经营手册的基本分类

按照使用者的不同，特许经营手册可以分为四个大的类别：招募文件集、总部手册、分部或区域加盟商手册及单店手册。每个大类里又可以详细分为若干小类。

招募文件集通常包括招募手册、信息披露文件，以及成为受许人后所享有的机会和利益的有关信息。其是由特许人发出的，精练、概括地介绍特许经营体系状况并吸收潜在受许人加盟的文件。受许人可以根据招募文件的资料大致地了解特许人的状况，并按照所提供的联系方式与特许人进行进一步的商谈。招募手册包含的信息内容有：

业务描述、特许经营体系的主要人员、特许经营体系、特许经营运作内容、投资、特许经营申请（附申请表）。手册一般要求制作精良、彩色印刷，吸引潜在受许人和特许人进行接触。

总部手册是总部为了特许经营体系的良性运转而编制的对整个特许经营体系运营、管理进行工作指导的一本规范性册子，其使用者主要为总部或特许人，必要时可将其部分交由受许人或加盟商使用。这是特许人自己进行特许经营体系运营与管理的依据。

分部或区域加盟商手册的内容主要是描述分部或区域加盟商开展工作的原则、流程和具体的技术等。

单店手册的使用者是所有特许经营的单店，包括总部、分部的直营店和特许经营加盟店。其内容是关于一个单店建设前、建设中及建设后的所有流程和步骤。

四、特许经营手册的设计原则

(一) 突出特许经营的本质

特许经营手册的编写首先要突出特许经营的本质,即特许经营必须"形许+神许""利许+情许""短许+长许"和"硬许+软许"。只有如此,才能保证特许经营的效果和初衷得以实现,否则,再详细、再精密的手册也只能是华而不实的一堆废纸。特许经营的本质具体如下。

(1)"形许+神许"。特许经营企业之间应做到"形同"与"神同",而其中最重要的就是企业文化的"形同"与"神同"。也就是说,各特许经营的企业之间首先应该将特许人的企业文化全部吸收过去,然后根据各受许人所在区域特点进行必要的本土化(比如肯德基卖中国饭、全聚德推出地方品牌菜等),而不能只取其中的视觉、制度或行为层面部分,却丢弃了企业文化的核心——理念部分。因此,企业必须做到既要"形许",更要"神许"。"形许"是表面的、浅层次的特许经营,比较容易学习和复制;"神许"则是本质上的、深层次上的特许经营,需要特许经营企业认真、刻苦的学习和体会,只有做到"形许+神许",才是真正意义上的特许经营。

(2)"利许+情许"。特许经营既是一种法律上的契约式合作,同时更是一种事业与友情的共同发展。所以双方不仅要强调"利许",还要强调"情许"。无"情"之利只能短期存在,有"情"之利才能长久、稳定、健康地发展下去。

(3)"短许+长许"。特许经营应考虑长期合作给双方带来的真正"双赢",即从"短许"变为"长许"。

(4)"硬许+软许"。特许经营企业的双方还必须重视"硬许"与"软许"的结合。所谓"硬许",是指双方"硬件"方面的特许经营或复制,比如 logo、装修外观、内部装潢、设备、原材料、产品、组织架构、操作程序、MIS 软件系统等。"硬许"强调的是形式、实体或性能上的一致性,比较简单、机械,一般短期内容易做到。所谓"软许",是指软件方面的"克隆",比如企业经营服务的技术、制度、理念等主观和抽象的部分,这种"克隆"比较复杂,有一定难度,而且短期内很难做到或很难做好。

(二) 具有实用性

特许经营手册必须具有实用性,要有好的读者界面,方便读者选择性地阅读、学习、查找和使用。

首先,特许经营手册应该是企业经验的总结,是企业全体员工在长期的经营实践中用努力和汗水积聚起来的"黄金法则"。它的来源与去向都是特许经营企业经营的最前沿阵地,而绝不是理论的堆砌和简单的模仿臆测。

其次,特许经营手册应按照一定的标准进行分类。比如,根据使用者的不同,可以分为受许人使用手册和特许人自用手册;按照手册的内容差异,可以分为招商加盟指南、受许人营建手册、开店手册、营运手册、法律文件手册、商品手册、培训手册、督导手册等。此外,也可由其他的分类方法。

再次,单本手册的谋篇布局要合理,最好按照使用者所习惯、偏好或容易接受的规律和逻辑编排各章节。比如在编写开店手册时,就可以按照开店的时间顺序排列各章节内容。这样,受许人在阅读时就可以有条不紊、按部就班地完成开店所需的各项工作,而不会产生千头万绪的混乱感。

最后,在单本手册的每个具体章节上,也要有明显的标题、导读、索引、注解或说明之类的文字、图案或标志,以方便使用者迅速找到和掌握所要使用的部分,比如可以灵活地运用字体的大小、粗细、间距、形状等来区分重点和非重点。

(三) 树立保密意识

编写特许经营手册要有足够的保密意识,因为特许人的经营诀窍和经验是经过长期艰苦的探索和研究,甚至是用巨大的代价换来的,而这些诀窍和独到之处一旦被另一个企业或个人掌握,就可以立即在另一个企业或个人身上产生同样神奇的增值效果,并因此给原特许经营人带来不可挽回的巨大损失,甚至灭顶之灾。因此,无论是从工业产权和知识产权的角度出发,还是从保护特许经营企业生存和发展的角度来讲,那些易被泄露、模仿,同时又是特许经营企业经营核心机密的部分,不能被编入手册交给受许人,而只能供特许人自己使用。如果非要编入,也要使用一些巧妙的预防措施。

(四) 保持动态性

特许经营手册的编写应注意动态性。这是因为,作为企业经营方针、战略技术的经验总结,特许经营手册的内容不是一成不变的,而应随环境的变化而不断及时地进行调整、修改与增删,使手册真正起到为特许经营体系服务的作用,而不能让手册成为束缚特许经营发展壮大的桎梏。

动态性有两层意思:一是指在某阶段最终定稿前,手册内容必须是最新的,也就是说,在某阶段提交印发的手册应该是该阶段企业最新内容的反映;二是指某阶段的系列手册编印完毕后,应该由专人及时地更新维护,使其不断完善,待更新积累到一定时日或数量后,再决定是否编印替换新一阶段的手册。如此下去,特许经营企业的手册便始终是一套充满活力的手册。特许经营手册自身充满活力,也必将给整个特许经营体系的发展壮大带来永远的活力。

五、特许经营手册的有关规定

(一) 手册编制的计划

在编制系列手册的工作中,计划的内容主要有:
(1) 确定要达到既定的目标。
(2) 确定计划所包含的所有活动。
(3) 确定实施计划及完成各项活动的具体方法。
(4) 确定编制计划中各活动的逻辑顺序以及具体的实施时间。
(5) 确定计划实施期间的各种资源的需求数量及时间。

(二) 手册的编制顺序

对于一个严格遵循"五步法"构建特许经营体系的企业来说,手册的编制应该同步进行。但因为手册内容之间的承递性,亦即有些手册的编制要以别的手册的编制完成为前提,所以手册的编制流程还是有一个顺序的(图6-1)。

麦当劳在华开放特许经营

特许经营手册的编制

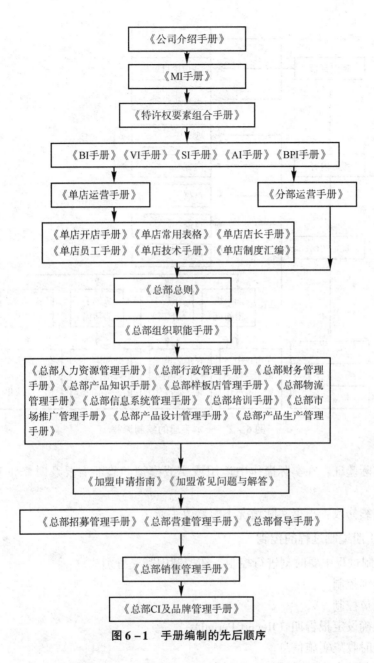

图 6-1 手册编制的先后顺序

(三) 手册的具体编制流程

具体到某一手册的编制,按时间的顺序,我们可以把手册的全部编制流程分为五个阶段:确定目录、编制内容、确定初稿、实际验证、持续修改。每个阶段中分别有进一步的细化工作,如图 6-2 所示。

(1) 确定目录:设计目录犹如设计搭建一个房屋的框架,对手册的内容进行提纲挈领的展示。

(2) 编制内容:形成一个手册的基本定型的草稿。

(3) 确定初稿:召集相关的人员进行手册草稿内容的讨论,然后根据讨论的结果对手册进行修改,改完后再讨论,再修改,直到没有什么异议。

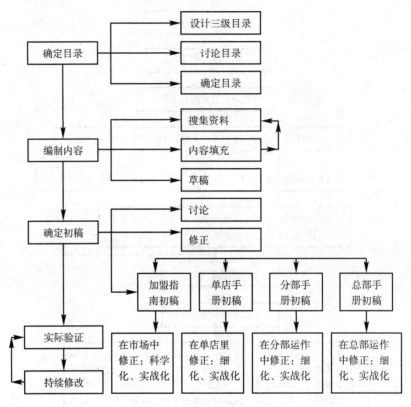

图6-2 一本手册的编制流程

(4) 实际验证：在实际操作中运用或实战模拟，验证后要及时修正和完善手册内容。

(5) 持续修改：根据实际情况不断修改手册。

(四) 手册编制过程的控制

手册编制过程中要时刻进行控制，在控制中需要特别注意：

(1) 连续控制。

(2) 全员控制。

(3) 正确设定报告期（Report Period）。

(4) 及时收集实施信息。

(5) 将各种变更随时反映到计划中。

(6) 合理配置资源。

如果从大的方面来划分手册的编制过程的话，我们可以把手册的编制分成两个大的阶段：第一是初稿完成阶段，第二是持续的修正和完善阶段。在前一阶段，编制者的工作地点更多的是在办公室里或室内，后一阶段，因为是手册要放到实际中去验证、去修改，所以编制者的工作地点更多的应是在现场。

(五) 手册编写时间

任何一本手册的编写都是一个动态的、长期的过程，时刻处于完善之中，永远没有最终完善的时候。只要企业存在，手册就会随着时代的发展永远修正和完善。

但是，手册的阶段性完成是有一定时间的，其时间长度受多种因素影响，包括编制资源的投入、企业的历史积累资料、编制人员的素质、编制团队的协作与管理、参考资料的数量和质量等。每家企业的实际情况不同，系列手册的全部初稿完成时间也各有不同。一般来说，如果企业合理分配资源和科学规划、管理系列手册的编制工作，那么全部手册的初稿完成时间应在3个月左右（表6-1）。

表6-1 手册的初稿编制时间

序号	手册名称	初稿编制时间（工作日数）/天
1	公司介绍手册	4
2	MI手册	3
3	BI手册	7
4	VI手册	21
5	SI手册	15
6	AI手册	3
7	BPI手册	7
8	特许权要素及组合手册	3
9	单店开店手册	6
10	单店运营手册	10
11	单店常用表格	6
12	单店店长手册	6
13	单店店员手册	6
14	单店技术手册	6
15	单店制度汇编	3
16	分部运营手册	6
17	总部总则	3
18	总部人力资源管理手册	3
19	总部行政管理手册	3
20	总部组织职能手册	3
21	总部财务管理手册	3
22	总部商品管理手册	3
23	总部产品知识手册	3
24	总部样板店管理手册	6
25	总部物流管理手册	3
26	总部信息系统管理手册	3
27	总部培训手册	3
28	总部市场推广管理手册	3
29	总部产品设计管理手册	3
30	总部产品生产管理手册	3
31	加盟指南（含"加盟申请表"）	6
32	加盟常见问题与解答	6

续表

序号	手册名称	初稿编制时间（工作日数）/天
33	总部招募管理手册	6
34	总部营建手册	6
35	总部督导手册	6
36	总部销售管理手册	6
37	总部CI及品牌管理手册	6

（六）手册编写的人员安排

两种不同的手册修正与完善的基本方法是：谁写的初稿，谁负责修正与完善；集中指派固定人员来负责修正与完善。

1. 手册的编制需要"文"者、"武"者的协作

每个企业都希望自己的员工既能干（实际操作、执行能力强，称为"武"），又能写（即文字功夫，我们称为"文"）。但这种文武双全的人并不多见，更多的是文者不精武，武者不精文。

为了充分发挥手册的真正作用，我们的手册要形式为文，内容为武。所以就需要团队配合才能编制出一本本的手册来。一般来讲，手册的形式和执笔主要由"文"者担当，内容提供或素材来源提供则主要由"武"者担当，创新部分则由二者共同进行。

因此，每一本手册的主要执笔人或主要编制执行人通常都是由文字组织能力强的（或制图能力强，比如对于SI、VI手册都是如此）的"文"者担任。而每一本手册的协助人，即"武"者则各有不同。当然，为了加快手册的编制速度，也可以由"武"者先行提供一份草稿，再由"文"者进行修改。表6-2所示为手册编制的"武"者与手册的对应关系。

表6-2 手册编制的"武"者与手册的对应关系

序号	手册名称	主要协助人——"武"者
1	公司介绍手册	公司全体人员
2	MI手册	以公司创始人、高层为中心
3	BI手册	人力资源部门、高层、相关员工
4	VI手册	公司全体人员
5	SI手册	公司全体人员
6	AI手册	公司全体人员
7	BPI手册	相应流程的工作人员
8	特许权要素及组合手册	公司全体人员，特别是招商部
9	单店开店手册	开店的相关人员
10	单店运营手册	单店运营的相关人员
11	单店常用表格	单店运营的相关人员
12	单店店长手册	单店运营的相关人员
13	单店店员手册	单店运营的相关人员
14	单店技术手册	单店技术服务的相关人员

续表

序号	手册名称	主要协助人——"武"者
15	单店制度汇编	单店运营的相关人员
16	分部运营手册	分部运营的相关人员
17	总部总则	公司全体人员
18	总部人力资源管理手册	人力资源部
19	总部行政管理手册	行政部
20	总部组织职能手册	企业的高层
21	总部财务管理手册	财务部
22	总部商品管理手册	负责商品管理的相关人员
23	总部产品知识手册	产品研发部和负责产品的相关人员
24	总部样板店管理手册	样板店人员
25	总部物流管理手册	物流部
26	总部信息系统管理手册	信息部
27	总部培训手册	培训部、招商部和加盟商营建部
28	总部市场推广管理手册	市场部
29	总部产品设计管理手册	研发部
30	总部产品生产管理手册	工厂或负责生产的部门
31	加盟指南（含"加盟申请表"）	招商部、企划部
32	加盟常见问题与解答	招商部
33	总部招募管理手册	招商部
34	总部营建手册	营建部、招商部、市场部
35	总部督导手册	客户服务部
36	总部销售管理手册	公司全体人员
37	总部 CI 及品牌管理手册	公司全体人员

2. 手册编制人应具备的基本素质

手册编制的"文"者——主要执笔人或主要编制执行人，"武"者——手册的协助人。对他们的要求各有不同，具体如表 6-3 所示。

表 6-3 优秀"文"者、"武"者的基本素质

序号	优秀"文"者的基本素质	优秀"武"者的基本素质	共同的基本素质
	文字或图形的组织能力强	丰富的实践工作经验	具有协作精神
	思维逻辑清楚	对本职工作精通	具有钻研精神
	善于访谈	善于表达	具有创新精神
	善于记录、归纳、整理、提炼与升华	熟悉同业者情况	具有保密意识
	善于调查、研究		对行业、企业熟悉
	具备一定的经营管理或图形设计专业功底		领会手册的意义
	熟练操作电脑		善于沟通
	熟练使用 OFFICE 软件		
	相当的文化水平		

如家酒店——
特许经营手册

加盟推广体系的
设计和营建

滕州如家
酒店广告片

3. 手册编制组人数的确定

一般在 4~8 人比较适宜。

（七）手册编制的成本和数量管理

（1）编制手册的成本。一般而言，手册编制的直接和明显成本主要体现在如下几个方面。为了最大限度地节省费用，企业应在这几个方面下手：编制人员的报酬、必需的办公费用、资料费用、公关费用、出差费用、外包费用等。

（2）手册数量的确定以需定产。

 【拓展阅读】

《加盟指南》的主要内容

《加盟指南》的主要内容分为三大部分：正文文字、图案和通常被作为附件的加盟申请表。每部分的具体内容可以包括以下几个方面。

一、正文文字部分

（1）特许人简介（名称、历史等）及联系方式，包括电话、传真、E-mail、网站、地址、邮政编码、来本企业的交通路线等。

（2）特许人特许经营体系的优势及其所提供的支持。文字一定要精练、优美、深刻，比如使用一些可突出语言效果的排比、对仗格式等。下面举一个某特许经营企业撰写的实际例子。

为了最大限度地保障所有加盟商的成功，总部会给予加盟商在业内的最具竞争力的倾力支持。

①全程指导：从选址、装修、培训、设计、开业筹划、宣传到开业的全流程指导，确保您无忧开业。

②特惠扶持：前期 27~50 天不等的免费驻店指导、免收前三个月权益金等，确保单脚开业后的运营走上正轨。

③全面配送：从经营经验、知识产权到店内布置、形象设备的有形、无形产品的全面配送，让您实惠多多。

④同步管理：24 小时的网络论坛、答疑热线、专人督导等客服体制确保您与总部的同步实时管理。

⑤终身培训：总部导师下店培训及总部金牌学校高端培训相结合的加盟商终身培训计划将确保您的竞争力。

⑥量身策划：总部企划人员既统一又量身打造市场方案，更加适合加盟商个人的创业成功。

⑦成熟模式：10 年行业积累、3 年成功加盟试点、2 次体系升级资历，塑造了一套成熟的财富加盟模式。

⑧无限共享：加盟商定期大会、店长俱乐部等，为您提供分享开店感悟、共享财富经验的无限交流平台。

⑨即时信息：多方实践经验、流行趋势速递、业内最新动态，让您时刻掌握最新

行业信息、先人一招。

只要你用心发掘，每个企业都有自己的独特优势，所以企业一定要善于发现和挖掘自己的长处，并用语言描述出来。一般企业的着眼点可以是人无我有、人有我强的方面。

其实有时候，即使是别人也有的优势，只要我们的语言措辞修饰得好，能把它表达出来而不是假设读者知道，也仍然能看起来高人一着。

(3) 一些宣传口号或企业文化的摘录（通常为企业理念，即 MI 部分）。

(4) 已有的加盟店及本招募文件所要招募的受许人的数量、地区。如果能用图（比如一张中国的全景地图，需要招募的地区和已存在加盟商的地区分别用不同的颜色或图形标记）表示则会更生动些。

(5) 对合格受许人的要求。尽量不让每一个可能合格的潜在加盟商产生自己被排除在外的感觉。条件的数量也不要太多，因为"言多必失"，一般有 3~5 条即可。

(6) 常见问题回答，即 Q&A。挑一些经典的、能突出本企业特色和长处的、经常被问及的问题，问题数目一般不超过 15 条，注意问和答的语言都要简练、准确、生动。

常见的问题有：
※特许体系的业务主要包括哪些内容？
※加盟店的产品和服务主要有哪些？
※我们和其他品牌的同类店的区别在哪儿？
※除了单店加盟外，可以区域加盟吗？
※加盟商可以是几个人、几个公司或几个合作伙伴共同拥有吗？
※加盟商应支付的特许经营费用主要有哪些？（如果别处已经有了费用的列表，此问题就不要再重复）
※加盟商在选择店址方面能获得哪些指导与帮助？（如果别处已有，此问题就不要再重复）
※特许人如何提供装修方面的帮助？（如果别处已有，此问题就不要再重复）
※特许人为加盟商提供哪些培训？（如果别处已有，此问题就不要再重复）
※加盟商会得到何种营销及广告支持？（如果别处已有，此问题就不要再重复）
※加盟商接受特许人安排的物品采购，特许人是否加价或收取佣金？
※加盟店里出售的商品或提供的服务有无限制？
※特许人如何对商品进行统一配送？（如果别处已有，此问题就不要再重复）
※总部如何保障加盟店的营运品质？
※一家加盟店开业需要多长时间？

(7) 特许经营相关费用的介绍。最好列成表格的形式，这样比较直观、清晰、易于记忆，也可以和单店的类型同时组合成一张表格，如表 6-4 所示。

表 6-4 某特许经营企业的特许经营费用结构

项目	意向书保证金	加盟费	权益金	市场推广与广告基金	品牌保证金
小型店（150~300 平方米）	× × ×	× × ×	× × ×	× × ×	× × ×
标准店（300~500 平方米）	× × ×	× × ×	× × ×	× × ×	× × ×
大型店（500~1 000 平方米）	× × ×	× × ×	× × ×	× × ×	× × ×
超大型店（1 000 平方米以上）	× × ×	× × ×	× × ×	× × ×	× × ×

(8) 单店投资回收预算表，即单店的投资回报分析表。如果招区域代理或区域加盟商，那么区域代理或区域加盟商的投资回收预算表也可以放在此处。注意，由于不同地区（比如一级城市、二级城市、三级城市、县城、镇）的经济状况不同，所以房屋租金、人力成本、能源价格、装修费用、税收等也会不同，所以企业在作投资回收估计时可以采用以下两种办法。

①全部计算。全部计算每个有代表性的经济层次的市场、每种规模的店的投资回收状况，如表6-5所示。

表6-5 某特许经营企业的单店投资回报分析表　　　　　　　元

店面类型		月均收入	月均支出	月均利润	一次性投入	预计回收期/月	前期所需资金
商场专柜		×××	×××	×××	×××	×××	×××
店中店		×××	×××	×××	×××	×××	×××
独立店	A型（××平方米）	×××	×××	×××	×××	×××	×××
	B型（××平方米）	×××	×××	×××	×××	×××	×××
	C型（××平方米）	×××	×××	×××	×××	×××	×××

②选取代表。如果企业不想将预算表做得如上面那样详细，则可以选取代表性的店进行预算。比如选取中等或平均经济水平的店所在市场作为预算对象，选取中等规模的店作为预算对象。另外还要注意，预算表中不但要有单店的经营状况数据，还要有加盟商前期所需的一次性投资数额。

(9) 加盟流程，最好画成流程图的样式。不同企业、不同潜在加盟商的加盟流程基本类似，但也有不同之处，如图6-3所示。

二、图案部分

(1) 特许人的商标、LOGO等。

(2) 特许人的单店不同角度、不同场景的视图或照片，比如外观可以有左侧的外观、右侧的外观和正面的外观等。

(3) 单店营业现场照片，选择客人多、交易氛围热烈的时候效果会更好。

(4) 特色的产品、设备或服务等。

(5) 本特许经营体系或某些加盟店获得的荣誉证书、牌匾、证照等，既可以单独陈列，也可以叠放。

(6) 作为"现身说法"的已有成功受许人的有关照片。应选择不同地区的、不同规模的能代表各个层面的加盟商代表。

(7) 外界媒体对本体系的报道，通常会作为文字的背景画。

(8) 来本企业的交通图。地图要专门制作，特别突出本企业的位置，淡化其余所有建筑，比如可在大小、颜色、清晰度等方面加以区别。

(9) 其他起衬托作用的相关图片。

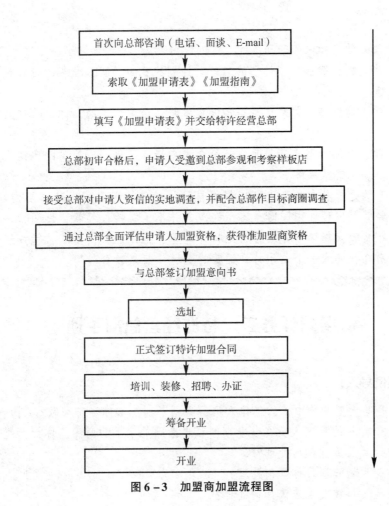

图 6-3 加盟商加盟流程图

注意：

①除非图片本身所在位置很明显地告诉了读者该图片的意思，否则图片附近最好有关于该图片的简短说明。

②有的图片没必要单独陈列，也可以作为文字的背景。

③整个加盟指南最好是图文并茂，应尽量避免纯粹文字堆积或图片数量太多的两种极端情况。

④单独陈列的图片一定要清晰。

三、加盟申请表

常做成附页或可裁减掉的形式，以便于潜在受许人在填完后邮寄或传真给特许人。加盟申请表的基本内容一般可以包括以下几方面。

(1) 申请人基本资料。包括姓名、性别、年龄、婚否、籍贯、学历等。

(2) 申请人联系方式。包括 E-mail、电话（办、宅）、传真、手机等。

(3) 申请人详细地址、邮政编码。

(4) 申请人是否已有单店，若有，则此申请表里应包括该店的一些基本情况，比如营业面积、店址、拥有人、经营业务、房产情况（产权者还是租用者）、盈利状况等。

(5) 申请人希望以何种方式加盟，亦即加盟后企业性质：私营、合资、股份制、

奶茶加盟
技术展示

《母婴之家》
特许经营
品牌宣传片

国营等。

（6）申请人学习和工作简历。

（7）申请人欲加盟信息。计划的店址、计划的签约时间、准备的投资额、加盟后的商业计划等。

（8）特许人的调查。你从何种渠道知道本特许经营体系的，你对特许人的希望是什么等。

（9）其他。有的加盟申请表可能还会要求申请人提供一份简单的申请人对欲加盟地区的大致市场调查结果等。

需要注意的是，各个特许人可以根据自己的特殊情况进行上述主要内容的增删。比如在特许经营刚出现在中国时，鉴于许多人并不了解特许经营，许多特许人还在其招募文件上花费较大篇幅来介绍什么是特许经营、特许经营的由来、特许经营的优势等，以期给潜在受许人一个关于特许经营的现场"启蒙教育"。

曼亚奴专卖店运营手册

沃尔玛的"萨姆会员卡"制度

学习任务二　特许经营总部手册

●●●【案例导入】

假设你是某大型购物中心的工作人员，遇到下列情形你会怎么做？

1. 有一个专柜的厂家人员在营业期间私自撤除货架上的商品，你如何处理？

（1）作为营业员你如何处理？

（2）作为现场管理员你如何处理？

（3）正要进行被发现应该如何处理？

（4）已经撤除，应如何处理？

2. 有一个新进专柜，不符合验收标准，应如何处理？

（1）不符合消防、安全规定的，依据中心消防、安全相关规定要求整改，到规定期限没有整改的，按规定给予处罚，同时责令继续整改；

（2）不符合形象规定的，要求整改，并提供相应帮助。

【案例分析】

作为一个特许经营总部的工作人员，在进行各个分店管理的时候经常会发现一些问题，要恰当并且有参考标准地进行处理。特许经营手册的内容往往对各项问题的处理给出了参考建议，店铺每日工作流程包括：监督员工的工作，处理货品资料、信息（新货与畅销货），了解其他品牌的生意，处理投诉，解决员工在工作上的问题，向公司汇报及反映工作及人事问题，保持员工间的团结合作精神，处事公正，评核员工表现，加以鼓励、辅导及在职培训等。

总部与特许经营分店签约后，公司即派专人或委托专卖店负责人测量店铺尺寸，以备将图纸交给公司完成店铺设计。由测量、设计、选料、店铺装修、货架、货柜制作至开张需20～30天，如有延误，开张期将顺延。装修完毕后，公司派人核实（或由加盟商提供装修后店铺照片资料），如不符合，应按照按公司要求进行改进。

【知识要点】

特许经营总部手册是总部为了特许经营体系的良性运转而编制的对整个特许经营体系运营、管理进行工作指导的一本规范性册子。

特许人通过制定一系列培训计划为受许人讲解运作程序、人事管理和财务管理及其他内容。

一、培训手册

培训内容应该包括基本的管理和业务技能，基本的经济学知识、趋利动机、成本控制、管理与领导技巧、财务知识、营销策略等。培训应注重理论与实践相结合，受许人要了解业务的方方面面，包括广告、促销、会计、管理、存货管理、营销及其他特许经营日常业务非常重要的活动。培训时间从一周到几个月不等，视培训内容而定，有些在课堂上培训，有些在现场进行（实操），培训的形式多样，有讲师讲授、角色扮演、分组讨论等，实践发现，分组培训比单人培训有效，小组在一起可以互相讨论培训心得，出谋划策，扬长避短，提出最合理的解决问题的方案。

麦当劳被特许人的一天

许多企业还设立了正式培训的机构，例如麦当劳在1961年创办的汉堡大学，创立至今，全球有超过125 000名餐厅经理、中级经理和运营商毕业于麦当劳汉堡大学，它是唯一一家快餐企业所提供的课程得到美国教育理事会（ACE）的认可，并可获得大学学分转换的培训机构。麦当劳在中国各地设立了员工培训中心，倡导终身学习，培训内容有基本值班管理课程、有效管理课程、餐厅领导实务课程、企业领导实务课程、高效领导人的管理课程等。

商业特许经营合同范本

【拓展阅读】

某商场现场管理部门培训内容目录如图6-4所示。

重庆小面 - 匠心做小面

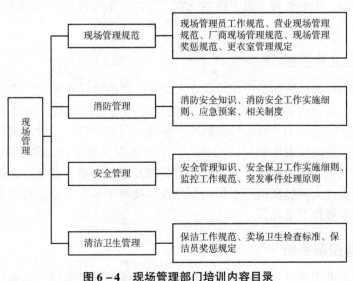

图6-4 现场管理部门培训内容目录

二、营销手册

营销手册主要介绍特许人的业务、产品营销的特征及企业的营销理念。

手册包括产品的品牌系列，不同的产品分属不同品牌系列或者某几种属于一个品牌系列，都应该详细说明。还可能包括如何将产品归类、如何改进产品质量、如何宣传特色产品等，从而提高销售量。

营销手册还应说明价格策略，包括新产品定价、产品组合定价、价格调整策略等。也可以包括受许人在什么情况下可以进行批发业务等。营销手册应重点说明受许人业务追求的市场地位，涉及细分市场、选择目标市场、市场定位、如何实现竞争优势等。讲解如何收集客户信息，如何扩大市场份额、开发新市场。还可以包括如何提高服务水平的内容，改变消费者态度，实现消费者满意。

三、广告手册

特许经营广告手册至少要包含4项内容：广告、促销、公共关系、图解与标识。

广告应对使用的广告媒体做出解释，包括报纸、杂志、直邮目录、传单、POP广告、信函等传统媒体，还有微信、微博、APP等智能手机衍生的新媒体，这样便于销售人员在使用营销手段时参考。

促销内容主要是促销方式的选用，目的是刺激短期消费量或者扩大现有消费者的需求。优惠券、折扣、样品、赠品、包装兑换等都是常用的促销方式，还应说明根据销售额选择不同的促销方式。促销策略最好和广告一起制定等。

公共关系的目的是对特许经营体系及营业网点进行正面的宣传，树立企业良好的形象。手册应说明如何与媒体、公众建立关系，如何促进公司对内对外沟通，如何参与社区活动、赞助活动等，从而有效发展组织形象。

图解与标识应当向受许人清楚地解释品牌的含义，说明注册商标的使用范围，以及品牌标志代表的意义。一般来说，特许人都要求特许经营体系使用统一标志，标志中的色彩、图形、用词都与手册中样本一致，受许人未经授权不允许擅自修改或滥用商标与品牌标志。

四、地区支持手册

一个成功的特许经营体系应该为受许人提供广泛的地区支持。

地区支持手册应包括各项特许人能够向受许人提供的支持。包括定期拜访、培训、技术支持、财务计划、质量控制标准、经营流程等。特许人通常派地区代表与受许人进行接触，地区代表定期拜访受许人，了解受许人的业务运作程序、销售业绩、生产中遇到的问题、促销效果、有无培训需要以及营业场所、营业设施的问题，地区代表还要鼓励受许人，提高他们工作的积极性，鼓舞士气，反馈给特许人，为特许经营体系的良性发展打下基础。

五、质量控制手册

质量控制有助于受许人维持理想的产品质量标准、服务标准和形象标准。特许人根据客户的需求和特点，制定出合适的产品质量标准与顾客接待标准，包括产品质量保证、客户服务要求、售后服务、配送计划、库存政策等，以及如何处理投诉和客户抱怨。

质量控制至少要包括加盟店的外观、店堂陈列、业务操作程序的遵守情况、质量控制标准和员工的形象，特许人和受许人都应严格遵守根据特许经营体系目标市场制定的标准，特许人对受许人质量控制标准的执行情况进行评估，建立双方信任和公开的气氛。

六、现场检查手册

要吸引客户上门，店面设计就要考虑多方面，包括店铺外观、店铺灯光音乐装饰物的效果、店铺卫生、顾客区与工作间的卫生、员工形象等。特许人可以派现场检查员定期检查受许人店铺设施内外情况，提出改进建议。例如表6-6是某店检查员现场检查评估表的部分内容。

表6-6 某门店的现场检查评估表

外观	好	满意	不满意	评价
外部内容		√		问题要在一周内纠正
建筑	√			新
地面			√	需要铺设草皮
通道	√			临近主要路口
停车场			√	需要画线
内部：				
设备	√			新
墙壁	√			刚刚粉刷
天花板和灯具		√		上午过于昏暗
地板	√			干净、明亮
柜台和装置	√			干净、无尘
家具	√			新
标志	√			新

特许经营招募计划书

（参考来源：[美]贾斯特斯，[美]贾德．特许经营管理[M]．张志辉，王丹，等译．北京：清华大学出版社，2005．）

从这则资料可以看出，这是个新加盟店，有些地面、停车场的工作还未完成，设施都是新的。该店照明情况需要改善，建议在天花板拱腹下方增加灯光照明。现场检查有助于受许人改善店面形象，更好地吸引顾客。

特许经营文本分析

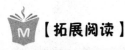

【拓展阅读】

特许经营操作手册概述

万豪集团的特许经营之路

万豪是酒店业全球三大高端品牌拥有者之一，其他两家为喜达屋和希尔顿。万豪国际集团以经营及特许经营的方式管理万豪、JW 万豪、丽思—卡尔顿、万丽、Residence Inn、万怡、Towne Place Suites、Fairfield Inn、Spring Hill Suites 以及 Bulgari 酒店品牌；通过 Marriott Vacation Club International、Horizons、丽思—卡尔顿俱乐部及 Marriott Grand Residence Club 等品牌发展和管理产权经营度假式酒店；特许经营占 53.1%，委托管理占 42.3%，带资管理及其他占 4.6%，华美达完全实行特许经营。此外，经营万豪行政公寓，通过万豪 Execu Stay 业务部提供设备一应俱全的企业用户住宿服务，同时经营会议中心业务。万豪集团从一家街边卖啤酒的小店发展到管理分布于全世界 69 个国家和地区逾 2 832 多家的酒店用了 78 年。其成功经验的关键是自公司成立之日起，就以员工和顾客为企业的经营之重。

万豪针对不同的细分市场成功推出了一系列品牌。在万豪管理的 18 个品牌中，既有针对高端市场的丽思—卡尔顿豪华酒店，构建了由超过 30 家万豪酒店构成的豪华组合；也有趋低化的瞄准商务客人的万怡，和盯住休闲客人的费尔菲尔德旅馆。虽然万豪集团是以中端的万豪和万丽酒店起家的，目前仍有 47% 的万豪客房仍属提供全套服务的中档价位酒店，但是这个比例相对于创立时的 100% 已经大大减少，并且，为了避免将自己困在中端市场，公司还将进一步降低中端客房，希望在 2006—2008 年将中档客房比例降到 37%。1995 年，万豪国际集团购得了丽思—卡尔顿豪华酒店 49% 的股票，1998 年，又购得了其余部分。在两者相互扶持的发展中，丽思—卡尔顿的"狮头与皇冠徽标"为万豪带来了更好的声誉与更卓著的品牌，而万豪让丽思—卡尔顿酒店在数量上增长了一倍。

万豪的营销网络 2001 年就已经与主要航空公司和旅行社的全球分销系统相连接，该系统产生了 1 210 万次预定和 2 580 万次夜预定客房量。由此，万豪集团建立了世界领先的住宿业万豪网址，并发展成为世界上最大的旅行网址之一。它一个月可获得 800 万次网上访问量，产生了万豪国际公司 80% 的互联网收入。

万豪国际集团预订系统 MARSHA 可以借助全球电子系统，包括全球分销系统（GDS）、免费电话号码、传真以及互联网等，实现信息实时互通。万豪国际集团通过这个系统的定房量占所有生意的 25%~30%。

万豪在 1999 年推出为其酒店卓越（he!）旅行代理商培训课程，2007 年 1 月，又推出网上培训版本，2007 年 4 月，万豪又为这项旅行社合作伙伴网上培训计划增添了 8 种语言版本。这项可自己掌握节奏的培训课程，其开发的目的是帮助旅行代理商在向个人旅游销售酒店客房方面获得最佳成绩。万豪的 he! 课程目前在 129 个国家拥有逾 113 000 名毕业生。

国内酒店业集团化程度低、发展缓慢的原因首先是信心不足，学习仿效多于创新；先天不足，行政划拨代替了自然形成；管理落后，汇报、讨论、决定的行政管理代替了科学的企业管理流程；品牌缺失，企业品牌代替了产品品牌；技术落后，缺乏通盘的信息化考虑；业态不合理，几乎全部是多元化而非专业化；人才是根本，必须有敬业、专业的管理者。

国有酒店集团实施品牌连锁的难点在于必须分清企业品牌和产品品牌的区别，必须按照市场定位细分品牌系列，必须按照管理的原则重视和落实品牌的设计、营销、维护、推广等管理流程的大量工作。

酒店集团化是酒店品牌成功的必然结果和外在表现，品牌是集团化的灵魂和核心内容的浓缩符号。

万豪的发展历程对国内酒店的借鉴,一是不断创新的开拓精神;二是资本购并的发展途径。中国酒店业首先必须树立雄心壮志,中国酒店业最缺的是这个主心骨。

万豪酒店管理集团最基本的理念是"人服务于人",这个理念有两方面的含义:公平对待每一位员工,同时重视员工的感受,让他们体会到"家"的感觉。万豪近50%的管理人员是从公司内部提拔的,公司的职位空缺要优先考虑内部员工,只有内部没有合适的人选,才从社会上招聘,而向外招聘时,提供的薪资水平一般高出行业平均水平的50%~75%。酒店是典型的服务业,万豪认为只有公司对员工好,员工才会对客人好。

万枫酒店落地中国

万豪有5个系统保证其旗下的酒店真正实施"人服务于人"的理念。第一,员工如果有意见,可以直接寄信给万豪在美国总部的总裁办公室,万豪下属的酒店都有一个写给总裁的信件的信箱。第二,员工也可以通过热线电话给总裁办公室打电话,在万豪位于美国华盛顿的总部办公室里,有各种语言的接线员,他们会记下来自世界各地万豪员工所反映的问题,然后总裁办公室会及时处理这些电话。第三,每年万豪都会聘请一家第三方公司为其下属的酒店做匿名的员工满意度调查,集团通过这种方式真正了解下属酒店员工对公司、对领导或者管理满不满意。第四,万豪还有一个称为Peer Reriew 的系统,这个系统类似于美国的陪审团制度,即当员工遇到一些问题的时候,除了找上级领导或者酒店总经理外,还可以通过这个系统寻求公平、公开、公正的对待,即员工可以拒绝由其上级对其面临的问题进行决策,他可以申请由具备一定资格的员工组成一个委员会来决定,而且委员会的决策将是最终决策。第五,每年万豪亚太的总部还会对所有旗下酒店的人力资源系统进行审查,此审查不仅包括检查酒店的大堂、公司文件以及各种系统的运作,而且包括与经理与普通员工之间的面谈,聆听他们对酒店有些什么意见和看法。

格力专卖店运营手册

福锅满堂引领餐饮加盟新潮流

万豪的培训也很有特色,公司规定每天每位员工都有15分钟的培训。万豪分别给旗下各酒店品牌总结出了20个基本习惯,要求员工每天都温习一个习惯。万豪认为,人如果是按照习惯来提供服务,将会更自然、更顺畅。公司规定经理每年必须有40个小时的培训时间,普通员工一般也要有20~30个小时的培训。

百年利丰独特的30-70经营模式

学习任务三　特许经营单店手册

●●●【案例导入】

表6-7是一个连锁经营加盟店的开店流程,请仔细阅读并完成后面的任务。

表6-7　某连锁加盟店的开店流程

步骤	步骤描述/操作规范	责任部门
证照办理	事业拓展部协助加盟商办理食品流通许可证、营业执照等证照	事业拓展部和加盟商

续表

步骤	步骤描述/操作规范	责任部门
商品配置	（1）商品部根据平面图货架数量、陈列方式、商品品类销售分析，进行商品配置，计算出具体的数量、款号、金额 （2）将详细准确的金额报财务部与运营部	商品部
非商品物资配置	（1）根据平面图进行非商品物资配置，计算出具体数量、品种、金额 （2）将详细准确的金额报财务部与运营部	商品部/行政人事部/运营部
费用缴纳	（1）运营部根据商品部提供的商品、非商品物资配置清单，计算总金额，提供加盟商开店后缴纳非商品物资配置费用 （2）加盟商缴纳费用后，财务通知企划部与商品部费用已缴纳，运营部通知企划部与商品部物流商品与非商品	财务部
员工培训	运营部对加盟商员工进行培训，培训专业知识、销售技巧、操作流程。	运营部
电话网络申请	加盟商自行办理，以个人名义申请	加盟商
收货	商品与非商品物资到位后，运营部协助加盟商指导员工按收货流程对商品分类收货管理，根据物流发货单明细收货	事业拓展部和加盟商
开业宣传	安排员工派发开业促销（DM）单，帮助开业信息及开业促销信息传播	事业拓展部和加盟商
货架组装，指导陈列	协助货架组装，指导员工按商品品类与陈列标准上货，并且对应价格加上标签	事业拓展部和加盟商
开业准备	检查开业事项：商品陈列、卫生、人员安排等	加盟商
开业	举办开业庆典并安排开业当天各项活动	加盟商

问题：请学习者根据表格中内容思考单店开店的过程。

【案例分析】

在专卖店开业前，需要做许多准备工作，需选派工作人员到公司进行培训。培训人员包括店长、营业员，培训方式包括课堂学习及专卖店实习。如因客观原因影响而无法正常进行，加盟店可按照公司提供的培训材料进行内部培训，公司在后期会继续指导此项业务。

为了使配货更准确、有效，加盟店须提供该地区市场资料，包括当地产品目前的销售情况等。另须提供专卖店预计开张时间、运输方式等，当确认配货单后应及时付款以便公司安排发货。专卖店负责人应根据公司提供的授权书、合同及相关资料，提前到有关部门办理开店营业手续。

恒源祥品牌特许经营合同

开个甜品店让生活"甜蜜蜜"

 【知识要点】

特许经营单店手册是关于加盟店或直营店开业准备、开业和营运的流程及开业、运作管理的所有内容，为受许人经营管理提供参考的依据。

一、门店开店手册

一个店铺开业实施一般包括下列内容。

1. 市场分析

（1）单店定位，确定属于何种类型的连锁单店；

（2）目标顾客群确定；

（3）商圈范围确定；

（4）分析竞争状况，分析同行业、同地域的竞争情况；

（5）商品品类分析；

（6）未来发展的可能性。

2. 门店经营计划

（1）门店短期、中期、长期经营计划制订；

（2）门店短期、中期、长期销售额、利润目标；

（3）其他计划，如资金计划、营销策略等的制订。

3. 门店管理

（1）门店租赁或购买：保证合同准确无误，确定交付日期；

（2）面积丈量；

（3）门店设计：设备、桌椅、标语位置，工作区和顾客区划分，通道的设计；

（4）门店装潢；

（5）验收：逐项试用及验收。

4. 商品策略

（1）对国内商品的调查与资料收集；

（2）顾客群分析；

（3）自营商品与专柜商品的构成比例；

（4）商品采购：商品的季节性；供货的时间性与货源的配合性；采购的方式等；

（5）商品选择、采购及库存管理。

5. 计划

（1）与销售计划配合；

（2）把握采购商品的时机、品质、数量；

（3）制定采购预算。

6. 促销计划

（1）促销方案的制订；

（2）促销工具的准备：海报、传单、卖场装饰物、赠品等；

（3）广告预算的制定。

7. 开业活动

（1）确定开业时间；

（2）邀请嘉宾和主持人；

（3）剪彩和准备开幕道具；

（4）开店预演和预营业；

（5）邀请媒体、同业、供应商等。

8. 人员招聘培训

（1）劳动计划、招聘广告的准备及人事主管机关的核备；

（2）职能部门开展招聘；

（3）新员工报到、培训上岗；

（4）工作分配。

9. 相关证照的办理

（1）营业执照；

（2）卫生许可证；

（3）税务登记；

（4）其他相关证件。

还有销售计划的制订、各项管理工作、组织结构的建立等工作，不同的连锁经营门店可以根据自己的情况进行解释说明，使受许人能明确开店的各项事项。

二、市场分析和选址

1. 市场调研

（1）所在城市或地区的基本情况（包括调研内容、城市或地区人口状况、调研方法等）。

老祖宗石磨坊特许经营宣传片

调研内容主要包括人口状况（人数、年龄结构、流动人口数量等）、城市人均GDP、产业结构、城市竞争力、交通状况等。

城市人口状况指的是城市人口总数、城市人口年龄结构、城市家庭总数及家庭结构等。

调研方法很多，比如网上查询，向当地统计部门、国家统计局及地区统计局网站查询，实地拜访、实地考察，查阅城市黄页，向民政局、计划生育办、街道办事处查询，向当地专业信息公司（比如顾问咨询、市场调查公司或机构等）购买等。

（2）消费者调查（包括调研方法、所需整理的信息等）。

针对消费者的调研方法可以灵活多样，比如采用有奖问卷法调查等，关于消费者的信息内容，可以包括人均收入、目标消费群的职业特征和生活习惯、选择产品的标准、购买的频率、经常购买的产品、是否有搭配消费的倾向、搭配的方式、使用的场合、认为便利的购买方式和购买地点、能接受的价位、对产地和原材料产地的要求、通过哪些途径了解产品、需求服务、购买的目的、选择产品考虑的因素、能接受的品牌、最终使用者等。

（3）目标城市或地区中本特许经营体系从事的行业调查。

其包括调研方法、调研内容等。注意，调研对象既要包括直接所在的行业，也要包括相关联的行业，具体内容则要包括目标城市年销售额、销售场所、城市知名同行品牌等多个方面。

2. 商圈及竞争者调查

（1）商圈类型。

商圈类型主要有：住宅区、商业区、金融区、办公区、文教区、工业区、娱乐区及综合区等。要指出本体系的单店适合的商圈类型是什么，还可以加上一些便利的查找条件，比如说明本体系的单店最好靠近什么样的地域范围。

（2）商圈特征（包括商圈内消费人口特征、客流量、同业及异业状况、商圈的发展性等）。

（3）竞争者调查（包括商圈内竞争者状况调查表、同类竞争者店址所在地周围状况等）。

3. 选址

（1）描述店址特征与确定单店选址的原则。

选址原则必须针对不同的目标店类型，因为不同的店的类型，比如独立店、店中店、承包柜台、单层店、多层店、底层店、中层店、高层店等，分别对应着不同的选址原则。但无论如何，下列这些原则都是应该被考虑的通用原则。

①单店（或柜台）的商圈内有足够的目标客户。包括人流量、潜在和现实购买力等。

②具有方便的交通条件。如果客户属于有车族，比如高档美容院、高档服务场所、高档商品店，那么还应考虑停车场的问题。

③方便本店的商品配送。对于大件商品、商品配送频繁、商品数量大的单店，这一点尤为重要。

④可以以经济上划算的代价取得。不能单纯地以租价考虑，因为一般而言，租价和从该地址获得的收益是正相关关系，亦即租价高的地段，位于该地段内单店的收入也高；反之亦然。经济上考虑的不能是成本支出或收益的单项，而应是二者的差额，即利润量。

⑤占用该地址的时间最好能满足特许经营的加盟期限，比如至少要超过一个加盟期限年数，或是加盟期限的整数倍。

⑥当地治安等安全条件良好，公用基础设施齐全。

⑦该地址的相邻店风格、内容、客流量等方面和本体系的单店不会发生矛盾和不和谐的现象，允许按本体系单店 CIS 进行装修，有足够的空间。比如对有些单店而言，还会特别强调和要求门脸宽度、室内挑高等方面。

⑧在该地段的经营是符合有关法律和规定的。比如虽然幼儿园的门口附近是成人聚集的场所（等待接孩子），但按某些地区的规定，在这些地方设置成人用品店却是不合法的。

⑨适度的竞争。虽然竞争不全是坏事，但过度激烈的竞争却很容易使单店的经营发生困难，单店工作人员也会很疲惫，因为每天要面对巨大的压力。

⑩最重要的一条就是，该地址可以被获得。如果某地址属于绝对的黄金地段，但由于各种原因不能获得，则这样的地址仍然是不可得的地址。

当然，有的企业也可以采用一些非常简便但迅速有效的选址原则，比如就把店址选在某竞争对手或参照店的附近（比如距离麦当劳 200 米之内）、选在固定的区域内（比如社区、同业聚集街区、品牌联合的超市）等。在选址原则的指导下，在掌握了目标地区的市场情况后，应选择几个候选地址，以便进行比较。虽然有人认为候选地址最佳数目在 2~3 个，但笔者认为，最初的时候，选址者尽可以选择他（她）认为理想的地方，然后他（她）可以经过几轮的筛选，这样的选址效果可能更佳。总之就是，选址者不要被限制在候选地址的数目上，因为有时候确实会出现很多合适的地址。

(2) 店址确定。

除了定性的方法之外,选址者还可以配合以定量的方法。比如选址者可以采取这样的简单办法来帮助选址,即参照上面的选址原则制定出几个选址标准,并给每个标准赋予一定的权重和分数,然后分别就每个地址的选址标准进行打分,最后汇总出每个地址的总得分。这样,按照分数的高低,选址者就可以选择出在认为规定的合格线以上的候选地址了。

【拓展阅读】

知名企业的选址

下面来看几个企业的实际选址案例。

(1) 在选择店址上,赛百味全球奉行的是其独有的"PAVE"方案,即任何一家店必须同时具备这四项标准:"P"就是人口,必须要求附近具备一定数量的居民或是流动人口;"A"是容易接近性,即是不是容易达到、交通是否便利;"V"是可见性,是不是能够被路人一眼看到;"E"是顾客的有效消费能力。

(2) 7—11 的开店原则大致可以归纳为以下几点:

占地为角落型或长条形,面积 100 平方米左右;

交通便利,主要消费群可在 10 分钟内步行到达;

周围 100 米内不能有 7—11 的便利店,尽量保证周围 300 米内有 1~2 家 7—11 的便利店;

每一便利店必须有明确的目标人群定位。

(3) 国美电器的选址标准。

①面积。原则上营业面积应大于 1 000 平方米,其中附属周转库房面积应大于 200 平方米。

②楼层。原则上只选择首层,可以考虑首层带二层。

③交通。具备不少于 20 个停车位,公共交通便利的商业区域为最佳。

④期限。租赁期限应在 5 年以上,10 年以下。

(4) 家乐福的部分选址原则。

①开在十字路口。Carrefour 的法文意思即为十字路口;

②3 千米半径内人口必须达 20 万人;

③消费者步行、骑自行车、开车均能在 10 分钟内到达卖场;

④家乐福店可开在地下一层,也可开在四五层,但最佳为地面一、二层或地下一层和地上一层。家乐福一般占两层空间,不开三层;

⑤一般是在城市边缘的城乡接合部。

(5) 麦德龙超市。因为麦德龙仓储式超市是将超市和仓储合而为一的零售业态,所以其地址通常设在大城市城乡接合部的高速公路或主干道附近。这样既避免了市中心及市区的交通拥挤,又因土地价格相对便宜,减少了投资风险。同时,选址还适应了城乡一体化的发展趋势,提前占据区位优势。其商圈的辐射半径通常为 50 千米,既背靠城市,又面向乡村。

需要注意的是，随着时间的推移，企业的选址原则也不应是一成不变的，比如沃尔玛在开业之初时，它是不在任何一个超过 5 000 人的城镇上设店的，其战略目的是保障以绝对优势成为小城镇零售业的支配者。沃尔玛创始人山姆·沃尔顿说："我们尽可能地在距离库房近一些的地方开店，然后，我们就会把那一地区的地图填满；一个州接着一个州，一个县接着一个县，直到我们使那个市场饱和。"但从 20 世纪 80 年代末到 90 年代初，沃尔玛开始进军都市市场，人口密集的大都市也成为沃尔玛的必争之地。

沃尔玛门店运营示范

4. 门店各部门的基本工作职责

在开店准备和开店作业中，不同的部门按照工作性质承担不同的职责。营业部进行营业经营规划、营业预算、商品采购、宣传推广等工作；财务部进行资金运用规划、会计账务管理、现金出纳管理等工作；人事部进行人员招聘、人员培训、员工福利等工作；行政部进行财产采购、登记申请、总务行政管理等工作。

5. 开店时机选择

一家新店的诞生，是受许人自己事业的开始，是可喜可贺的大事，应该给予足够的重视。同时，这既是受许人借此向公众宣布专营店的诞生，广做宣传的机会，也是考验每位培训后的员工是否能提供到位的服务，并进行迅速调整的时机。因此，举办一个有特色的开业仪式是很有必要的，开业仪式也是营运过程中一个极重要的环节。企业应根据自己的实际情况量力而行，没必要非得把开业仪式搞得很隆重，在这一点上，沃尔玛做得就不错，尽管它有着世界上任何其他零售业都没有的实力，但它在中国却继续保持其一贯的"小气"风格。据媒体报道，沃尔玛哈尔滨店开业时，开业仪式很简单，只是在中山分店门前小广场搞了一台民俗风味浓厚的表演而已。因为庞大隆重的开业仪式需要花费企业很多的资金，与其如此搞门面功夫，倒不如真真切切地把省下来的钱用来改善企业的经营。

开店时机的选择非常重要，一般可参照如下原则进行。

（1）开幕的月、日可参考本业过往的绩效，选择在旺季或淡季开店。

（2）开幕日期应选择假期或星期六。

（3）依民间习俗，请专家寻找最佳的开店日子。

受许人可以举办一些公关活动，比如邀请名流参加、赠送奖品、打折出售、为社区做公益活动等。

三、门店营运手册

营运手册也称单店营运手册。营运手册的内容是单店开业后的营运流程指导，即从单店开张之日起以后所有工作的步骤安排和依据等。

门店日常的运营工作，内容琐碎繁杂，所以门店运营手册为受许人说明了每日作业的流程和日常作业各部门需要注意的事项，不同行业在运营手册上的内容差别也比较大。一般情况下，营运手册基本内包括以下内容：

1. 店内日常作业管理

（1）营业前：

①每日例会；

②员工服装仪容检查；
③清洁卫生工作；
④物资准备、营运设备检查等。
（2）营业中：
①门前迎客；
②掌握服务流程，注意服务态度；
③进行商品销售；
④检查库存、进货验收、处理退换货等；
⑤注意收银业务。
（3）打烊作业：
①清洁卫生工作；
②查账，填写工作日志；
③关闭门窗，检查水电、货品，处理垃圾等。

2. 人力资源计划与管理
（1）人员招聘与任用；
（2）员工培训；
（3）员工管理（包括员工档案管理、工作分配、员工考核、员工参与、员工收入等）。

3. 顾客服务与顾客管理
（1）顾客服务与管理的原则；
（2）顾客信息管理（包括顾客信息的建立、顾客信息的搜集等）；
（3）顾客的保持和开发；
（4）处理顾客投诉（包括处理顾客投诉的原则、处理投诉流程等）；
（5）提高服务质量。

4. 促销计划与管理
（1）促销的目的和依据；
（2）促销的类型；
（3）一些促销方式的建议；
（4）其他需要说明的事项。

5. 竞争者调查
（1）调查项目；
（2）调查方法；
（3）调查结果分析。

6. 货品管理
（1）订货；
（2）收货；
（3）出货；
（4）耗料；
（5）库存；
（6）盘点（包括盘点工作的目的，盘点的分类、要点、流程、人员等）。

7. 财务管理

（1）简易建账（包括目的、内容、六大会计要素和一个会计等式等）；

（2）填制审核凭证；

（3）登记账簿；

（4）成本核算；

（5）清查与分析。

8. 规章制度

（1）会议制度；

（2）人事管理制度；

（3）采供工作制度；

（4）固定资产管理制度；

（5）安全保卫制度；

（6）员工管理制度（包括考勤制度、礼貌服务、仪容仪表、接待礼仪、形体动作、禁止行为等）；

（7）仓库管理制度；

（8）宿舍管理制度；

（9）前台管理制度；

（10）其他制度。

9. 奖惩条例

（1）晋升条例；

（2）惩罚条例；

（3）其他处罚条例（比如各个具体工种的处罚条例）。

10. 常见问题分析及处理

门店运营管理的要求，用一句话来概括，就是不折不扣、完整地把特许经营企业总部的目标、计划和具体要求体现到日常的作业化管理中，实现特许经营的统一化。

海底捞员工手册

海底捞员工采访

【拓展阅读】

门店营运管理的标准与标准控制

一、门店营运管理的标准

门店运营管理必须在整体规划下进行明确的专业划分工，在分工的基础上实施集中管理，以使特许店在激烈的竞争中能快速反应，领先于对手。

（1）门店运营管理标准的制定主体。

制定门店运营管理标准是特许经营企业总部的主要工作之一。特许经营企业内部通过总部与分店的分工，实现了决策与作业的分工。通过做好分工，减少了总部与门店的不协调因素，总部和门店有机地结合为一个整体。由特许经营企业总部统一制定门店运营管理标准，实质上就是说特许经营总部是决策中心，而门店则是作业现场。门店根据总部制定的运营管理标准，实施具体的作业化程序，最终实现特许店的协调运作。

门店管理工作面对的,一方面是每日必须完成的一定类别和数量的工作,另一方面是一定数量的、具有不同操作技能和经验的员工。特许经营企业的门店既要保证每日的工作圆满完成,又要合理安排员工,充分发挥和利用人力资源。因此,总部制定的运营管理标准,实质上就是详细、周密的作业分工、作业程序、作业标准和作业考核。

(2) 门店与今年应管理标准的制定步骤。

门店运营管理标准的具体内容主要是制定门店工作人员上班的出勤计划,即根据平日、周日、节日及一天各时间段工作的忙闲规律预测工作量,根据工作量大小进行具体人员的调配,从而有效地发挥每个员工的功能,提高劳动生产率,充分体现严格、科学的管理标准所带来的经济效益。

门店与今年应管理标准的制定步骤如下:

①确定作业的对象分工。只有通过合理的分工,才能把这些工作具体落实下来,保证正常的营运水平。

②确立标准化作业的程序。标准化作业程序在明确分工、出勤计划的基础上,通过具体操作表来明确各项工作的具体操作规则。

③记录作业情况,便于总部进一步比较分析,进而灵活地加以运用,最终使运营管理标准健全化。

④制定作业标准。标准化是特许经营企业成功的基础,科学的管理标准的制定是一项长期而艰苦的工作,要使特许经营企业的规模发展既快速又健康,管理标准就一定要合理。企业的管理标准除了必须考虑到标准所具有的先进性和客观性的特征外,还必须经过长期的艰苦探索和实践去制定,试图在短期内用抄袭的方法去复制是不现实的。因此,借鉴、消化、创造是特许经营企业制定标准的正确之路。

(3) 门店运营管理标准的探索与改善。

运营标准的贯彻执行,依靠的是科学的严格管理,不然制定标准再多也形同废纸。分工越细就越需要协调,否则各个职能部门的运行会相互牵制,各个作业岗位的衔接也难以顺利进行,作业化管理所带来的优势就难以转化为特许店的现实竞争优势。因此,在实际营运过程中,必须不断探索与改善特许经营门店的营运标准,使作业化管理不断合理化。由于标准的统一性并不排除门店的能动性,只要能使特许经营门店的盈利水平提高,各门店都可提出建设性意见,使新的更好的方法成为标准。通过门店的探索和总部的进一步研究、开发,以坚持不懈的努力来改善特许经营店的营运标准。标准化效果的取得,靠的是在严格管理的督促下,长期的坚持与改善标准,从而确立特许经营门店整体的竞争优势。

另外,门店运营管理标准化还需要与本土化协调。标准和统一就意味着高效率,是现代特许经营企业管理的核心内容。这里有两个概念,一是标准化经营,二是本土化经营。从单店营销的角度讲,强调本土化思想是非常正确且非常必要的。但是从特许经营的角度讲,标准化更有利于特许经营的市场开拓和管理控制,应当把标准化放在特许经营的首位,先进行标准化的经营,然后才是经营的本土化。

二、控制门店运营的制度与标准

"控制"是管理的一项重要内容,有了控制职能的实现,才有了人、财、物等资源能量的最有效的发挥。

（1）商品布局与陈列的控制。门店的商品布局与陈列是根据总部的商品布局图与配置表来实施的，其中反映了特许经营企业的商品经营策略思想与营业目标。如果总部所确定的商品布局与陈列被门店做了很大的变动，就无法实现特许经营统一的目标，所以要把控制门店商品布局与陈列同实现总部营业目标联系起来。

（2）商品缺货率控制。商品缺货率的控制主要是对主力商品缺货率的控制。缺货率控制在什么比例下，各特许经营企业可自定，一般确定为低于2%是恰当的。

（3）单据控制。门店每天都可以有大量的商品送到，不管是配送中心还是供应商送来的货物都必须有送货单据，要严格控制单据的验收程序、标准、责任人、保管、走单期限等。单据的控制是为了控制违规性签单、违规性保管、违规行走单、保证货单一致的准确性，保证核算的准确性和供应商利益，同时杜绝门店的舞弊现象。

（4）盘点控制。一是检查盘点前的准备是否充分，但要防止在盘点开始前几天普遍发生的门店向配送中心要货量大幅度下降的状况；二是检查盘点作业程序是否符合标准，是否实行了交叉盘点和复盘制度；三是实行总部对门店的临时性抽查制度，有条件的特许经营企业可以成立专业的盘点队伍，专制进行门店的盘点和抽查。

（5）缺损率控制。缺损率是失窃率和损耗率的统称，缺损率失去控制就会直接降低门店的盈利水平，目前，国内大部分特许经营企业实行缺损率承包责任制的方法，落实到人。这种方法虽然很有效，但也要注意负面影响，今后的方向是在加强责任制的同时，还要注重设备的保养和先进技术的应用。

（6）服务质量控制。"门店特许经营唯一产品就是服务"，服务的质量是特许经营在竞争中制胜的法宝，直接关系到特许经营企业的信誉和市场影响力，从根本上决定了门店的生存现状与发展前景。对门店服务质量的控制应注意两个方面：一是增强服务意识，进行教育培训，这是控制服务质量的重要手段；二是实行明查与暗查相结合的控制方法。

（7）经营业绩控制。对门店经营业绩的控制主要是考核目标销售额的完成情况，通常采取基本工资加奖金的方法来进行这一控制，即基本工资固定，再按月销售额提取一定比例的奖金。利用这一方法进行经营业绩控制时应注意两点：一是月销售额目标要根据不同门店的实际情况来加以确定，体现目标的科学性；二是要确定月销售额目标的正确含义。实际上，每一个目标都可以作为考核的基础，特许经营企业可以把这些指标综合起来考核，或者根据自身的实际情况和业态模式的特征来加以确定。

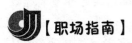
【职场指南】

职场人际技巧

一、建立职场人格

职场人格也就是你要明确你要在职场上成为什么样的人。比如你立志于领导，那无论在私底下你多么喜欢小鸟依人，在职场上也不能矫揉造作。这种职场人际一旦建立就很难被打破。而建立职场人格最好的方式就是向你的领导、上司或是优秀的同事学习。

二、控制情绪

职场大忌就是情绪失控,当你因受了委屈或是心情不好而发泄情绪时,会影响到双方的关系,不利于头脑的冷静,也会影响到领导对你的评价和看法。

三、利用已有的资源

在职场上你总会有几个聊得来的朋友,这时候你可以进一步加深和她们的关系,或是利用你好朋友的人际资源再认识更多的人,只有关系比较好,你在职场办事才会减少阻碍。

四、有原则地参加同事聚餐

凡事不是越多越好,同事聚餐也是,太多的聚餐活动不仅耗费精力还会卷入职场纷争。

五、职场斗争要不要反驳

领导穿小鞋、同事说坏话等职场斗争在职场上是在所难免的,对于这些斗争越在意、越反驳,就越不利于安心工作,也不能解决问题。

在职场上,用心对待人、控制情绪、适当与同事聚餐,并在一定程度上提高自己的能力,不久你就能成为职场人际达人。

(资料来源:网络资源整理)

【特许经营创业故事】

餐饮界的神话——"真功夫"创始人的创业故事

1990年6月18日,17岁的潘宇海开始创业,在东莞市长安镇107国道边上开办"168甜品屋",经营甜品及快餐生意,由于经营有方及对美食有天赋,小店在当地很快就有了名气,经营规模不断扩大。

1994年,潘宇海的姐姐潘敏峰与姐夫蔡达标经营的五金店倒闭了,其一直没有正式职业。为帮助处于困境中的姐姐和姐夫,潘宇海拿出"168甜品屋"(后改为"蒸品店")50%的股份给蔡达标、潘敏峰夫妇,让其一道参与经营。潘宇海负责全面管理,蔡达标负责前厅待客,潘敏峰负责财务和采购。

1997年,经过多年潜心研究,潘宇海提出蒸柜的整体设计思路,并委托大学教授进行电路设计,最终成功研制出电脑程控一体化蒸柜,一举解决了中餐标准化的历史性难题,使中式快餐连锁化成为可能。在此基础上,"168蒸品店"改组成为"东莞市双种子饮食有限公司",开始在东莞市快速扩张,潘宇海任双种子公司董事长、总经理、法定代表人至今。

2003年,双种子公司与叶茂中营销策划机构合作,对公司品牌和全国性经营战略重新定位策划,"真功夫"品牌正式确立,定位于"蒸"文化,开始全国大发展。

2006年，"真功夫"品牌在实施走向全国的战略中需要资金，遂开始与风险投资机构接洽，并从只注重企业经营开始向同时注重宣传包装转换，为公司进行股份制改造和上市做准备。从这一时期开始，负责外勤的蔡达标作为企业的形象代言人代表企业不断出现在各种会议和媒体上，在为企业宣传的同时，其为自己披上了很多光环。潘宇海则继续潜心企业管理和开疆拓土，将门店从华南升到华东，开到华北，完成了全国性布点，并且经营良好，很快就使企业成为本土中式快餐企业的领头品牌。

2006年6月，"真功夫"进入"2005年度中国快餐企业20强"，排名第6，位居本土快餐品牌首位。10月，"真功夫"当选中国快餐十佳品牌企业。截至2014年3月初，"真功夫"门店突破570家，分布在全国近40个大中城市。

（资料来源：中诺餐饮加盟网，http://www.8887.tv/news/show-76272.html）

项目小结

本项目对特许经营手册、特许经营总部手册、特许经营单店手册等专业概念进行了介绍，并结合具体案例进行了深入阐述和解析，能帮助学习者更加清晰地掌握特许经营手册包括的内容。学完本章后，学习者对特许经营的认识更为透彻，能看懂不同行业的特许经营手册甚至分析发现问题并进行改善。通过本项目的学习，可以了解特许经营手册的内容和意义，具备基本的特许经营手册的知识，可以对其他企业的特许手册进行分析，在现实经营中能自我保护，并能进行简单的特许经营手册的编制。

同步测试

一、复习与思考

1. 特许经营项目的可行性报告包括什么内容？
2. 简述特许经营招募手册的主要内容。
3. 特许经营总部可以采用的合同形式是什么？
4. 简述特许经营总部的基本职能。

二、案例分析

新亚家具制造有限公司的特许经营专卖店管理

新亚家具制造有限公司是港资企业，专业生产客厅、餐厅及书房系列家具产品，以"屋之宝"和"新亚"两个品牌冠誉于同行业和消费者。新亚家具制造有限公司始成立于1991年5月，为有效传达新亚公司企业文化及品牌形象，提高各地新亚专卖店（区）的知名度与美誉度，树立良好独特的专卖店（区）形象，以吸引更多的顾客，要求全国各地所有专卖店（区）在店铺经营、产品形象、员工形象、商品陈列、购物环境等方面严格按公司规定的专卖店（区）经营定位要求来操作。

新亚家具专卖店（区）由直营专卖店（区）及加盟专卖店（区）构成，其中直营专卖店（区）由公司总部直接投资开设、统一派员管理；加盟专卖店（区）采取区域独家授权销售与开发的形式，规定每个城市授权一名加盟商以连锁专卖店（区）

复习与思考答案

的形式开拓当地市场,连锁专卖店(区)由加盟商自身投资设立,公司总部提供统一、规范的经营指导及运作管理模式。

1. 连锁总部的职责

新亚公司作为连锁总部,是为连锁分店服务的单位,其基本职能包括以下几项。

(1)政策制订:明确连锁经营的发展方向和经营状态;确定分店的经营规模、选址标准及开店速度,以及与此相适应的组织形式和人事规划;进行企业形象策划;制定加盟合同及相关销售及产品开发政策。

(2)店铺开发职能:包括安排开店流程(如寻找店铺商圈调查、投资评估、营业条件准备等)。

(3)商品管理职能:商品管理的目的是在适当的时候,以适当的价格、适当产品、适当数量,并通过快捷的商品配送和有效的促销手段,把商品供应给顾客,以满足顾客需求,获得经营利润。

(4)营运管理职能:营运管理主要是根据连锁总部统一制定的规范标准,对连锁分店的日常经营业务进行计划、督导和评价,其目的是保证连锁分店经营业务的标准化和商品与服务的稳定性,并提高经营业绩,如制定单店管理模式(专卖店运作及管理流程)。

(5)分析策划职能:专卖店日常经营指导及营业诊断分析、信息调研分析策划。

(6)其他。

2. 连锁分店的职责

连锁分店是连锁总部各项政策、制度、标准规范的执行单位,其基本职责是商品销售与服务、品牌的维护及管理,其管理重点有以下几个。

(1)环境管理:包括店头外观管理和卖场内部环境管理。

(2)商品管理:包括商品陈列、商品质量、商品损耗、商品销售状况等方面的管理。

(3)人员管理:包括员工管理、顾客管理等。

(4)资金及账务管理:包括收银管理及凭证管理等。

(5)情报管理:包括店内经营情报管理、竞争者情报管理、消费者需求情报管理等。

(资料来源:道客巴巴,http://www.doc88.com/p-954282379259.html)

思考题:

1. 新亚家具制造有限公司如何进行特许经营专卖店的管理?
2. 新亚家具制造有限公司的总部、分部职责各是什么?

案例分析答案

实践训练

组织学生,分组对当地的一家特许经营门店进行实地调研,了解门店的开店情况和营运情况。

【实训目标】

使学生通过调研,了解这家门店开店的流程和日常作业的工作内容及要处理的其他营运问题。

【实训内容与要求】

(1) 自由组合成小组,每组 4~6 人。

(2) 分组对不同特许门店进行调研。

(3) 要求各组撰写调研提纲,列出调研的重点,如特许门店经营范围、经营面积、人员配置、日常作业内容等情况,并进行初步总结。

(4) 调研结束后,组织讨论,请每组交流调研报告,实训指导老师要注意适时提问以引导学生的思路。

【成果与检测】

表 6-8 所示为门店调研评价评分表。

表 6-8 门店调研评价评分表

考评教师		被考评学生	
考评地点		授课教室	
考评内容		了解门店的开店情况和营运情况	
考评标准	内容		分值/分
	撰写调研提纲和调研要点		10
	了解所调研特许门店的营业范围、人员配备、日常作业管理等基本情况		20
	初步整理分析这个门店进行特许经营的开店手册和营运手册		30
	提交开店手册和营运手册		40
	合 计		100

注:考评满分为 100 分,60~70 分为及格;71~80 分为中;81~90 分为良好;91 分以上为优秀。

项目七
特许经营体系加盟

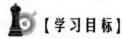【学习目标】

知识目标

- 了解特许经营体系加盟的基本概念和形式;
- 认识特许经营体系加盟的一般步骤;
- 掌握特许经营体系加盟的准备活动;
- 学习特许经营体系加盟的组织实施。

技能目标

- 能够运用自己的语言清楚表达特许经营体系加盟的概念,解释其内涵;
- 能够熟练掌握对特许经营体系进行评估和选择的步骤和方法;
- 能够结合企业的实际情况,做好特许经营体系的加盟的准备活动和组织实施。

素质目标

- 培养学生具备诚信经营的品质;
- 培养学生具有创新意识、创新精神及良好的职业道德。

【项目导入案例】

肯德基特许加盟

"肯德基在中国内地开放的特许加盟业务,目前仅采用一种方式——餐厅转让。即挑选一些合适的肯德基餐厅,选择合格的加盟商进行转售。经授权,加盟商可以购买一家或同时购买同一地区的二至三家餐厅,将来在同一地区可开设新的肯德基餐厅。目前可以进行转让的餐厅基本分布在消费水平较高的小型城市",这是肯德基的母公司——百胜集团中国区特许加盟部总监何志中在中国特许经营大会上"吆喝"的加盟条件。

肯德基目前的加盟仅限于转让现有店铺,而不采用在美国普遍流行的自有店面/地点开新店的方式,即在中国境内肯德基采用"不从零开始"的战略。何志中介绍说,原因在于降低投资者的风险和培育中国市场。

每个餐厅的转让费在 800 万元人民币以上。肯德基餐厅的营业面积从 350 到 400 平方米不等,这 800 万元是根据一些综合指数制定的购买一家肯德基餐厅的参考价格,实际转让费用将视目标餐厅的销售及利润状况而定。加盟商支付这笔费用后,即可接手一家正在营运的肯德基餐厅,包括餐厅内所有装饰装潢、设备设施以及经过培训的餐厅工作人员,且包括未来在营运过程中产生的现金流量和利润,但不包括房产租赁费用。

加盟商也可以自行安排融资800万元。肯德基可以接受合资，需由申请人自行邀募志同道合数人集资，而非与肯德基合资，但加盟者须为餐厅经营者，并占相当比例的投资资金。调查显示，成功的入选者需要在该项目中投入大于70%的资金。

在一个加盟经营期开始时每家餐厅须支付加盟经营首期费36 700美元（这是指每授权新建一家肯德基餐厅须向授权方支付的首期费用），但对于转让的餐厅，该费用可经双方协商后包含于转让费之内。相对于首期支付，加盟商应每月支付总销售额6%的加盟经营权使用费，另外，加盟商每年用于广告上的费用不低于总销售额的5%。这些费率和费用是在现行的基础上制定的，在加盟经营合同签订之后，10年内保持不变。与肯德基所有国际标准的加盟经营协议一样，所有的加盟经营都不享有区域性的专有权。

何志中说："这是一个长期的合作关系。加盟经营协议的首次期限至少为10年，未来的加盟商必须自愿地从事肯德基加盟经营10年以上，最好是20年。"投资回收期因餐厅分布地区、开业期、营业面积等因素而不等，更重要的是与加盟商的经营策略和管理水平有着非常密切的因果关系。

（资料来源：瞧这网，http://www.795.com.cn/wz/73444.html）

《肯德基麦当劳MV——为爱》（FOR LOVE）

肯德基开放加盟权

2016年中国连锁百强出炉

【案例启示】

（1）一个特许权拥有者，即为加盟连锁的盟主。盟主拥有特许权，特许权可以是产品、服务、营业技术、商号、标示以及其他可带来经营利益的特别力量。

（2）加盟商必须选择本身已有相当经验的连锁体系，包括经营时间的长短及店数的多寡；如果是成立时间不长、店数又少的品牌，由于本身连锁的经验都还不充足，加盟者贸然加入，风险性自然较高。

学习任务一　特许经营体系加盟概述

●●●【案例导入】

东莞市派意餐饮管理有限公司是一家以咖啡厅开店辅导、品牌输出、CIS策划、设计装修、人员培训、器具物料配送为一体的专业致力于咖啡厅筹建的公司。今典故事中西餐厅是东莞市派意餐饮管理有限公司旗下三大自主品牌之一。

今典故事中西餐厅自2009年在湖南长沙开设第一家连锁分店，目前已在全国各个省市地区拥有广东（江门、顺德、深圳）、湖南（长沙、邵阳、韶山、湘潭、醴陵、常德）、山东（莒南）、河南（南阳、禹州、商丘、南阳二店、南阳三店）、江苏（常州）、上海（金山、松江）、湖北（赤壁）、江西（吉安）、云南（建水）等多家分公司及分店，是国内大型的西餐咖啡厅加盟连锁品牌。加盟连锁具备以下优势。

一、品牌优势

今典故事统一、完整的企业品牌形象设计与使用（包括logo、网站域名、CIS策划系统、统一门面及招牌等）；品牌建设、品牌联盟与品牌推广；全国范围内主要宣传推广刊物上的平面媒体及网络宣传推广；派意旗下今典故事咖啡西餐厅的互荐促销广告；在国内各大实力品牌网站的整体宣传推广等品牌核心竞争优势。

二、技术优势

今典故事西餐咖啡厅加盟总部拥有国内专业的连锁加盟体系；改造设计、装修现场施工指导；开业指导、运营督导；专业的西餐营运管理培训；标准化的服务质量管理系统、集团化的中央采供渠道；先进的财务管理系统及各标准化的培训运营操作手册；国内外一流的咖啡调制及产品研发技术精英团队等，这些为光顾今典故事西餐咖啡厅的顾客们奉上无可挑剔的香溢咖啡及美味爽口的牛扒，这是至今国内同行业均难以达到的技术水平。

三、资源优势

标准化销售操作与销售管理；供全国各加盟连锁店提供统一的培训服务；总部与全国各大知名网站联盟推广销售；针对单个加盟店在公司网站上的免费促销；专业的销售指导、销售策划、市场规划、产品研发、区域市场协调等运营支持；总部为各加盟店提供长期专业高质量的咖啡器具设备及优质的咖啡原料等终端价格供应；加盟店经理的招聘与委任、餐厅员工的招聘与培训、管理人员的绩效考评都非常专业；全方位、多层次的专项培训课程及针对特许经营店的初始培训、强化性培训计划等。这些长期的保障，让全国各地的加盟连锁店可以很自豪地说："加入我们的今典故事西餐咖啡厅，让我们共同快速迈向成功之旅！"

四、服务优势

财务管理系统软件、会员客户管理系统；今典故事会员客户资源管理；及时的电脑远程财务管理数据分析及管理监控；加盟连锁运营手册、岗位操作手册、员工手册、外场服务手册、管理培训手册、销售策划手册、开业筹备手册、保安管理手册、客户管理手册等，为今典故事西餐咖啡厅加盟店提供最实效、最便利的加盟连锁服务保障，让加盟店成功获取最大的效益，让今典故事西餐咖啡厅的顾客们感受到最专业、个性化、超值的服务享受。

五、市场优势

核心：营销整合开拓新顾客，优质服务留住老顾客。

（1）加盟连锁双赢，通过有效控制运营成本，提升营业额；
（2）今典故事统一、完整的企业品牌形象识别系统；
（3）今典故事全国及地区性统一的品牌加盟连锁建设；
（4）今典故事总部持续的媒体、网络推广宣传；
（5）今典故事所有连锁加盟分店互荐联盟宣传；
（6）强大的网络、呼叫中心中央物料供应系统；
（7）总部持续增加与国内大型企业的合作联盟战略；
（8）最完善的会员客户管理体系；
（9）最快速增长的今典故事会员消费群体及加盟投资群体；
（10）专业的运营管理指导及培训；
（11）良好的投资回报效应。

（资料来源：全球加盟网，http：//www.jiameng.com/jindianstory/）

信阳今典故事咖啡中西餐厅

【案例分析】

加盟商会考量总部在同业中的竞争能力，其间涉及总部提供给加盟店的支援有多少。因为同业间的竞争必然会涉及品牌的优劣，第一品牌竞争力自然较强，相对地，较小的品牌竞争力自然较弱了。今典故事的产品技术难度不太高，外行也可以很容易加盟。其明确具有五大优势，都是加盟商在加盟时的考量必选项。

积极组织的高效运作可以节约成本，增加收益，在特许经营体系中，选择一个好的合作伙伴，既拥有了良好的积极组织，更符合企业的原始利益诉求。特许经营体系的加盟是一个双向选择——加盟商与加盟企业的双向选择。

一、特许经营加盟的概念

特许经营加盟是由拥有技术和管理经验的总部，指导传授加盟店各项经营的技术经验，并收取一定比例的权利金和指导费用，这种契约关系即为特许加盟。特许加盟是特许人与受许人之间的一种契约关系，根据契约，特许人向受许人提供一种独特的商业经营特许权，特许人将其商标及其他标识授予受许人使用，特许加盟总部必须拥有一套完整有效的运作技术优势，从而转移指导，让加盟店能够尽快运作，而加盟店也需付出相对的报偿；它是一种经济而简便的经商之道，经由一种商品或服务以及行销方法，以最小的风险和最大的机会获得成功。

中国特许加盟展在京举行

二、加盟的形式

（一）自愿加盟

自愿加盟是（Voluntary Chain）指个别单一商店自愿采用同一品牌的经营方式及负担所有经营费用，这种方式通常是个别经营者（加盟主）缴纳一笔固定金额的指导费用（通称加盟金），由总部教导经营的知识，再开设店铺，或者经营者的原有店铺经过总部指导改成连锁总部规定的经营方式；通常每年还必须缴纳固定的指导费用，总部也会派员指导，但也有不收此部分费用者，开设店铺所需费用全由加盟主负担；由于加盟主是自愿加入，总部只收取固定费用给予指导，因此所获盈亏与总部不相干。此种方式的优点是加盟主可以获得全部大多数的利润而不需与总部分享，也无百分之百的义务需听从总部的指示，但缺点是总部因此可以不负责任，往往指导也较松散，此外店的经营品质也不容易受到控制。

中国特许加盟展现场报道

（二）委托加盟

委托加盟（License Chain）与自愿加盟相反，加盟主加入时只需支付一定费用，经营店面设备器材与经营技术皆由总部提供，因此店铺的所有权属于总部，加盟主只拥有经营管理的权利，利润必须与总部分享，也必须百分之百地听从总部指示。此种方式的优点是风险极小，加盟主无须负担创业的大笔费用，总部要协助经营，也要分担经营的成败，但缺点是加盟主自主性小，利润的多数往往都要缴纳总部。

（三）特许加盟

特许加盟（Franchise Chain）介于上述两方式之间，通常加盟主与总部要共同分担设立店铺的费用，其中店铺的租金装潢多由加盟主负责，生产设备由总部负责，此种方式加盟主也需与总部分享利润，总部对加盟主也拥有控制权，但因加盟主也出了相当的费用，因此利润较高，对于店铺的形式也有部分的建议与决定权力。日本多数

肯德基开放加盟权

便利商店体系采用此种方式经营。

（四）免费加盟

免费加盟（Gratis Chain）在市场很少见，这种方式不收取任何费用，主要针对材料生产商和中小型企业，他们的利益来源于以技术入股、销售原材料给客户（生产厂家）来获取利润，免费加盟的最大优点是安全性高；缺点是针对性很强，局限性很强，根据行业的分工不同、技术的应用领域不同来加盟，并且好多公司不会以不收取费用来加盟。目前国内只有化工涂料行业有这种先例，也是发展最缓慢的加盟方式。

威博斯电子烟免费代理加盟政策

三、加盟活动的一般步骤

特许经营体系加盟活动应该从特许人和受许人的角度展开讨论，特许人角度的加盟活动实际上就是特许经营体系的构建与推广，所以当我们谈到加盟活动的一般步骤时，多是指的受许人加盟特许经营体系的一般步骤。

受许人的加盟活动本质上是一种创业行为，同时也是一种投资行为，除了符合一般的创业和投资规律外，特许加盟还有其一定的特殊性，这种特殊性表现在受许人不是真正具有自主性、能灵活地做出决策的企业家，在一定程度上，他有义务服从于企业的独立性并同意遵守特许人的要求、限制和经营制度，达到并保持特许体系标准的一致性。作为受许人必须对其特殊性有清醒的认识，才能顺利开展特许加盟活动。其加盟活动的一般步骤可概括为以下方面。

今典故事西餐厅加盟流程

（1）学习和掌握相关的特许经营知识。
（2）受许人自我各方面因素的评估。
（3）目标行业的定位。
（4）选择确定的特许经营体系并签署加盟意向。
（5）筹措开店资金和选址。
（6）正式签署特许经营加盟合同。
（7）接受特许人提供的培训。
（8）加盟店正式开张。

任务一 特许经营体系加盟活动的概述

【拓展阅读】

加盟流程

潜在加盟商在全面了解特许人公司的情况后，可以通过以下程序加盟特许体系。

（1）提交加盟意向，填写加盟申请表。
（2）递交相关材料（经营状况、投资计划、平面图等）。
（3）公司审核。
（4）签订意向协议书，并缴纳保证金。
（5）公司派人员前往考察。
（6）签订特许经营合同。

(7) 公司提供统一店铺营建和装潢方案。
(8) 店员招募及培训、货品陈列。
(9) 正式营业。

学习任务二　特许经营加盟活动准备

●●●【案例导入】

京东家电专卖店加盟开启，京东家电渠道进一步下沉

一线城市硝烟未平，农村市场战火新起。京东家电事业部总裁闫小兵在京东2016战略发布会上宣布，2016年京东家电将以加盟模式布局农村市场，开设实体专卖店，并扬言"全面超越国美苏宁"成为行业老大。同一天，苏宁易购宣布2016年将在三四线市场新开1 500家直营店，巨头的"家电下乡"大战一触即发。

1. 乡镇开加盟店

广大的三四线城市、农村市场成为电商平台家电品类争夺的主要市场。闫小兵表示，京东家电专卖店将以镇为单位设立，并实行区域保护制度，每个乡镇只开设一家店，京东为专卖店提供仓储、配送、安装、维修等服务，专卖店加盟商只需做好门店销售即可。"京东专卖店将打破传统家电渠道层层加价的模式、打破区域价格垄断，实行全国统一零售价。"

京东家电战略拓展部总经理张焱介绍，京东家电专卖店的招商工作已经开始，加盟方式采用"京东帮"的"帮主推荐+社会招商"的方式，未来加盟者只需拥有一定的启动资金、独立店面和家电零售经验便能申请开设专卖店。资料显示，京东帮服务店是主要在县级地区开设的专注于大家电下单、安装、配送、维修等一体服务的实体服务店，目前全国拥有1 300余家，张焱表示，2016年京东帮将实现县域服务全覆盖。

2. 加盟模式有风险

家电市场的低迷让各家电渠道在刚刚进入3月就火药味极浓。昨日，与京东几乎同时，苏宁在南京召开了苏宁易购2016全球家电合作伙伴大会，并公布了2016年渠道布局的重点。苏宁云商COO侯恩龙表示，除了在一二线市场稳固既有优势外，在三四线市场将新开1 500家苏宁易购直营店，这一数量是2016年苏宁在一二线市场的11倍。"公司计划在3月推出全国'苏宁空调免费安装'项目，彩电将在原来送装一体的基础上开展免挂架服务，同时'物流2小时急速达免费'等服务也将成为苏宁服务的标配。"

北京中怡康市场研究品牌中心总经理左延鹊认为，与苏宁、国美自营模式的门店相比，开放加盟的方式可控性较难把握，拓展实体连锁模式并非一日之功，不仅需要有规范化的门店管理，还要有销售人员的培训，京东在该方面的经验有所欠缺。想要赢得乡镇、农村等市场更有效的捷径或许是与区域性的家电连锁合作，依靠区域性家电卖场多年的连锁发展经验和当地资源，配合京东的数据库系统和采购系统以及配送系统对接，线下拓展的想象空间更大。

京东家电专卖店将采用加盟的方式，没有库存压力，仓储将由京东负责，配送、安装和售后则将由京东帮服务店来完成。京东家电专卖店只要做好推广销售这一件事就好了。

据悉，"京东家电专卖店"将兼具乡镇、零售、加盟、实体四个要素。在"京东家电专卖店"入驻乡村以后，以前的纯服务商"京东帮"也将在原有的基础上获得移动仓库、店铺升级以及深化推广的升级。

"京东家电专卖店"将采用招商加盟的方式进行拓展。加盟人的基本条件是：企业法人、独立店面、一定的启动资金、乡镇家电零售商。

乡镇加盟商的素质可能会出现参差不齐，提到对线下实体店的加盟商服务质量的控制措施时，京东指出，京东家电专卖店将实行消费者、服务监督员和视频监控三重监督，并实行一票否决制。违反家电全国统一价随意加价的京东家电专卖店加盟商将被取消合作资格。

动画：京东动画01版

【案例分析】

京东家电加盟模式对于加盟者来说是有风险的，所以加盟者仅仅从投资额大小、加盟店数量多少等表面情况很难判断一个加盟项目。加盟者只有自身的专业储备充足，才能从项目的盈利模式和特许加盟体系这两个方面来考察加盟项目是否可行。

对于加盟特许经营体系，每一步骤都需要花费大量的时间去完成，这样才不会偏离加盟的初衷。所以，特许经营体系加盟活动的准备工作是至关重要的。

一、学习特许经营知识

特许经营作为一种商业模式并没有被很多人理解和接受，能够认识特许经营的人并不多，更不用说对于特许经营的知识的掌握与深刻理解了，同时，特许经营的知识体系较复杂，对于一般的加盟商来说掌握起来有一定的难度。如果不能全面深刻地理解和掌握特许经营的相关知识，就很容易在加盟决策中迷失方向，导致加盟决策失误。

对准备以加盟方式实现自己创业梦想的潜在受许人而言，对特许经营的基本知识和基本理论的了解是非常必要的。这可以使潜在受许人明白特许经营的本源、历史发展过程及将来的趋势、特许经营方式的利弊、特许经营法律法规的规定、特许人与受许人双方的权利与义务、特许经营合同的有关问题。对这些方面的熟悉会对受许人将来的实际业务运营产生积极的促进作用。

（一）特许经营独特的交易内容和交易规则

（1）受许人从特许人那里购买的是一种"权利"，而非一般意义上的商品，并且这种"权利"的核心是特许人的知识产权。

（2）受许人与特许人之间不是商品一次性买断的关系，而是一种持续的互动关系，且这种持续的互动关系需要双方不断地投入。

（3）这种持续的互动关系是通过一项合同（契约）来建立和保证的，从而构建了一种特殊的商业格局，即由受许人来投资和经营使用特许人品牌的加盟店，受许人虽然是加盟店的老板，但必须服从特许人的统一管理。

（二）明确特许经营的制度优势

特许经营的制度优势主要体现在以下两个层面：一是特许经营是一种经营技巧、业务形式的许可，是一种知识产权的授予，它不受资金、地域、时间等方面的限制，可以同一时间发展多个特许加盟者，因其是一种无形资产的转让，受到硬件设施的影响较少，因而可以在任何有消费群的地域发展。二是特许经营对于加盟者来说，引进有特色的特许经营项目，就等于直接引进了先进的商业管理经验，多收益，少花钱，少走弯路，投资风险降低；而对于加盟总部而言，是一种既安全又可以迅速扩大名声、拓展业务的经营方式；对于消费者而言，要到一家知名度较高的商号去购买商品或者消费，所购买的商品是值得购买的，所受到的服务是高水准的，这样消费者的权益便得到了保证。

理论与知识准备的具体途径有很多，潜在受许人可以选择一种或者多种适合自己的方便形式进行。例如：

受许人可以通过以下途径来学习和掌握相关特许经营知识。

（1）相关的图书、报纸、杂志以及国际互联网的网站；

（2）参加相关的培训班、讲座、演讲、研讨会等活动；

（3）直接向顾问公司、法律事务所以及特许经营专家和学者个人、特许经营企业成功人士等咨询和求教。有了相关的知识，才能保证在进行加盟的时候不会受到欺诈。

基于以上几点，学习和掌握特许经营的基本原理和体系结构，熟悉特许经营特殊的交易内容和交易规则，熟悉相关法律法规，就成为受许人成功加盟一个特许经营体系的第一步。

二、受许人自我评估

要成为受许人，首先要全面评价一下自己。问问自己：是否愿意为开办受许公司而占用大量的时间？是否愿意辛勤地工作？个人与企业是否愿意做出牺牲？潜在受许人必须了解他们是否有足够的精力、经验、管理体验、恰当的领导特质以及是否具备与他人合作的能力，这些是成为优秀受许人的先决条件。

财富词典：
特许经营

最实际的方法是评估自身的能力、弱点、兴趣、个性类型及工作能力。要做好受许人，最好从下面一些问题着手认识自己：

哪类企业能让你最大限度地发挥现有才干？

拥有和经营属于自己的企业为的是什么？

这笔投资对你的财务状况会产生什么影响？

这笔投资会对你的家庭产生什么样的影响？

这笔投资以及对企业的所有权或者经营权，将对你的理想生活质量产生什么影响？

如果你损失掉全部投资，能获得足够的回报吗？

你真的会从购买经营这家受许公司中得到快乐，而且一直快乐吗？

根据现有特许机会对自己全面审核后，确保特许经营体系要适合潜在受许人的兴趣、能力、需求以及财务能力。自我审查中明确自身的特性和需求是十分重要的。

潜在受许人要弄清哪些因素对特许经营体系的现在和将来最为重要。表7-1给出了潜在需要考虑的一些重要因素。

表7-1 特许经营自我评估表

评估时间_____ 分数_____

等级：5分=优秀　4分=高　3分=一般　2分=低　1分=差

说明：在最能准确描述你自己性格特征的方框里做上标记。　　　　　　　　　　　　分

	5	4	3	2	1
活跃程度	5	4	3	2	1
动力					
精力					
耐力					
成熟程度	5	4	3	2	1
自我激励					
自信					
判断力					
沉着稳定					
管理经验	5	4	3	2	1
激励					
问题的处理					
技能					
资源的利用					
自身特性	5	4	3	2	1
目标设定					
长期投入					
主动性					
愿意承担责任					
与他人的协作					
反馈的应用					
沟通					
适应性					
伦理意识					
独立工作	5	4	3	2	1
应对失败					
对不确定性的忍耐程度					
内控力					
自己当受许人	5	4	3	2	1
渴求					
担负很大的工作量					
激励他人					

总评（总分）：_____
综合评论：_____
我应该加盟特许经营体系吗：_____
原因：_____

分数：105~125分，立刻申请；95~104分，为之努力；85~94分，三思；75~84分，非常小心；75分以下，试试别的。

加盟一个特许经营体系，并不意味着受许人就进入了一个保险箱，而只是意味着一个持续的加盟店经营活动的开始。尽管特许人会给予受许人很大的支持，但加盟店的成功主要还取决于受许人的理念、知识、技能和最大限度地利用资源的能力。

（一）成为受许人必须具备的基本条件

（1）拥有足够成为加盟商的资金。受许人必须具备相当资金实力，能够用于店铺租赁、装修和进货。有些特许人还要求一定的加盟费和保证金。另外，受许人如果没有投入资金，那么在遇到困难时就可能轻易放弃业务，退出特许经营体系。适度的资金参与既能提供有效刺激，又是特许权交易中的一个基本特征。

（2）准备或者拟定了特许经营的营业场所。

（3）具备一定的经营与管理经验。

（4）具有创业的勇气和信心。

（5）有服从、接受特许经营体系要求的意愿和决心。

（6）具有良好的沟通品质。

（二）受许人的自我评估

鉴于以上原因，受许人在开展特许加盟活动时，应当对自己的综合素质有一个全面的评估，做好充分的心理和物质的准备以应对加盟店经营过程中的各种挑战。

受许人自我评估的方法——自我评估12问：

（1）我的人生追求究竟是什么？

（2）我是否深刻理解特许经营的理念和体系结构？

（3）我是否适合自己创业？

（4）我的家庭是否会全心全意支持我的事业？

（5）我的年龄和健康状况能否允许承受每天长时间的紧张工作？

（6）我能否筹集到足够的资金开办加盟店？

（7）我能否承受经营过程中可能的亏损？

（8）我能否应付意想不到的挫折？

（9）我是否善于学习？

（10）我是否善于与人合作？

（11）我能否管理好员工？

（12）我能否认同并接受特许人对加盟店的统一管理？

三、目标行业定位

所谓行业定位就是受许人选择进入一个与自身的兴趣，价值观、知识结构、能力、资源等相匹配的行业来开展特许加盟活动。在全球范围内，目前有七十多个行业采用特许经营的商业模式，这给受许人进行行业定位提供了充分的选择空间。

一个硕士研究生卖臭豆腐加盟上千家的励志故事

行业定位的方法：

第一步，受许人应当根据目前所掌握的有关行业的知识和信息预选出几个准备进入的行业。

第二步，把下列8项行业评估指标划分为5个由低到高的分数等级。

①行业发展性；

②行业盈利性；
③行业竞争性；
④个人兴趣匹配度；
⑤价值观匹配度；
⑥知识结构匹配度；
⑦能力匹配度；
⑧资源匹配度。

第三步，对每一个预选行业根据上述评估指标及分数等级进行打分，并制成雷达图。

第四步，将各预选行业的评估雷达图放在一起进行综合比对，从中选出最理想的行业。

由此可以看出，行业定位是一个需要受许人综合考虑多种要素的复杂的决策过程。需要说明的是，这里介绍的四个步骤旨在提供一个行业定位的决策模型，揭示此类决策的逻辑思维过程，具体评估指标应当根据实际情况有所调整。

【拓展阅读】

一汽汽贸特许经营店招商

连锁加盟——最隐蔽的圈钱陷阱

浙江省营销协会的何先生说，"特许加盟"现在已经成为一个热门投资项目，但其中也存在不少陷阱。

一是最常见也最隐蔽的圈钱陷阱。

有的特许经营授权方做几个样板店，再通过前期包装、造势就开始"圈钱"，只顾收取加盟费、管理费，别的事情就什么也不管了，有些纯粹就是卖一套机器。不过这些"圈钱"厂商也不难识别，往往有以下几个特征：企业自身经营品牌并不知名；没有一个健全的运作体系；不能提供必要的持续培训系统、管理和物流系统；没有发展后劲；等等。

二是合同陷阱。

如某些特许加盟授权方，承诺回收产品，但他们会在合同上注明要达到他们的产品标准，这种标准又很模糊，加盟商生产出产品后，可以据此拒收，加盟者只能吃哑巴亏。

三是虚假宣传。

不少特许加盟授权方不停抛出"半年收回成本""一年包赚10万"等诱人的承诺，但这些承诺往往都是空头支票。特许加盟的成功与否，和市场变化、开店地点、经营水平都有很大关系，投资者必须经过仔细的市场考察。

四是"样板店"陷阱。

少数不法特许人通过前期对几个加盟店和样板店的包装、造势进行内外勾结，让考察者看到火爆的生意，其实这些全都是加盟托，等客户加盟了，特许方就只顾收取加盟费、管理费，别的事情就全不管了。

五是"企业文化"陷阱。

许多连锁加盟公司都说自己已经创立很久了，规模大而且正规，而实际上就是——在一个让人看起来比较豪华的地段，刚成立不久的新公司，这样很可能技术等方面不成熟，让加盟者的权利得不到保障。

成功加盟商经验分享

四、选择特许经营体系

首先，对受许人来讲，加盟一个特许经营体系就好比从特许人那里"购买"一件特殊的产品——特许权组合，以期从该产品的使用中获得收益。这件特殊产品的质量如何，以及产品的供应商——特许人的服务如何等，都会对受许人在以下几个方面造成重大影响：

（1）受许人的当前收益；

（2）受许人的投资回报及回收期；

（3）受许人的投资机会成本；

（4）受许人的职业生涯规划。

因此，在选定进入的行业之后，受许人即应开始在该行业中的特许经营体系进行深入的分析和慎重的选择。

其次，选择的必要性还建立在这样两个基本假设上面：

（1）并非本行业所有的特许经营体系都是成熟的和高质量的。

（2）即使那些成熟的和高质量的特许经营体系也并非一定都适合加盟。必须考量在投资规模、文化理念等方面的匹配。

选择的一般性步骤和方法如下所述。

受许人选择特许经营体系可按照以下四个步骤来进行：

第一步，全面收集行业内特许经营体系的资料。

受许人可以通过以下渠道和方法来收集尽可能多的行业内特许经营体系的资料：

（1）浏览 Internet 上各种特许经营相关网站。

（2）参加特许经营展会、行业展览会、培训班、研讨会、企业峰会等特许人可能聚集的活动。

（3）查阅期刊、书籍资料。

（4）以顾客的身份直接进入各特许经营体系的单店进行探访。

第二步，整理和分析收集来的资料。

受许人将收集来的特许经营体系的资料进行分析和整理，以便得到以下几方面的基本信息，同时可以了解行业内特许经营发展的概况：

（1）整个行业中共有多少个特许经营体系；

（2）各特许经营体系目前直营店以及加盟店的数目；

（3）各特许人组织建立的时间；

（4）各特许人组织开始特许经营的时间；

（5）各特许经营体系加盟金、特许权使用费等收费的标准；

（6）各特许经营体系加盟店开店所需投资总额；

（7）各特许经营体系加盟店投资回报率以及投资回收期；

（8）各特许经营体系给予受许人的培训和支持。

第三步，预选特许经营体系。

通过对上述整理出来的信息的比较细致的对比分析，可以得出如下一些结论：

（1）哪些特许经营体系的品牌价值最高；

（2）哪些特许经营体系目前规模（网络）最大；

（3）哪些特许经营体系目前发展得最迅速；

（4）哪些特许经营体系目前发展得最成熟；

（5）哪些特许经营体系具有创新性的经营模式；

（6）哪些特许经营体系具有难以超越的竞争屏障。

然后根据上述结论，初步确定出2～3家特许经营体系作为重点考虑加盟的对象。

第四步，特许经营体系全面评估和筛选。

通过前面3个步骤的工作，确定出2～3家重点考虑加盟的对象之后，特许经营体系的选择就进入最后一个工作环节——对这2～3家特许经营体系进行全面细致的考察和评估，并做出最终的选择决策。

考察和评估的内容：

（1）特许人组织发展的历史：起因及主要创始人的简历。

（2）特许经营体系发展历史：何时开始特许经营，加盟店成败概率和原因，是否有欺诈受许人的记录，加盟店的数目变化轨迹，曾受到的处罚和奖励等。

（3）特许经营体系的整体现状如何：市场份额、经营绩效、规模等。

（4）特许人的经营理念。

（5）特许人的发展战略。

（6）特许人的品牌和声誉。

（7）特许人的人力资源状况。

（8）特许人的资金状况。

（9）特许人的产品及服务正处于生命周期的哪个阶段？

（10）特许人原材料的供应。

（11）特许人的知识产权状况，如商标、专利、商业秘密、专有技术等。

（12）总部运营管理系统是否健全，如物流配送、培训督导、信息管理等体系布局是否合理。

（13）现有加盟商对特许人的评价。

（14）单店的顾客对特许人的评价。

（15）合作者、供应商、政府管理部门、竞争者、社区公众等特许人的利益相关者对特许人的评价。

（16）特许人对受许人的要求。

（17）特许人对受许人支持的承诺。

（18）其他。

考察和评估的方法与途径：

（1）直接拜访特许人，收集有关信息，咨询有关内容。

（2）参观样板店并直接向店长、店员以及顾客询问有关内容。

（3）访问现有的加盟商，询问有关内容。

（4）访问相关行业协会、顾问公司等中介机构，询问有关内容。

将收集到每一家特许经营体系的资料进行对比分析，最后从 2~3 家预选的特许经营体系中筛选出一个加盟对象，并立即与之进行实际接洽，签订加盟意向书。

特许加盟进入实施阶段，意味着受许人与特许人全面互动关系的开始。

进行加盟意向的签署其实已经是向加盟企业传达了加盟的确切信息，所以在签订时要十分注意自己的权利和义务。

2016 年度中国优秀特许品牌等奖项揭晓

【拓展阅读】

2015 年中国特许连锁100强发布

美容店还值得投资吗？

目前我国美容市场已经超过 2 000 亿元的份额，此外，与美容有关的相关产业每年的销售量也超过了 1 000 亿元。根据近年来的统计数据显示，美容及其相关市场近年来一直保持在 15% 以上的增长速度。从全国各行业平均水平来看，处于较高的水平。这也是促使更多投资者投资这一领域的主要原因之一。

权威机构的统计数据显示，近五年来，美容行业新增店面的速度每年高达 50% 以上。在这些新增店面中，50% 的投资者能够保持较为稳定的盈利增长，38.5% 的投资者能够持平，仅有 8.5% 的投资者处于亏损状况。市场呈现出良好的发展趋势。

中国美容时尚报社社长张晓梅认为，完全不懂美容行业的人最好不要进入这个领域，开一家美容院并不是找几个美容师，雇用几个了解行业的人就能做到的。于刚刚进入这个行业的投资者来说，需要循序渐进的发展，经营初期不要过大地进行投资。

1. 小型店：投资较少，格调温馨

一般情况下，在中等规模城市投资一个小型美容院，投资费用平均在 5 万元左右。店面的装修不需要豪华，最主要的是让顾客感觉比较舒适、温馨。

开一家面积在 30~50 平方米的小型美容店，一般情况下需要两名美容师，2~3 张美容床就可以了。由于这一类型的美容店利润有限，因此，美容店的店主最好就是美容师。

由于小型美容店的顾客是比较固定的群体，因此大多数店面都是在住宅小区或者一些商住楼内经营，这就使得小型美容店对于店址的要求不是很高，而经营过程中产品和服务的质量却需要有更高的保障。

此外，由于店面的空间比较小，顾客的距离很近，对于店内卫生要求会很高。此外，由于顾客比较固定，这就需要美容店必须制定一系列的促销措施，以保证这些顾客能够长期在店内消费。

开始，小型美容店最大的费用主要在房租和员工费用两方面。在美容设备方面，对大型或特殊美容仪器的要求不高，因此不需要特别购置。而一般的普通设备费用并不高，而且，目前有很多厂家可以通过租借和先拿货后付款的方式先给美容店提供产品进行试用。

2. 中型店：面向高端，强调专业

开一家中型美容院，正常投资在 20 万~30 万元。由于中型美容店一般设在中、高薪阶层集中的小区附近，因此，与小型美容店相比，中型店在美容设备和店面装修上的费用就要相对提高一个档次，以此来强调美容院的专业性特点。

中型美容店一般规模需要在120~200平方米。一间中型的美容店，需要4~5名美容师，6~8张美容床。而店主也应该是一个比较成熟的美容师，只有这样才能保证美容院的专业水准。

此外，中型美容店还可以在小型店的基础上，适当地增加一些特殊的美容项目，或者是在美容领域的范围外，开拓美体、美发等项目来扩大服务范围。通过复合式的服务项目与小型店面加以区分开。

3. 大型店：项目齐全，宣传为重

由于大型美容院的承受能力比较大，需要在人流量大的地段经营。商业中心是大型美容院首选的开店地区，通过流动人群的消费来带动美容店的营业额。

此外，由于流动人群是大型美容店的主要消费群体，因此，还需要在媒体上投入广告推广的费用。通过广告推广，提高美容店在大众消费者心目中的印象，只有这样才能吸引流动人群到店内消费。

开办大型美容店的投资者与以上两类投资者不同，需要将主要的精力放在店面的日常管理和宣传方面。

从店面规模上看，大型美容店一般在300~500平方米。需要15~20位美容师，15张以上的美容床。这类美容店对于工作人员服务的专业化要求并不是太高，却强调美容店的综合服务能力。因此，大型美容店都是采用复合店的经营模式，包括美容、美体、美发、美甲等众多业务。

淮安普丽缇莎美容院加盟店

任务二 特许经营体系加盟活动的准备

学习任务三　特许经营加盟实施

●●●【案例导入】

肯德基的选址策略

肯德基选址按以下几步骤进行。

1. 商圈的划分与选择

（1）划分商圈。

肯德基计划进入某城市，就先通过有关部门或专业调查公司收集这个地区的资料。有些资料是免费的，有些资料需要花钱去买。把资料买齐了，就开始规划商圈。

商圈规划采取的是记分的方法，例如，这个地区有一个大型商场，商场营业额在1 000万元算一分，5 000万元算5分，有一条公交线路加多少分，有一条地铁线路加多少分。这些分值标准是多年平均下来的一个较准确的经验值。

通过打分把商圈分成好几大类，以北京为例，有市级商业型（西单、王府井等），区级商业型，定点（目标）消费型，还有社区型，社、商务两用型，旅游型，等等。

（2）选择商圈。

即确定目前重点在哪个商圈开店，主要目标是哪些。在商圈选择的标准上，一方面要考虑餐馆自身的市场定位，另一方面要考虑商圈的稳定度和成熟度。餐馆的市场定位不同，吸引的顾客群不一样，商圈的选择也就不同。

例如，马兰拉面和肯德基的市场定位不同，顾客群不一样，是两个"相交"的

圆，有人吃肯德基也吃马兰拉面，有人可能从来不吃肯德基专吃马兰拉面，也有反之。马兰拉面的选址也当然与肯德基不同。

而肯德基与麦当劳市场定位相似，顾客群基本上重合，所以在商圈选择方面也是一样的。可以看到，有些地方同一条街的两边，一边是麦当劳，另一边是肯德基。

商圈的成熟度和稳定度也非常重要。比如规划局说某条路要开，在什么地方设立地址，将来这里有可能成为成熟商圈，但肯德基一定要等到商圈成熟稳定后才进入，例如这家店三年以后效益会多好，对现今没有帮助，这三年难道要亏损？肯德基投入一家店要花费好几百万元，当然不冒这种险，一定遵循比较稳健的原则，保证开一家成功一家。

2. 聚客点的测算与选择

（1）要确定这个商圈内，最主要的聚客点在哪。

例如，北京西单是很成熟的商圈，但不可能西单任何位置都是聚客点，肯定有最主要的聚集客人的位置。肯德基开店的原则是：努力争取在最聚客的地方及其附近开店。

人流动线是怎么样的，在这个区域里，人从地铁出来后是往哪个方向走，等等，这些都派人去掐表、去测量，有一套完整的数据之后才能据此确定地址。

比如，在店门前人流量的测定，是在计划开店的地点掐表记录经过的人流，测算单位时间内多少人经过该位置。除了该位置所在人行道上的人流外，还要测马路中间的和马路对面的人流量。马路中间的只算骑自行车的，开车的不算。是否算马路对面的人流量要看马路宽度，路较窄就算，路宽超过一定标准，一般就是隔离带，顾客就不可能再过来消费，就不算对面的人流量。

肯德基选址人员将采集来的人流数据输入专用的计算机软件，就可以测算出，在此地投资额不能超过多少，超过多少这家店就不能开。

（2）选址时一定要考虑人流的主要动线会不会被竞争对手截住。

人流是有一个主要动线的，如果竞争对手的聚客点比肯德基选址更好的情况下那就有影响。如果是两个一样，就无所谓。例如，北京北太平庄十字路口有一家肯德基店，如果往西一百米，竞争业者再开一家西式快餐店就不妥当了，因为主要客流是从东边过来的，再在那边开，大量客流就被肯德基截住了，开店效益就不会好。

（3）聚客点选择影响商圈选择。

聚客点的选择也影响到商圈的选择。因为一个商圈有没有主要聚客点是这个商圈成熟度的重要标志。比如北京某新兴的居民小区，居民非常多，人口素质也很高，但据调查显示，找不到该小区哪里是主要聚客点，这时就可能先不去开店，当什么时候这个社区成熟了或比较成熟了、知道其中某个地方确实是主要聚客点才开。

为了规划好商圈，肯德基开发部门投入了巨大的努力。以北京肯德基公司而言，其开发部人员常年跑遍北京各个角落，对这个每年建筑和道路变化极大、当地人都易迷路的地方了如指掌。经常发生这种情况，北京肯德基公司接到某顾客电话，建议肯德基在他所在地方设点，开发人员一听地址就能随口说出当地的商业环境特征，是否适合开店。在北京，肯德基已经根据自己的调查划分出的商圈，成功开出了56家餐厅。

（资料来源：瞧这网，http：//www.795.com.cn/wz/23081_4.html）

餐饮选址20个坑：选址规避同质化竞争肯德基旁别开汉堡店（餐创）

【案例分析】

地点是饭店经营的首要因素，餐饮连锁经营也是如此。连锁店的正确选址，不仅是其成功的先决条件，也是实现连锁经营标准化、简单化、专业化的前提条件和基础。因此，肯德基对快餐店选址是非常重视的，选址决策一般是两级审批制，通过两个委员会的同意——一个是地方公司，另一个是总部。其选址成功率几乎是百分之百。这是肯德基的核心竞争力之一。

一、筹措开店资金与选址

有些加盟者急于创业开店，在筹建加盟资金时，到处借债，一经开店，无论生意是否顺利，都会因为筹钱偿债而疏于事业的经营。加盟者要量力而行，选择适合自己门槛的加盟费用，以免因为债务而忧心，对于店面的经营造成很大的影响。同时，加盟者要对整个资金的投入确定一个合理的分配比例，做好整体的规划。筹措资金的途径主要有以下两个方面。

（一）借用外部财务资源

借用外部财务资源是指没有成本或者是以极小成本获得外部财务资源。

潜在加盟商或创业者实际上可以借用的外部财务资金来源非常多，而对应于不同来源的获取方式也很灵活。我们主要从潜在加盟商或者创业者几个主要利益相关者的角度举例说明外取方式。

（1）关系资源。潜在加盟商或者创业者利用关系资源可以获得许多形式的外在资源，包括财务资源。最常见的形式是他们可以争取多方的创业资助等。比如，许多单位会主动给下岗、离职等职工一个相当数量的资金补偿或者奖励，这样可以拿来作为创业的资金。

（2）顾客。这里的顾客指的是购买潜在加盟商产品或者服务的机构或者个人。潜在加盟商可以通过各种方式来借用顾客的财务资源。比如，提前预收款的本质就是在借用顾客的财务资源。

（3）股东。在借用股东财务资源的多种方式中，以股代红是最为常见的一种。企业不发给股东现金，而是以新增股票的方式发给股东新股票。对于前景市值良好的公司，股东乐于接受这种分红方式。这样既可以保证企业获得发展资金，股东也获得一定的利益。这种方式既能够鼓舞士气，增加股东信心，又能够使企业获得充足的发展资金，保证企业发展的前景与股票增值的预期。

（4）政府。在借用政府财务资源方面，社会上的机构和个人在观念与实践上的差距是很大的。作为企业应该具有借用政府财务资源的意识，应该经常搜集相关信息并申请政府的某些专门向合适机构和个人发放的资金援助。

（5）供应商。供应商作为企业这个中间加工或转换器的物质口，又是企业各种财务资源的出口。因此对于他们财务资源的借用将给企业带来积极显著的效果。比如，可以采用后付款的方式，即企业可以以赊账的方式来获得供应商的材料，这样，用于购买材料的资金就在时间上向后推迟，从而为企业资金的周转带来了方便；当然，在企业实在没有能力支付货款的时候，企业可用自己的产品作价充抵货款。当然，这些方式都有适用的条件，在选择时要谨慎使用。

（6）员工。企业对于员工财务资源的借用可以大体上分为两类：已到员工手中的资金的借用和未到员工手中的资金的借用。因为企业需要定期向员工发放工资、奖金、分红等资金，这些企业必须在支付之日前将应付费用筹集好并等待向员工发放，对于这个准备向员工支付而又未支付的资金的借用，就是未到员工手中的资金的借用。等到资金转移到员工手中之后，如果企业再对这些资金借用就是属于已到员工手中的资金的借用了。

（二）以交易方式获得外部财务资源

企业出售商品或者服务获得财务收入是最为常见的必然形式，同时，企业还可以通过贷款、融资等方式获得外部财务资源。

企业还可以通过合作的方式获得外部财务资源。从根本上讲，协作、战略联盟与并购都是合作的形式之一，其区别只是合作的深度逐渐加深而已。当企业需要财务资源的时候，他可以对外寻求合作伙伴，以自己已有的有余资源作为资本与拥有财务资源的外部组织或个人合作，从而通过资源互补、共创双赢的方式来取得外部资源。

加盟店成功与否，店址的选择非常重要，如果店址选择得当，客流质量与数量自然比较理想，反之，则会导致加盟店营业额不佳，整个体系的声誉都可能因此受到不好的影响。因此，依据市场调查、商圈分析的结果，结合特许经营体系的特点选择合适的店址。店址的选择是否成功对于扩大体系经营系统是至关重要的，无论是对特许人还是受许人都是极其重要的。影响具体位置的有关因素也会影响特许企业的启动成本和特许渠道的盈利预期，还会影响企业的增长率，所以特许人和受许人都想在一个区域内的最佳位置发展，使该地区的人口特征和交通方式提高该企业的成功概率。

二、店址选择的一般标准

根据行业和领域的不同，特许人和特许加盟商在店址选择时应该结合自身发展需要，科学地选择店址。就特许加盟商来说，在店址选择时要考虑的一般要素主要有以下几个方面。

1. 人口统计分析

人口统计分析侧重对目标投资区域内人口增长率、人口密度、收入情况、家庭点、年龄分布、民族、学历及职业构成等方面的现状和发展趋势做调研。通过这些统计资料的分析，有利于把握区域内未来人口构成的变动倾向，并为市场细分提供有用的第一手信息。影响特许连锁经营企业选址的人口因素主要有以下几个方面。

（1）人口规模。

特许加盟店合理选址是为了最大限度地满足消费者的社会服务需求量。这样，在特许加盟店店址设置地服务半径区域内的人口规模对特许加盟店的影响就显而易见了，一个较大的人口规模，对市场的消费需求也就较高。这样，一个设置于闹市区的特许加盟店自然要比一个设置在偏僻地区的特许加盟店能获得更多更好的经济效益。

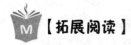

【拓展阅读】

究竟应当以怎样的标准来衡量某地区人口规模的大小,即应当以怎样的标准来衡量这一地区是处于成长阶段、停滞阶段还是衰退阶段?以下的衡量标准为特许加盟店提供了一些参考:

急速成长的地区:人口年增长率3%以上;
成长的地区:人口年增长率1%~3%;
停滞的地区:人口年增长率0~2%;
衰退的地区:人口年减少率0~2%;
自然淘汰的地区:人口年减少率2%以上。

人口年增长率在3%以上的地区,由于人口规模增大,人口的消费需求相应必然要增高,因而特许加盟店如在这样的地区选址必将取得更好的市场效益。

人口规模仅仅是影响特许加盟店选址的一个方面。对特许加盟店选址影响最大的因素是消费人口所具有的购买力水平或购买规模,而一个地区人均购买力水平的高低又取决于这一地区的人均收入水平。人均收入水平高,购买力水平相应就高,对市场的需求也就大。通常我们用购买力指数来衡量一个地区的市场需求总量。

(2) 人口年龄性别构成。

人口的年龄构成一般可粗略地划分为:0~14岁的少年儿童人口,15~64岁的成年人口和65岁及以上的老年人口。不同的年龄段对消费品和服务的需求有很大的差别:一般说来,0~14岁的少年儿童人口,是一群纯消费人口,他们本身并没有购买力,其消费主要在于儿童食品、玩具、智力开发、文化教育等方面。15~64岁的成年人口既是生产者又是消费者,在人的一生中,以这个年龄段的人口消费量为最大。65岁及以上老年人口的消费趋向稳定和保守,消费需求主要在老年人的特殊生活用品,以及老年护理上。养老保障服务需求等方面。

不同年龄结构类型的人口,在其他条件为既定时,对市场消费需求有不同程度的影响。特许加盟店在选址之前,应考虑其销售物品的种类、结构等是否适应当地不同人口年龄结构的不同需求,使产品或服务的销售做到"有的放矢"。

人口的性别构成对特许加盟店的选址决策也会产生一定的影响。例如,高档化妆品、装饰品不仅是女性消费者的专利,男性化妆品、男性装饰品以及体育用品在最近也逐渐有了市场。因此,以化妆品、装饰品为专业特色的特许加盟店在选址时,还应附加考察这一地区的性别比例及其消费这一类用品的可能性。

(3) 流动人口。

从市场的角度看,流动人口多为处于青壮年时期的人口,他们不仅是劳动力的供给者,而且也是消费的主力军,流动人口促进了经济的繁荣,特许加盟店选址于流动人口多的地区,其市场效益将是十分可观的。

(4) 人口的教育文化水平和职业构成。

人口的教育文化水平和职业构成往往能决定他们的消费层次。教育程度高的人,通常倾向于优质产品和智力型商品,这些人品位高,对消费质量有较高的要求。人们职业上的差别和收入水平的高低,以及社会阶层的不同,决定了在消费模式上也存在很大差异。特许加盟店选址时,应考虑到自身的经营特色是否与当地的消费层次相适应。

(5) 家庭生命周期。

构成人口基本单位的微观基础是家庭,家庭的规模、结构、类型及生命周期都会对特许加盟店的选址产生影响。家庭生命周期能较好地结合家庭收入、资产和财务积累量、财务状况、可耐用消费品等经济指标来测量消费品的销售状况,同时,它也可较精确地预测家庭的购买力。因此,如果特许加盟店在选址前考察了该地区不同生命周期家庭的数量,并据此来判断某些产品的市场需求规模,就必将能取得满意的市场效果。

【拓展阅读】

家庭生命周期

家庭生命周期(Family Life Cycle)是反映一个家庭从形成到解体呈循环运动过程的范畴。消费者的家庭状况,因为年龄、婚姻状况、子女状况的不同,可以划分为不同的生命周期,在生命周期的不同阶段,消费者的行为呈现出不同的主流特性。

(1) 单身阶段:处于单身阶段的消费者一般比较年轻,几乎没有经济负担,消费观念紧跟潮流,注重娱乐产品和基本的生活必需品的消费。

(2) 新婚夫妇:经济状况较好,具有比较大的需求量和比较强的购买力,耐用消费品的购买量高于处于家庭生命周期其他阶段的消费者。

(3) 满巢期(Ⅰ):指最小的孩子在6岁以下的家庭。处于这一阶段的消费者往往需要购买住房和大量的生活必需品,常常感到购买力不足,对新产品感兴趣并且倾向于购买有广告的产品。

(4) 满巢期(Ⅱ):指最小的孩子在6岁以上的家庭。处于这一阶段的消费者一般经济状况较好但消费慎重,已经形成比较稳定的购买习惯,极少受广告的影响,倾向于购买大规格包装的产品。

(5) 满巢期(Ⅲ):指夫妇已经上了年纪但是有未成年的子女需要抚养的家庭。处于这一阶段的消费者经济状况尚可,消费习惯稳定,可能购买富余的耐用消费品。

(6) 空巢期(Ⅰ):指子女已经成年并且独立生活,但是家长还在工作的家庭。处于这一阶段的消费者经济状况最好,可能购买娱乐品和奢侈品,对新产品不感兴趣,也很少受到广告的影响。

(7) 空巢期(Ⅱ):指子女独立生活、家长退休的家庭。处于这一阶段的消费者收入大幅度减少,消费更趋谨慎,倾向于购买有益健康的产品。

(8) 鳏寡就业期:尚有收入,但是经济状况不好,消费量减少,集中于生活必需品的消费。

(9) 鳏寡退休期:收入很少,消费量很小,主要需要医疗产品。

(资料来源:好搜百科,http://baike.haosou.com/doc/5376766-5612892.html)

2. 宏观经济条件分析

任何企业都置身于宏观经济的影响之中,对其主要宏观经济指标——区域内 GDP 值、当前利率水平、就业率及一般经济状况等要做全面的分析。

3. 购买力和需求分析

商品和服务的需求程度直接影响企业的选址,消费者当然有主观购买需求,还要有足够的购买力。这涉及区域内经济结构是否合理、区域的经济稳定性、在较长时间内居民收入的增长可能性等。

4. 文化背景分析

对人口情况还要进行深层次的分析,因为文化环境、文化教育、民族习惯、宗教信仰、社会风尚、社会价值观念和文化氛围等因素构成了一个地区的社会文化环境。这些因素影响了人们的消费行为和消费方式,决定了人们收入的分配方向。

5. 竞争态势分析

不同地理区域,市场竞争的激烈程度不同。一般说来,工业化水平越高的地区,市场竞争越剧烈。影响企业成败的环境因素之一,是市场中竞争对手的实力、特许加盟商的竞争者处在什么位置。如果不能有效建立高于对手的竞争优势,就不可能在该地区站住脚。因此,有必要深入地分析区域内竞争态势,对直接和间接的竞争者了如指掌,如他们为消费者提供商品和服务的种类、其消费人口的数量和营销策略等。对于市场较成熟和饱和的地区,再参与竞争会更困难,而在有政策扶持的情况下,进入市场要相对容易。不同行业的特许连锁经营企业对竞争的态度不同,如餐饮业通常希望多家店铺开在一起,可以吸引更多的顾客,而类似彩扩店、洗衣房等特许企业,则希望周围没有同业竞争者。

6. 基础设施状况分析

区域内的基础设施为市场的正常运作提供了基本保障。特许加盟店的经营需要相应的配送系统,这与区域内交通通信状况密切相关。有效的配送需要良好的道路和顺畅的通信系统。因此,特许加盟商要考虑经营地点的车流量以及人流量如何,营业点附近是否有"单行线"等不便行驶的路标,目标顾客群是否能够在交通高峰期顺利地到达特许加盟商的营业地点。此外,还与区域内软性基础设施有关,包括相关法律、法规、执法情况的完善程度等,都需要认真分析。区域地理分析可以借助地理信息系统(GIS),将人口统计等诸多数据纳入地理数据库的社会经济要素数据库中,并结合地理数据库中的自然地理要素、行政区别和有关的地理位置数据,使特许加盟商很直观地对区域内各方面条件作出综合分析和判断,并对不同区域的情况进行比较,对特许企业的投资与开发产生积极的作用。

7. 醒目程度

如果特许加盟商从事的是零售业的经营,则应当注意选择那些醒目的地点,以便潜在的消费者能很容易注意并到达该店面。特许加盟商要考虑,消费者可以从不同方向看到其标识、周围有什么树木或其他的建筑物阻碍视线等。在测试醒目程度时,特许加盟商可以试着驾车从不同的方向驶向其选择的经营地点,能看到自己的营业标识的时间越长,则表示醒目程度越高。

8. 隐性成本

隐性成本主要是指特许加盟商拟选的营业点所在区域是否征收公共设施费、保险费、商会会费或强制性广告费等。另外，所在区域的管理者对企业的经营活动是否有特殊的规定、地区保护主义、行业间壁垒、法律法规的不完善等都构成企业选址的隐性成本。

三、商圈的确定与分析

所谓商圈（Trade Area），通常指一个零售店或商业中心的营运能力所能覆盖的空间范围，即可能来店购物的顾客所分布的地理区域。商圈对于特许企业的经营管理来说具有重要的理论及实践意义。发展得较为成熟的商圈理论主要有引力模型、中心地带理论、零售饱和指数理论等。

便利店如何选址

（一）引力模型

引力/空间互动模型最早由美国学者提出，随后经过多方的修正与完善。该模型的创新主要体现在两个方面：一方面，考虑了商店与顾客之间的互动。该模型认为顾客选择商店主要基于两个指标：商店的吸引力和商店的可达性。前者主要通过停车方便、价格等因素来衡量；后者则根据距离、交通等因素衡量。模型假设在同等吸引力的情况下，顾客优先选择可达性更好的商店；同样，可达性相同时，顾客优选选择吸引力高的商店；但同时又考虑到了顾客行为的不确定性，认为优先选择并不一定是决定性的。另一方面，该模型考虑了商店选址对企业连锁网络上的其他商店以及竞争对手的影响，而不是只进行孤立的分析。通过分析商店潜在业绩的构成和来源，发现有多少是以其他商店的业绩损失作为代价的、有多少是从竞争对手那里赢得的、有多少是通过开发新市场获得的。通过这种分析，使得企业的选址决策更为合理。

（二）中心地带理论（Central Theory）

德国的德沃特·科里斯特勒在莱利引力模型发表的同时，提出了中心地带理论。所谓中心地带理论是指一个零售机构簇拥的商业中心，可以是一个村庄、一个城镇或城市。在中心地带理论中，有两个重要的概念：一是商圈，二是起点（Threshold）。商圈是指顾客愿意购买各种商品或劳务的最大行程。此行程决定了某个商店市场区域的边缘界限；起点是指在某个区域设立某家商店所应拥有的最低顾客数量，以便在经营效益上基本可行。显然，某商店要取得经营效益，商圈必须覆盖比起点更多的人口。中心地带理论解释了经营必用品和基本服务的商店应在距离上靠近顾客，而经营专门产品及非日常生活必需品的商店，应该从较远处吸引顾客。同时，也解释了顾客愿意到一个地点购买其各种所需而不愿意到不同的地点分别购买的这一现实。

（三）零售饱和指数理论（The Index of Retail Saturation Theory）

该理论主要揭示某商圈中某类商品或服务吸引投资者的程度，该理论实质上是通过计算某一地区内零售饱和指数的大小，来确定该地区零售店铺数量的情况，进而确定是否适合开店。显然，某种商品的零售饱和指数越小，则意味着相对于需求来说，竞争越激烈，吸引程度也就越低。饱和指数是通过需求和供给的对比测量商圈内零售商店的饱和程度。需求和供给的相互影响及作用创造市场机会。其公式为：

$$IRS = 需求/卖场面积 = (H \times RE)/RF$$

式中：IRS 为某商圈内某类商品的零售饱和指数；H 为商圈内的家庭数量；RE 为商

内每个家庭对某类商品的年支出金额；RF 为某类商品的现有营业面积。零售企业必须对所拟选的地区进行比较评估，观察饱和指数的高低。一般来说，饱和指数高，意味着零售潜力大，而饱和指数低，意味着零售潜力小。

四、签订加盟合同

筹措好开店资金和确定下加盟店的地址之后，接下来受许人要和特许人就关于签订正式的加盟合同进行谈判，有关合同的内容，前面我们已经做过深入讨论，在此也不再赘述。

被特许人在决定与特许人签合同前应同律师联系。律师能告知被特许人由特许协议而取得的权利和应尽的义务。尽管多数特许合同相当严谨，律师还是能建议对合同条款做重要变动，以更好地保护被特许人的利益。特许人对被特许人提出的任何承诺、陈述都应记录下来，写进特许协议中。如果合同中没有此类承诺，则对双方没有法律约束力。所以，在签订加盟合同时需要注意以下方面。

（一）专门用语定义

特许经营合同涉及诸多法律的、技术的和管理的专业问题，合同中会出现一些专业用语，如管理体系、商标许可使用、区域保护、加盟金、特许经营使用费、产品和服务的内容等。因对上述专门用语的理解不同，特许双方经常发生纠纷。为了避免这种情况发生，对这些专门用语的内涵和外延进行明确界定具有重要的意义。如某特许经营合同规定："管理体系是指特许人所有的有价值的专用商名、商标、建筑风格、培训体系、财务体系、经营诀窍和专有技术。它的核心内容是某某商标及其经营管理标准和技术质量标准。"又如："本合同所称产品是指特许人代理销售的某某牌石油化工全系列产品及特许人代理的各种汽车清洗养护设备，包括……"

（二）特许经营授权许可的内容

通常特许经营合同许可的内容大致包括：许可使用的商标、商号、专利、专有技术和经营诀窍，等等。合同应明确规定它们的名称，登记号及其他登记注册情况有效期，许可使用的内容、方式和地区等事项。签订合同时，被特许者应该审核有关权属证书的原件。

特许权许可使用的范围应明确规定使用的时间、地点、方式、使用权限等。

合同期限短则一年两年，长则十年八年，最长可达二十年，通常为三至五年。期限的长短与行业特点、加盟店的投资大小、投资回收期长短等因素有关。

同时，合同应规定延长或者续订合同的条件和期限。如某特许经营合同规定："合同到期后，乙方（被特许者）要求延续特许经营期限的，应在本合同期满之日前60日，向甲方（特许人）提出书面申请，甲方同意延续的，应续签合同；甲方不同意或乙方未提出申请的，合同终止。"

特许权使用的地域通常是指被特许人有权行使特许经营权的地域范围，它通常是用来限定被特许者使用的特许权的空间范围的。同时，它也可以用来限定特许者在特定地区发展加盟商的数量，防止因特许者贪婪而无节制地发展加盟店，造成特许体系内部发生恶性竞争，危害整个特许体系的健康运作，损害被特许者的利益。如某特许经营合同规定："特许人承诺在合同有效期内不再在某某省市某某区范围内发展其他加盟店。"商圈保护设定方式通常有：圆心加半径、按行政划区划分、在地图上标明、买断地域发展权、指定卖场，等等。

（三）特许者的基本权利

根据原国内贸易部《商业特许经营管理办法（暂行）》第八条规定：特许者的基本权利有以下几个。

第一，为确保特许体系的统一性和产品、服务质量的一致性，特许者有权对被特许者的经营活动进行监督。这是特许者的一项最基本的权利。监督权是维护特许经营体系统一性的最基本和最重要的手段，监督权通常是通过执行督导程序和制度来实现的。虽然各企业的督导程序和制度并不完全相同，但其职能和目的是一致的，如麦当劳采用"神秘顾客"的手段来检查监督加盟店的产品、服务质量，其效果良好。

第二，有权向被特许者收取特许经营费及其他各种服务费用。特许经营费是指加盟费和特许权使用费，有的企业还收取一定数额的保证金。这些费用应在特许经营合同中约定，其他各种服务费用通常有广告费、店面设计费、专项指导服务费、委托代理费，等等。这部分费用通常在特许经营合同以外单独约定。这些费用既反映了特许经营权的价值，同时又是特许者为被特许者提供各种服务的保证和源泉。

第三，对违反特许经营合同规定、侵犯特许者合法权益、破坏特许体系的行为，特许者有权终止特许合同，取消被特许者的特许经营资格，这是特许者的解约权。解约权的行使对特许双方的影响很大，因此对相关条款的制定应十分慎重。另外，由于特许经营体系是一个利益的共同体，特许者应充分估计解除对整个特许经营体系的不良影响，不是万不得已，不要行使解约权。

（四）特许者的基本义务

根据原国内贸易部《商业特许经营管理办法（暂行）》第九条规定，特许者的基本义务有以下几个。

第一，将特许经营权授予被特许者使用，并提供代表该特许体系的营业象征及经营手册。特许经营权授予的依据是特许经营合同，在形式上，通常举办一个象征性的授权仪式或颁布发授权证书，营业象征通常是指特许经营体系的统一店面设计、统一招牌、宣传用品、工作服装、营业方式等。经营手册是指单店营运手册、VI手册等。

第二，提供开业前的教育和培训。通常是由特许者统一安排教育和培训，如被特许者有特殊要求，双方另行协商。

第三，指导被特许者做好开店准备。通常特许者为被特许者提供店址选择、店面设计、广告策划、开业仪式的策划，提供设备的安装调试、物品采购、员工培训等方面的服务。

第四，提供长期的经营指导、培训和合同规定的物品供应。

（五）被特许者的基本权利

根据原国内贸易部《商业特许经营管理办法（暂行）》第十条规定，被特许者的基本权利有以下几个。

第一，在合同约定的范围内使用特许者所赋予的权利。这里主要是指获得特许者的培训和指导，利用特许者的商标、商号、专利、管理经验等从事经营活动。

第二，有权获得特许者所提供的经营技术和商业秘密。这是被特许者购买特许

《商业特许经营管理条例》为什么规定特许人的信息披露义务？

悠百佳加盟商宣传片

苏果便利特许加盟宣传视频

经营权的一个主要目的，但双方应对如何正确使用经营技术和商业秘密做出明确约定。

第三，有权获得特许者所提供的培训和指导。特许者应安排好接受培训的人员，充分利用培训的机会提高自己的经营管理水平。另外，被特许者接受特许者的指导是维持整个特许经营体系的重要条件，对被特许者指导是维持整个特许经营体系的重要条件。对此被特许者应该有正确的认识。从这个意义上讲，接受特许者的指导不仅是被特许者的权利，同时也是义务。

另外需要注意的是，除了加盟合同之外，受许人同时还要与特许人和其他供应商谈判并签订若干相关合同和协议，通常包括购货合同、设备租赁合同、劳务合同、其他协议。

十大常见加盟纠纷

【拓展阅读】

化妆品连锁加盟合同文本

甲方：××化妆品（全国连锁）总部

乙方：

根据《中华人民共和国合同法》的相关规定，经甲乙双方友好协商，就乙方加盟×××化妆品连锁机构，销售相关品牌达成以下协议。

一、加盟要求

乙方要有良好的社会商业圈，店面要在繁华地段，经营面积不得小于30平方米，有一定的经营理念和积极的发展心态。

二、甲方授权乙方为_____区域连锁加盟店，从20_____年___月___日起到20_____年___月___日止，合同期满以后可优先续约。

三、甲乙双方在合同限期内各自承担民事责任，互相之间产权及归属关系，但乙方必须按甲方的统一模式进行管理，乙方在其加盟店中只能经营×××总部批准品牌的化妆品。

四、甲方的权利和义务

甲方为乙方提供统一的门头喷绘服务，提供美容院装2套、宣传彩页、手册、形象展架、工牌若干，提供长期多次的培训服务，提供所需的资料和开业当天活动人员、音响、特价商品、气模、车辆。(加盟费_____元)

应向乙方提供统一的商号、装修设计及管理制度。

甲方不得在乙方区域内设立同等级别的连锁店。

甲方按商品统一零售价的_____向乙方供货（甲方保留因国际市场材料价格导致相应调整供货价的权利)。

甲方确保提供产品的质量，产品保质期内如出现质量问题，概由甲方负责。

甲方有新的产品推出应优先由乙方在该区域代理。

为乙方提供授权书、商标使用证。

厂方、甲方不定期在乙方所在区域投放广告（以静态广告为主）并加注乙方地址，有偿为乙方提供经营所需的包装袋、工服等经营消耗品。

甲方定期检查、监督管理加盟店，有权对违规加盟店进行处罚、解除和约。

五、乙方的权利和义务

获得所在区域经营中产品的权利，商标的使用权。

乙方提供在当地工商部门核准经营的相关文件和本人身份证明。

乙方于签约后一次性支付人民币_____作为合法经营保证金（如乙方违约此定金不退还）。

每年甲方按保证金的_____%的货品为利息返赠，期满如不再续约，无争议全部退还。

自第二年起每年交纳一次管理费_____。

乙方连续两个月无进货时，甲方将有权取消乙方的加盟资格。

乙方若有跨区销售行为，一经证实，甲方将会把产品收回，并处以罚款。

乙方店中不得经营其他品牌化妆品，违规者罚款500元并限期退回私进品牌，严重者没收全部押金并解除加盟。

为保护区域利益，乙方不得私自变动价格。

严禁在加盟区域外和化妆品经营范围外使用×××商标，如乙方私自进货、滥用商标，被顾客投诉两次以上或造成严重后果，一切损失由乙方承担。

甲方：　　　　　　　　　　　　　　　　　　乙方：

　年　月　日　　　　　　　　　　　　　　　　年　月　日

（资料来源：找法网，http://china.findlaw.cn/gongsifalv/zhaoshang/jmzs/nsjm/49778.html）

五、接受特许人培训

签订正式的加盟合同之后，受许人要接受特许人安排的加盟店开业前的培训和指导。一般情况下，大多数制度完善的特许经营总部都会开设一个系统的培训课程，使新加盟者对经营和管理专业知识有全面了解，其中包括：如何做计划，如何申请银行贷款，如何选择适当的地点，如何做预算，如何安排人力，如何进行商场日常作业等，都可以从总部的培训课程中得到系统的认识。

培训一般包括两个方面的内容，首先，应对受许人进行基本技能的培训。这些技能包括记录、报告、人员选择、管理和控制，业务程序以及一些基本业务培训内容的传授使得受许人能对业务经营状况及发生的问题做出简单的分析。

另外，特许人还必须为培训工作制订一项完善的培训计划。培训工作应由专人负责，事先规划。在培训过程中，要将经营方法，不厌其烦地加以解释，并辅之以必要的演示以及答疑，直到受培训的人员完全明白为止。培训的时间一定要安排得非常充裕。

培训开始，应发给每一位学员一套训练手册，将特许权的一切资料收录其中。按照业务性质的不同，训练手册中应包括该行业的经营细则、产品描述、价格表、服务程序、报表流程、办事细则、工作指导，甚至还必须包括公司徽标及标准字体、广告稿的格式与处理原则。

新加盟者在经过培训后，在具体开业操作时，还需要总部加以指导，才能顺利经营。如麦当劳集团，他们对加盟者的选择非常严格，而当选定之后，他们对新加盟者的协助也是十分重视的，甚至在加盟协约中做出明确规定，为了保证事业成功，加盟者必须按照总部的要求和指导来筹备工作，而且总部直接派遣工作人员来加盟店帮助工作两到三个月，直到加盟店业务上了轨道为止。

六、加盟店开业

商店装修及培训工作结束后，即将进入开店前的最后准备工作，内容包括：购置或者从总部租借统一规格的货架、货柜、收款机、计算机设备等；商品进货，并按照总部的统一要求进行陈列；招募店员，进行简单的培训；总部负责广告宣传及促销活动。

特许人帮助受许人设计分店。分店应当按照特许人的要求进行设计，特许人通常对分店设计部分有详细的要求，还将提供详尽的设计计划，或是请指定的设计单位完成此项工作。如果经营所需的标准化设备不是特许权组合的一部分，那么特许人将提供一些建议，并协助受许人以最经济的价格选择合适的设备。通常，特许人会提供设备清单，包括设备名称、型号和规格，以便受许人能方便地处理这些事项。根据特许人提供的开业备货清单作出安排，受许人从特许人的销售部门进货或者是从指定或认可的供应商进货。特许人应为受许人准备开业的最后阶段提供关键性的帮助，特许人最好指派一个专门工作小组来完成此项工作。

任务三　特许经营体系加盟活动的组织实施

最终受许人接受来自特许人提供的开店培训和指导，完成加盟店的建设，实现加盟店的顺利开业。

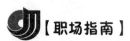

【职场指南】

如何在工作中多做事，少说话

到一个新的工作岗位或新上岗工作，无论是领导、家人都会告诉我"少说话，多做事"。只说不做，对别人说三道四、指手画脚不会得到同事的欢迎。我们应该谦虚谨慎，少说多做，不要张扬，注重实际，这样走到哪里都会受到欢迎。

"少说话，多做事"要注意以下几点。

（1）工作遇到困难的时候少说话。工作中遇到困难是普遍存在的，在实际工作中谁都会遇到一些难题，没有必要遇到困难就喊在嘴上，似乎不说出来别人就不理解、不知道。要养成独立解决问题的习惯，培养自我解决问题的能力，不到万不得已，不要向周围的同事和领导发牢骚、发议论，谈论自己的工作如何如何的困难。

（2）工作上有成绩的时候少说话。要善于守拙，善于推功揽过，甘心情愿地把工作成绩归功于领导和周围的同事，不要自我吹嘘、沾沾自喜，更不要美化抬高自己，自持有功而傲视他人。

（3）吃苦受累以后要少说话。人们常说"费力不讨好"，意思是有些人工作不少做，上上下下对他都不满意，做了工作自己不说也不会被人抹杀，自己到处去说加了多少班、流了多少汗，那倒显得庸俗。一个人舍不得吃苦受累，往往会平平庸庸，毫无建树。从这个意义上说,多吃苦多受累是提高自身素质的"磨刀石"。

(4) 受到委屈和误解后要少说话。要有忍辱负重和顾全大局的精神,不要受到一点点不公就拍案而起,进而消极怠工,要相信大多数人是能够坚持真理、主张正义的,别人委屈和误解了你,你可以在适当时间、适当地点进行适当的解释,以澄清事实,达到增进团结的目的。这样做与少说话是不矛盾的。

应当注意以下几种倾向。

(1) 做错了事不要一而再表示道歉,关键是行动。可能有人会认为,一而再,再而三地向别人道歉是诚恳的表现。其实不然,人们只关心你纠错的实际行动,谁会计较你的道歉次数呢?而且,一再表示道歉,定会给人以虚伪感。而一个虚伪的人是得不到同事信赖的。

(2) 不懂不要装懂。某项工作你确实不能干或干不好,就不要打肿脸充胖子,死要面子活受罪,倘若不懂装懂、充内行,不仅会贻误工作,还会授人笑柄,落得个不说真话说假话的名声。

(3) 不要做语言巨人、行动的矮子。在现实生活中,那种大话连篇,动不动就拍胸脯打包票的人,往往是一些不能信任的人。言必信,行必果,这是做人的起码准则。如果说一套做一套,总是不想对自己说的话负责,那么这个人永远不能在同事之间站住脚。

(4) 要多做同事高兴、满意的事,不要给同事帮倒忙。比如,当同事对你的帮忙缺乏热情或不满意时,你的帮忙就成了多余的和无益的,你少帮忙或不帮忙倒有可能成为对同事的一种尊重。那些对接替自己职务的同事习惯于"扶上马,送一程"的人,很少有不遭到别人嫌弃、讨厌的。但当事人往往浑然不知,这不能不说是一个人生悲剧。有时候,无为恰恰是有为,不帮忙可能是最好的帮忙。

(资料来源:合肥市包河区人力资源市场网站,http://www.hfbhhr.com/explain/explain-show.php?id=6)

【特许经营创业故事】

麦当劳创始人,52岁开始创业的传奇故事

雷·克罗克(1902—1984)是美国家喻户晓的人物,因为他的事业——麦当劳快餐业已经遍及世界各地。他的创业精神激励着一代又一代的企业家,也激励着梦想成功的从事着其他职业的人。

1954年,52岁的克罗克,为生命立下了最大的赌注,他放弃了自己原有的工作,为麦克唐纳兄弟推销麦当劳快餐店专营证,并且自己在伊利诺伊州开业了一家麦当劳快餐店。他的麦当劳在走向成功的过程中遇到过各种困难,也曾负债累累,也曾面临领导层分裂的危机。但是克罗克毕竟是克罗克,他不怕困难,面对各方面压力,以自己的人格魅力加上自己的智慧,闯过了一道又一道的难关。终于他的麦当劳快餐店在不长时间里便风靡美国,遍布世界。

他完全投入麦当劳，其实也是一个偶然。在1954年年初，那个时候，克罗克的食品器材市场正日趋萎缩，他正在尝试着新的办法，决定给他的多轴混合器寻找新市场。那个时候，他了解到了麦当劳兄弟店。他初步了解：麦氏兄弟有八台混合器。这么大的销量怎么会发生呢？而且圣伯纳迪诺是一个沙漠小镇。他觉得首先要知道，为什么加州麦氏兄弟一家小小的汽车餐厅，却需要这么多的混合器。那个时候，克罗克正好接到麦当劳兄弟邮来的订单。订单上表示，麦氏兄弟要第九台和第十台两台机器。有一天，克罗克在清晨出发，驱车行了60英里来到了西部的圣伯纳迪诺。大约上午十点钟，他的车到了麦当劳兄弟店的门口。这个店在克罗克眼里并没有什么特别之处。但是看着排着队的人群，他开始进一步的了解，他问了几个来吃早点的人，终于找到了答案。他发现了快餐的潜力，这是最重要的。他看到了一个有潜力的机会，这就是快餐业。快餐业仍然是商业处女地。克罗克在麦当劳里看到了希望。他以往的热情开始高涨。他认定，麦当劳正是一种进军的最佳工具。它可以填补食品服务界的空缺。

他想到，花七万五千美元就可以建立起一家麦当劳店，众多的麦当劳店可以连锁起来。他长年奔波在外，走遍了全国各地，他知道麦当劳在全国连锁肯定能行。现在，他就可以数出成百上千个地点，那里正适合开麦当劳餐厅。他有多年的经验，所以懂得如何使麦当劳事业成为最好的事业。这些年来，他的推销一直是围绕着餐饮和服务业的，所以他对这些了如指掌。

麦当劳的辉煌与其背后的苦心经营是分不开的。克罗克绞尽脑汁，像呵护孩子一样，去珍视他的事业。他的制度是严格的。制度中规定：玻璃窗每天都要擦，停车场每天都要冲水，垃圾桶每天要倒。每一个服务员都有一把拖布。他们隔一天擦一次全店的不锈钢器材，一个星期打扫一次天花板。克罗克以身作则进行卫生检查，他亲自动手打扫店内卫生。这种榜样的力量是无穷的，他教育了广大员工。

麦当劳的手册中规定了作业员拿杯的动作，还规范他们如何给顾客倒出奶昔并递给顾客。它还规定厨师如何煎汉堡、炸薯条。手册中有许多款项是关于食谱的，其中规定了烹煮温度和时间，以及每一份食物的分量。克罗克经常过问这些事，在厨房里，克罗克亲自品尝麦当劳汉堡包。克罗克要打造出最高标准，以压倒其他快餐店。他最早发明了品质、服务、卫生的说法，也就是麦当劳的最高境界：QSC的思想。现在，世界上所有的快餐业都在追求这个标准。当年，这是麦当劳成功的秘方。1984年，克罗克逝世。在他逝世之前，麦当劳已是世界第二大名牌，年营业额超过300亿美元，一个特级跨国企业。

（资料来源：根据相关资料整理）

项目小结

本项目介绍了特许经营体系加盟的概念的基本概念和形式，分析了特许经营体系加盟的一般步骤，解释了特许经营体系加盟的准备活动以及特许经营体系加盟的组织实施等相关理论知识。能够帮助学生理解特许经营加盟的概念及内涵，掌握如何评估和选择特许经营体系，能够结合企业实际情况，做好特许经营体系的加盟的准备活动和组织实施。

同步测试

一、复习与思考

1. 什么是特许经营体系的加盟？
2. 简述特许经营体系加盟活动的准备。
3. 简述特许经营体系加盟活动的组织实施。

二、案例分析

加盟商怒告盟主"一茶一坐"加盟难做

在资本的追捧与人们对财富的渴望之下，特许加盟一时炙手可热。然而，加盟商状告"一茶一坐"一案，提醒着那些满怀发财致富的梦想试图与知名品牌共同分羹的人们，特许加盟也许并不是一杯那么甜的蜂蜜茶。

复习与思考答案

加盟连锁，是创业者的天堂还是地狱？

这种近年来深受风险投资和资本市场青睐的经营方式，也是自己开店创业的人们常常梦想的投资方式。

然而，谭雪梅却为此"缴了350万元学费"。

在花了350万元加盟"一茶一坐"——来自台湾，在上海和北京等12个城市开店的一家连锁"小资"餐厅——两年之后，她和另外两位加盟商闹上法庭，状告一茶一坐"强行占有加盟店"。

"一茶一坐"的诱惑

豆浆煮火锅，咖啡烹牛排，牛奶泡普洱……来自台湾的"一茶一坐"不仅吃得新奇，店堂设计也优雅精致，颇有小资情调。

2002年6月，这家台湾企业在上海新天地开出中国大陆第一家店。短短7年，凭借"休闲中餐"概念，"一茶一坐"顺利融资超过3 000万美元，并陆续在北京、杭州、宁波、南京和深圳等12个城市开出71家连锁店，其中11家是加盟店。

谭雪梅就是在2006年年末去过一次之后动了心，餐厅门口等候的长队让她吃惊。

这时，她和丈夫经营着一家物流公司，手边有些闲散的资金，一直想再做些投资。对"一茶一坐"产生兴趣后，她很快了解到餐厅正在发展加盟商：加盟商自己寻找场地，由"一茶一坐"提供指导，加盟的门槛是加盟费30万元，保证金20万元，开店的起始资金300万元，总计350万元。

"八九个月就收回成本。他说，你看我所有的店都是这样的，最迟的十七个月就收回成本，而且开业两年后会以优惠价格回购加盟店。"谭雪梅听到了他们很多口头承诺，并录了音。

因为当时"一茶一坐"已经引入风投资金，上市在望，工作人员还提到了未来她也能分享上市蛋糕的超额收益。"他们给你画了很美好的蓝图。"谭雪梅被说服了。她把店选在上海东北角中心地区——五角场。当时五角场商圈正在建立之中，很有可能成为继上海徐家汇之后的特大商业中心。

谭雪梅记得，这块地方当时"一茶一坐"也很看好，甚至预备在此开一家直营门店，但被她抢先一步谈妥了地点。按照"一茶一坐"的规定，一家门店直径1 000米范围内不开设新门店,因此她当时很为自己领先一步而庆幸。

另外两位上海加盟商也分别在2006、2007年先后交了钱,签订了加盟合同。

此时,他们不知道的一个事实是,工商资料显示,"一茶一坐"自2002年成立至2008年年检,年年处于亏损状态,其中2007年其自报累计亏损近3 836万元,后经毕马威会计师事务所调整为2 165万元。

"依据2004年商务部颁布的《特许经营管理办法》,以及2006年国务院颁布的《特许经营管理合同条例》,'一茶一坐'均有义务告知自己的盈亏状况,以便于加盟商作出判断和选择。"对此,这三家加盟商聘请的同一位律师——上海市公源律师事务所胡炯明在诉状中如此写道。

你出钱,我管理?

就像两个一时冲动的人结了婚,婚后才发现实际生活和之前设想的完全不同。

对于加盟,谭雪梅的理解是,她拥有自己门店的所有权和经营权,因而自主经营、自负盈亏,"一茶一坐"可以让他们使用商标。

抱着这样的想法,谭雪梅与上海"一茶一坐"有限公司签订了《直接特许经营合同》《委托管理合同》以及《承诺书》,打算依照"一茶一坐"的要求注册一家公司。

这时候"一茶一坐"派人来拿了他们的身份证,"帮助加盟商注册成立新公司"。从工商局领到营业执照后,"一茶一坐"工作人员又用营业执照刻制了公司的公章、办理税务登记证及企业法人代码证书,并开设公司的银行基本账户,将加盟商的注册资金转入公司的银行基本账户。

不料,营业执照等公司证件与公章却由此一去不返,被"一茶一坐"保管。在经营的两年多内,谭雪梅等加盟商多次催讨,均被拒绝。而加盟店里从店长、厨师到收银员、服务员,所有工作人员均由"一茶一坐"派出。

"让我们赚就赚,让我们亏我们就亏。"三位加盟商纷纷告诉本报记者,尽管拥有100%的股权,但他们丧失了包括人员调配、食品采购、款项支付甚至记账等相关的人事权、经营权、采购权,而"一茶一坐"手握公章,对外签订了大量合同,掌握了食材供应等涉及餐厅盈利能力的关键环节。

"对于加盟商我们一直采取一种直营化管理的方式。"对此,上海"一茶一坐"有限公司CEO(首席执行官)林盛智告诉南方周末记者,"因为我担心经营的品质没有办法达到我的水准,所以要求一定要委托给我经营。"

他所指的是,加盟商在"特许经营合同"之外,必须签订的另外一份"委托管理合同"。正是这份合同,成为本案的焦点所在。

这份合同规定:"一茶一坐"为加盟店提供开业前的帮助和开业后的运营支持帮助,并提供经营管理,同时约定具体的供货、人员委派事宜,另外再签补充协议。但其后这三份细则却一直杳无音信,导致双方争论不休。

什么是委托经营?连锁业内杂志《连锁与特许》2006年第12期指出,特许经营是指"你出钱,你管理",直营是"我出钱,我管理",而"委托经营"则正好介于两者之间。

对此,林盛智解释说,为了保护品质与品牌,"一茶一坐"拥有加盟店的人事权、财务权、经营权。

在费用上,加盟商需缴纳加盟金15万元、开店管理费15万元、保证金20万元,此外权利金（持续使用直接特许经营权、使用"一茶一坐"商标及经营技术资产的费用）为每个月营业额的2%、管理服务费为每个月营业额的3%。

此外，加盟店营业额并不纳入"一茶一坐"公司的财务报表。

分析人士认为，这个加盟模式对"一茶一坐"几乎是"百利而无一弊"。加盟店帮助"一茶一坐"提高了市场份额，扩大了影响，但无论他们盈亏如何，盟主都稳定获得营业额的5%。而一旦加盟店盈利不错，"一茶一坐"很可能收回变成自己的直营店，"报表纳入'一茶一坐'，对上市大有帮助"。

"都是加盟商自己选择要求加盟的，这是加盟商的自愿行为。"林盛智说。

自愿的风险投资与加盟商

有趣的是，对"一茶一坐"来说，风险投资与加盟商都是在2005年纷至沓来。

这一年，IDG等多家风投以950万美元资金投资CHINATEA公司，这家公司100%控股"一茶一坐"。

与此同时，"一茶一坐"加盟店开始出现。"有的加盟业主能够取得一些我们无法获得的好位置。"林盛智说，"一茶一坐"有风投资金，并不缺钱，开始加盟业务的最大原因是获得好的地段。"当然，这些加盟店以后有可能成为直营店。"

2005年6月，第一家加盟店上海静安店开张，第二家杭州黄龙店则在当年下半年开张。

此后，"一茶一坐"深得风险投资青睐，2006年年底融得1 068万美元。两年后又获得世界最大风险投资公司之一美国橡树投资2 300万美元，此前的部分股东也追加了投资。

这时候，最初的两家加盟店年营业额分别达到1 100万元和900万元（在餐饮业内通常一个店做到500万~600万元就已经很不错了）。

2008年，"一茶一坐"收购了这两家加盟店。"盈利好的加盟店，我们会以彼此双方满意的价格协商转让。如果加盟方想继续经营，我们也愿意。"林盛智说，但他拒绝透露具体的收购价格。

根据三家告状的加盟商的说法，公司曾口头承诺提出收购加盟店的价格为700万元（即投资额的2倍），但林盛智否认曾有这一承诺。

"这种方式很得资本青睐，"一位分析人士指出，"风险转嫁给加盟商，在合适的时候收购赚钱的加盟商，各方面都保证了'一茶一坐'的利益。"

截至2009年，"一茶一坐"共有71家店，其中加盟店为11家。根据林盛智的介绍，自2005年以来先后有18家加盟店诞生，回购了两家，业主申请关闭两家，歇业一家，装修中两家。

思考题：
1. 加盟双方争执的焦点是什么？
2. 委托管理的特许经营与一般特许经营在加盟双方的权利与义务上有什么区别？

实践训练

自选一个真实的特许经营体系加盟项目，模拟完成整个加盟活动。

【实训目标】

使学生掌握特许经营体系加盟活动的一般步骤。

案例分析答案

【实训内容与要求】

(1) 自由组合成小组,每组 6~7 人。
(2) 团队协作,虚拟完成项目。
(3) 每组准备一份《加盟项目书》。
(4) 小组进行项目报告。

【成果与检测】

(1)《加盟项目书》一份;
(2) PPT 汇报展示;
(3) 学生提出问题,汇报人解答;
(4) 教师现场点评与总结。

项目八
特许经营关系的维护

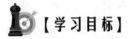【学习目标】

知识目标
- 了解特性经营关系的基本概念和内涵；
- 认识特许经营关系的阶段；
- 掌握完善与维护特性经营关系的方法。

技能目标
- 能够运用自己的语言清楚表达特许经营关系的概念，解释其内涵；
- 能够熟练掌握维护特许经营关系的方法与措施；
- 能够结合实际情况，完成特许经营关系的维护与完善。

素质目标
- 培养学生语言表达、团队协作和社会交往等综合素质；
- 培养学生具有竞争意识，树立成本、效率和效益的意识。

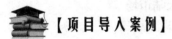【项目导入案例】

便利店——7—11公司

7—11公司是世界上最大的便利店特许组织，截至1992年年底，该公司在全世界22个国家和地区拥有13 590个分支店。在我国的深圳，该公司自1992年起，就开始以自营的方式开展业务，并以出售区域特许权的方式在中国开展特许业务。

1. 7—11便利店的经营状况

7—11便利店的店铺营业面积按总部统一规定，基本上都是100平方米。商店的商品构成为：食品75%，杂志、日用品25%。商店的商圈为300米，经营品种达3 000种，都是比较畅销的商品。另外，总部每月要向分店推荐80个新品种，使经营的品种经常更换，能给顾客新鲜感。商店内部的陈列布局，由总部统一规定、设计。商店的建设、管理遵循四项原则：(1) 必需品齐全；(2) 实行鲜度管理；(3) 店内保持清洁、明快；(4) 提供亲切周到的服务。这四项原则即7—11便利店成功的秘诀。

2. 为分店着想的特许制度

(1) 培训受许人及其员工。

7—11公司为了使受许人店主适应最初的经营，消除他们的不安和疑虑，在新的特许分店开业前，对受许人实行课堂训练和商店训练，掌握POS系统的使用方法、接待顾客的技巧、商店的经营技术等。另外，总部还应店主的要求，为提高员工、临时工的业务经营能力，围绕商店营运和商品管理、接待顾客等内容，集中进行短期的基础训练。

（2）合理进行利润分配。

毛利分配的原则是：总部将毛利额的57%分给24小时营业的分店（16小时营业的为55%），其余为总部所得。商店开业5年后，根据经营的实际情况，还可按成绩增加1%~3%，对分店实行奖励。

在毛利达不到预定计划的情况下，分店可以被保证得到一个最低限度的毛利额，保证其收入。

（3）总部对分店进行开业前的市场调查工作，并从经营技巧培训、人才的招募与选拔、设备采购、配货等方面对分店给予支持。总部还向分支店提供日常经营指导、财会事物处理等工作。总部还负责向分店提供各种现代化的信息设备及材料。

【故事启示】

7—11公司在特许经营体系中，处于主导地位，在特许经营关系管理中，特许人同样起到主导作用，因此建立和维护良好的特许经营关系，是特许人的重要责任。

（资料来源：百度文库 https：//wenku.baidu.com/view/6df581aef7ec4afe05a1df11.html.特许经营成功案例）

711便利店广告
[7 - Eleven Thailand]

Seven Eleven,HongKong – LINE 动画

学习任务一　认识特许经营关系

●●●【案例导入】

炸鸡大师 Popeyes 正式宣布进入中国大陆市场

2020年5月，风靡全球的炸鸡大师Popeyes正式宣布进入中国大陆市场，并在其位于上海市淮海中路566号的首家旗舰店举办盛大的开业仪式。

Popeyes在1972年创立于美国的新奥尔良，拥有超过45年的烹饪历史。Popeyes旗下拥有极具新奥尔良风味的产品，如秘制带骨鸡、酪香鸡柳、炸鲜虾和其他具有本土特色的美食，为消费者提供了独特的美食体验。秉持着对路易斯安那风味美食的传承，Popeyes如今已成长为全球规模领先且增长快速的炸鸡快餐品牌之一，在全世界各地区拥有超过3 300家门店。

Popeyes上海旗舰店将通过融合"中国风"与"路易斯安那"设计美学，为中国消费者打造一个高端且别致的独特消费体验；也以慷慨、自豪、坚定和热情的个性以及多元的文化感染和激励着他们，去拥抱不同文化和风味的融合。

未来10年，Popeyes将会在中国大陆开设超过1 500家门店。Popeyes将始终致力于为中国消费者带来与众不同的美食体验。Popeyes定能在中国取得辉煌成绩！

（资料来源：根据齐鲁在线新闻整理所得，http：//news.sosd.com.cn/news-show - 156202.html.）

【案例分析】

通过案例我们可以看出特许经营关系的维护是特许组织和加盟商共同面对的问题。

一、什么是特许经营关系

（一）特许经营关系的含义

所谓特许经营关系，是指从特许经营合同签订起到合同终止或解除，其间由特许人与受许人所形成的关系总和。具体指的是特许人和受许人双方从知道对方的存在开始，经过一系列的建立、发展、维护关系的活动，包括进一步收集信息、筛选、比较、首次接触、咨询、见面、互相考察，谈判特许经营合同，签订特许经营合同，培训，支付特许经营费用，营建加盟店，加盟店开业，加盟店正常营业，一直到双方特许经营合同终止或者重新续约期间发生的各种关系的总和。特许经营关系包括特许人和受许人双方之间的经济关系、法律关系、合作关系、竞争关系、人际关系及冲突关系等。

特许经营独特的合作机制决定了特许经营双方是一种唇齿相依的长期合作关系，因此，良好的特许经营关系是特许经营成功的重要保障。在特许经营体系中，特许人处于主导地位，在特许经营关系管理中，特许人同样起到主导作用，因此建立和维护良好的特许经营关系，是特许人的重要责任。

【财经V课】
金永祥：
PPP与特许经营

（二）特许经营关系的内容

特许人与受许人的关系是一个漫长的过程，在这个过程中可能发生关系的波动，因此也就潜伏着各种各样的冲突和危机。对这些冲突和危机的不当处理就极可能导致特许经营关系的破裂，进而给双方对来巨大的损失。因此预见、规划和正确处理双方关系中的各种冲突与危机便是一件非常关键的事情。为此，特许人与受许人都要对特许经营关系的全过程、各阶段特点等关系的所有方面有所了解，这样才能有备无患，或者在发生问题时及时处理，把损失减少到最低限度，把双方之间的冲突尽量最小化。

国际连锁企业管理协会特许经营专家指出，特许人与受许人关系的实质：一是特许人向受许人提供服务；二是特许人和受许人彼此明确对方的责任和义务；三是双方之间开展实质而有效的沟通。

商务部首发
中国便利
店景气指数

索耐中国·
品牌特许加盟

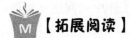

【拓展阅读】

国际连锁企业管理协会

国际连锁企业管理协会是以"服务企业、规范行业、发展产业"为宗旨，以团结特许经营企事业单位，促进行业健康、诚信、稳定发展为己任的国际性行业组织。国际连锁企业管理协会拥有会员企业 600 多家，遍布全国 31 个省（区、市）及美、韩等国家。近年来，协会主办了一系列连锁展会、品牌论坛、项目巡展等活动，受到会员企业的好评，已经逐步成为中国特许经营行业最具权威和影响力的社会团体组织之一。

（资料来源：国际连锁企业管理协会，www.imcema.org）

1. 特许人向受许人提供的服务

特许人提供的服务包含两种类型：选样、培训以及帮助受受许人建立业务，此部分可称为初始服务。初始服务能帮助没有经验的受许人独立经营特许业务。在合同持续期间特许人向受许人提供后续服务，后续服务能帮助受许人成功经营业务，并从经营技术、诀窍的更新、市场营销、促销、广告、研究与研发以及特许网络的扩大中受益。

2. 受许人和特许人应彼此明确双方的责任和义务

（1）对特许人来说，他对受许人有下列责任与义务：

进行适当的试点经营，并证明此业务是有利可图的。

诚实地向受许人提供各方面的实际情况以便受许人作出合理决策。

提供有效的初始服务，帮助受许人建立其业务。

提供后续支持服务，包括：更新操作手册、营销和促销支持，用受许人贡献的基金在全国和地区范围内进行广告宣传，对标准和执行状况的监控研究和开发工作，发挥整个体系大批量购买的优势。

特许人还有仔细遴选受许人的责任，他不能随便接受有足够资金并提出申请的人成为受许人。

特许人应该选择接受那些经过慎重调查拥有基本技能，受过适当的教育，个人素质合适并有足够资金的人作为受许人。

（2）对受许人来说，他有下列责任和义务：

诚实对待特许人，自己是否有能力当老板？自己的家庭是否准备好了以这种方式生活？对自身进行全方位的核查，在此阶段非常必要。

对特许项目进行全面评估做好充分准备，受许人在与特许人打交道时应完全诚实，这有助于特许人对其进行全面评价，得出恰当的结论。

受许人有责任和义务接受特许人的管理之道，严格按照合同和营运手册的内容操作。

3. 受许人和特许人之间应开展实质而有效的沟通

国际连锁企业管理协会特许经营专家指出，沟通在特许经营双方关系中具有非常重要的作用。沟通使双方更加明确自己的责任，随时解决、调解工作中的问题，保证了特许经营体系的健康发展。

沟通的主要方式有以下几种。

（1）人员接触。人员接触是双方关系的重要特征，不应被忽视。

（2）书面沟通。很多情况下，特许人的书面沟通很可能比人员接触更频繁。由于书面的沟通有更多非个人化特征，它对于以清晰的方式向受许人提供正确的信息很重要。

（3）特许会议。地区和全国性会议是与受许人保持联系及了解他们的感觉、疑问、担心、意见和抱怨的有效手段。在会议上，特许人可向受许人指出改进经营的方法，介绍新观念及进行的研究和开发工作。国际连锁企业管理协会特许经营专家指出，良好的会议气氛有助于受许人提出大量建设性意见，为特许经营体系的发展作出积极的贡献。

国务院下发的商业特许经营条例内容一览

(三) 特许经营关系的特点

1. 矛盾性

特许人与受许人之间的关系被称为商界最复杂的一种关系。特许经营是基于特许经营合同而建立起来的商业合作关系，特许人与受许人之间所有权分散、经营权集中，在合作中，由于经营理念、商业利益、行为模式等方面的差异，双方总是处于一种矛盾与冲突之中。特许经营关系的这种矛盾性特点，要求双方能够在平等互利的基础上，加强沟通和理解，化解冲突和矛盾，才能使特许经营体系健康发展，达到双赢的目的。

2. 时间性

特许经营关系的时间性特征体现在双方合作的长期性上面。我国的法律规定，除受许人同意外，特许经营合同的周期应该不低于3年。特许经营关系的这种长期性特征，要求双方保持合作关系的稳定性。

3. 阶段性

大多数情况下，受许人对特许经营和特许人的认知和了解需要经历一个过程。加盟前，受许人往往有很高的期望，在这种期望和憧憬中，受许人加入了特许经营体系，这个时候由于受许人还不了解特许经营业务的运作，对特许人有很强的依赖。加盟后，通过特许人提供的系统培训和一段时间的辅导，受许人基本掌握了特许经营业务的运作方法，这时有的受许人开始表现出"独立自主"的倾向，认为其加盟经营都是靠自己打拼的，不再需要特许人的支持，有的甚至表现出我行我素、自行其是的状态。但是，在"独立"期间，受许人往往遭遇到很多自己难以解决的问题或麻烦，在经过一段时间的挫折后，受许人逐步领悟到与特许人进行合作的重要性，因而便重新回到相互协作的轨道中，与特许人建立起互相依赖的合作关系。

我们把受许人从依赖到独立再到相互依赖的这个过程，称为"特许经营关系微笑曲线"，了解"特许经营关系微笑曲线"，有利于特许人与受许人的沟通以及特许经营体系的有效管理（图8-1）。

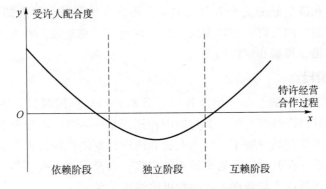

图8-1 特许经营关系微笑曲线图

4. 人为性

特许经营常被比作"商业婚姻"，这说明在其法律和商业关系背后存在着长期和高度相互依赖的个人之间的关系。有特许经营学者曾经说：如果我们忽视了特许经营中情感、动机和行为等人的因素,我们就忽视了特许经营关系。因此,从根本上来说,特许经营还是一种人与人之间的关系。

二、特许经营关系的四个阶段

在特许经营商业活动中,由于特许人与受许人之间是处于相对独立的法律地位,特许经营关系极为微妙。维护好特许经营关系对特许经营企业的全局而言意义重大,在特许经营发展的不同阶段,维护双方关系的重点也有所不同。

特许经营企业最重要的方面就是特许人和受许人之间的关系。这种关系通常遵循新业务或者新产品周期的几个基本阶段,即它经历了以下四个阶段:起步、成长、成熟和衰退(图8-2)。

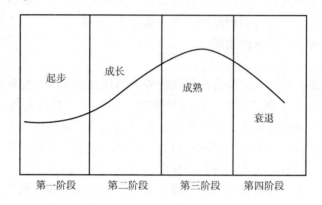

图8-2 特许经营关系的四个阶段

(一)起步阶段

特许人和受许人关系确定的基础应该是信任、相互独立以及共同渴望成功及盈利这几个因素的其中之一。从受许人的角度来说,他期待取得巨大的成功,他对这种关系的确立是相当乐观的,甚至是盲目的信仰。特许人也表现出其最好的一面,因为这对与受许人建立积极良好的关系有益。但是,特许商也要对受许人的资格进行评审,并且在最初的交易中向受许人出售商品。就是在这一最初阶段,特许人组织和受许人之间存在一种和谐、理解和信任的关系。

(二)成长阶段

当受许人有了良好的开始,而且各项业务都开始运作的时候,成长阶段就开始了。从受许人签订特许经营协议,参与培训计划成为一名合格的经营者起,特许人—受许人之间的关系就开始发展了。一项全面的培训计划能在特许人和受许人之间构建起强大紧密的关系。在开业、企划和最初的广告,以及促销上提供帮助,会加强这种关系并有助于巩固特许人与受许人之间积极的纽带关系。

特许人向受许人提供的支持体系将在很长时间内帮助巩固双方的关系。这种关系也可以通过在互联网企业内部网上的交流、电子邮件以及看时事通信电话和地方地区或国家的受许人俱乐部进行培育,甚至为了表达对受许人的关心,特许人可以在受许人生日的时候打电话祝贺。特许人的执行代理应该定期向受许人提供物料支持、会计帮助、营销建议、促销和广告支持以维护这种积极的特许经营关系。

然而，如果这种支持体系建立不当，特许人不能提供及时的支持服务，这种关系就很可能变得紧张。当受许人与总部的沟通不能奏效时，特许人与受许人之间的关系就会受到严重威胁。

（三）成熟阶段

特许人/受许人关系发展的第三个阶段就是成熟阶段。在这一阶段特许人和受许人都了解他们彼此的期待。如果关系进展得很好，他们就会建立起相互的友谊和理解。受许人依赖特许人提供有效的支持服务、广告、市场营销的帮助，以及新产品。反过来，特许人也期望受许人有良好的销售量、洁净的店买店面和高质量的服务。

在特许人与受许人关系的成熟阶段，双方的沟通和交流不断出现，受许人出席年度特许人—受许人会议，参加地方和地区的受许人会议，仔细地阅读公司新闻或杂志，另外也参与其他地方过去的活动。他们应用特许人提供的新产品和服务执行新的项目，并使用特许经营体系开发的新计算机软件。

当受许人感到他没有从特许人处得到持续的价值时，成熟阶段的危机就会出现。受许人希望从特许人那里获得持续的支持指导、产品以及服务。对于一些受许人来说，仅仅是获得使用特许人的名字、标识或者产品的机会都将是充分的持续价值，其他的受许人需要与特许人经常沟通，需要特许人在广告、市场营销和其他额外的支持服务方面给予帮助。

就是在成熟阶段受许人对特许人的能力、专业经验有了了解，并且开始质疑或者重视特许人的贡献。许多新受许人发现这是一段很艰难的时期。因为特许人不断试图将特许权出售给新的准受许人，进而可能经常忽视现有受许人需要。这会使沟通和关系变得紧张，而且也会使受许人质疑特许人在特许经营与盈利中的作用。特许人需要努力与所有的受许人沟通并提供支持。

（四）衰退阶段

特许人—受许人关系的最后一个阶段经常陷于业务的衰落并且可能导致受许人终止所有合同义务。或者在最后一个阶段，受许人可能建立起更强大的关系，并且，随着业务的继续发展和繁荣，与特许人会确立良好的纽带关系。如果特许人仅仅愿意出售越来越多的特许权，而不愿向现有受许人提供支持服务，那么他们与这些受许人中大部分的关系都会衰退，从而导致业务下降，产生诉讼。

在衰退阶段，许多受许人开始不遵守特许人的规则制度和标准，那些对特许人不再着迷的受许人可能想要终止特许经营。如果特许人对与许多受许人的关系出现衰退置之不理，特许经营体系必将崩溃。要想企业保住强大的经营实体的地位，特许人必须向所有的受许人提供持续的支持服务，这一点是很重要的。不可避免地会有一些受许人变得不再热心，但是特许人必须与这些受许人合作以重建积极的关系，这对特许经营组织的强大和繁荣是相当重要的。

在衰退阶段，受许人不得不面对许多新的问题和顾虑。如果没有找到解决办法，受许人就会责备并找特许人的麻烦。受许人可能会经常对忠诚度、广告和其他费用问题提出质疑。另外，特许人也会怀疑受许人的感激和忠诚。如果特许人不能提供有效的沟通和激励的报酬，那么受许人可能会从他处寻求满足和成功。

特许经营的成功是双方共同努力的结果，是在关系持续的每个阶段尽心经营的结果，任何一方、任何一个阶段的失误都可能使得特许经营关系功亏一篑。只有特许经营双方在特许经营的每一个阶段都取得成功，特许经营的整体和全过程才能成功。如果整条关系链或关系生命周期中的任何一环、任何一段时期出了问题，都可能导致双方关系的破裂和特许经营合同的终止。

三、特许经营体系的内容

（一）关于支持的理念、内容和方法

1. 关于支持的理念

特许人与受许人是唇齿相依的合作伙伴，建立实施有效的支持体系是特许人与受许人实现双赢的保证；受许人加入特许经营体系的一个主要原因正是特许人所能提供的长期支持与咨询服务；支持是特许经营体系健康发展的基础。

2. 支持的内容和方法

特许人对受许人的支持包括从加盟店的筹建到正常营运过程中特许人所给予的一切持续性咨询、监督、指导培训和服务等。具体内容包括：将业务经验和知识以书面手册形式传授给受许人；帮助选址开店，规划加盟事业；建立、控制、完善和发展特许经营体系的运作系统；提供初期和长期人员培训，不断进行研究开发与创新，确保体系的竞争优势；提供物流配送，支持确保整个体系能获取最大限度的经济效益；提供广告促销、经营管理、技术方法、信息和财务金融的支持；与受许人之间建立开放式的交流渠道；维护特许经营体系的企业形象、威望和声誉。

（二）关于控制的理念，内容和方法

1. 关于控制的理念

特许人对受许人的控制是通过制定合同、运作手册和有效的沟通督导制度来实现的。没有控制加盟店就无法按统一标准复制或者说会在扩张过程中走样变形，同时连锁经营的效益将无法发挥。总之，没有控制就没有特许经营。

2. 控制的内容

控制贯穿特许经营体系的所有环节，具体内容有：

（1）对克隆的标准——样板店标准的控制；

（2）对品牌及知识产权的控制；

（3）对受许人的控制；

（4）对整个特许经营体系发展速度的控制；

（5）对整个特许经营体系运作流程的控制；

（6）对特许经营体系组织功能及活动的控制；

（7）对顾客服务标准的控制，对信息收集、处理、反馈及加工使用的控制；

（8）对创新能力的控制；

（9）对价格的控制。

3. 控制的程序

控制的出发点是使程序尽可能简化和系统化，能有效地指导每一位受许人统一运作，使体系内的管理人员能随时参阅，有效执行，并能使任何新的指示立刻有效传

包贝尔辣莊火锅被曝牛血冒充鸭血　总部暂停加盟业务

达。程序和系统建立的最高标准是能为顾客提供最好的服务。因此,程序和系统有效与否、运作程序是否明确,最终应以顾客的利益为衡量标准并及时予修订。控制的程序按以下步骤进行:

建立控制标准和样板店标准—根据已建立的标准衡量绩效找出差异和问题—提出分析处理意见—通过信息系统将信息传送相关职能部门以提供控制决策信息。

4. 控制的实施方法

具有特许经营特点的控制方法分为经济手段控制、法律手段控制和行政手段控制。

(1) 运用经济手段维护特许经营体系。特许人能有效管理特许经营体系,参与者的投资与努力必须得到应有的回报。首先必须确定特许经营公司的盈利潜能,然后还得说服网络内成员从事该业务能得到的公平回报。其内容有:

①受许人的投资与努力必须得到应有的回报;

②需告知受许人投资概算及收益估算情况;

③保持长远盈利。

商业环境日新月异,特许经营体系应随商业环境的变化及时调整以保持竞争地位和长远盈利能力,特许人应该不断配合市场手续调整特许经营体系保持竞争地位。

①恰当收费。恰当收费是特许经营经济控制的重要环节,受许人收入的一部分通过收费机制,转移给特许人,使特许人有一定的资源,为整个特许经营体系提供中央支持。因此收费问题不能孤立来看,恰当的收费是为了共同的目标。其不仅要使特许体系内成员觉得公平,还能与利益分配系统挂钩,激励体系内的所有成员全力以赴为共同的目标努力。

②价值链。为了能有效发挥特许经营体系成员的力量结合,让特许人与受许人分别实现各自的规模,经济特许人需不断研究整体工作流程,从各个层面发掘工作的机会,把任务分配给最适当的成员,力争使特许人和受许人有效发挥各自优势,从而分别实现各自的规模经济。

③一致性与优质管理。特许经营体系内任何一家分店的表现不佳都可能破坏特许体系的整体形象。

因此体系内各成员水平的一致性非常重要,而且特许经营体系内产品与服务的一致性也关系到整个体系的形象和市场竞争力。基于此,受许人要清楚地了解产品与服务的标准并严格按标准运作,特许人需将有关要求和信息及时传达给受许人并给予指导,特许人在必要时为受许人提供培训课程,将必备的技巧与知识传授给受许人。

④商圈与合同年限。受许人需要时间与空间收回投资,这意味着合同期限必须合理,同时受许人的专有商圈必须足够大,以免在同一地区有相同的受许人,影响受许人利润潜能。

(2) 运用法律手段维护特许经营体。特许加盟合同是特许人与受许人之间的契约,也是特许人给予受许人的书面承诺,是受许人了解经营业务必须遵守哪些条件的沟通工具。有关的经济控制和行政控制规定,例如,收费商圈和受益人必须成交的周期性报告等在特许加盟合同中都详细列明,这表明特许加盟合同是非常重要的管理工具,必须用充裕的时间与精力进行拟定。

操作手册是特许加盟合同的附件,是特许加盟合同的一部分,因此遵守手册中规定的标准运作程序及成为法律义务的一部分。

(3) 运用行政控制手段维护特许经营体系。

行政控制能协助公司进行监督工作，在必要时加以指导，确保受许人能按照标准办事，易保证整个特许经营体系的一致性。此外，特许人必须建立设计有效的管理文件，要求受许人必须了解其所填报的每一份文件的目的和意义，正确填报并及时报送。行政控制包括以下内容。

①知识产权的保护。

特许经营体系的知识产权基本上包括商标、经营诀窍和版权。特许人除了通过注册或其他法律途径将其知识产权加以保护以外，还需采取措施以避免加盟体系内成员和外人侵犯有关权益。

②操作手册的执行。

操作手册说明经营特许经营业务的细节，在运作过程中要配合新的需求不断予以更新，有效执行并控制。其篇幅不一，从数十页到数千页都有。内容也因业务而定，应根据情况突出其核心运作程序。

③周期性的报告。

受许人要定期向特许人报告最近的业务情况，以帮助特许人针对最新问题提供特许经营支持和派遣管理人员及时了解情况、解决问题。一般来说这些报告都与财务有关，但是非财务信息，例如顾客的投诉、市场新趋势等也不应被忽略。

④长期沟通。

为实现特许经营系统的协调，加强系统内成员之间的交流，特许人与受许人之间的交流沟通渠道必须畅通无阻。具体做法有：督导员的定期反馈；有关负责人对受许人进行专访；定期召开受许人研讨会；出版内部刊物。

⑤组织健全人员到位。

设立与行政控制相对应的组织管理部门，设专人负责行政控制工作。在把特许经营体系的协调机制建立起来后，公司还必须分配充裕的人力、财力将体系运行起来。值得注意的是，特许经营新业务在建立体系之初公司虽然会安排一位经理人员专门负责网络的建立工作，有关部门（如运作与培训部门）却不能袖手旁观，应该在必要的时候给予有关负责人支持。

⑥例外情况处理。

对控制内容以外的特殊情况应本着顾客为本的原则及时处理并报告特许人。

(三) 关于沟通的理念、内容和方法

1. 沟通的理念

尽管特许加盟合同的条款是控制特许经营双边关系的主要工具，但从实际角度看真正控制特许经营合作关系的并非合同而是双方的沟通和交流。沟通是一个双向的过程。在特许经营管理中特许人要以文字形式明确表述自己的主张和要求，受许人要向特许人按时报送应填报的资料，并向特许人公开自己的想法。

2. 沟通的对象

特许经营管理沟通的对象涉及特许经营体系的所有因素。主要划分为：

①沟通主体，包括特许人、受许人、供应商、顾客、员工等。

②信息，涉及内容包括计划、组织、财务、人事、生产、配送、营销、培训、法

律等。

③信息渠道和媒体，包括特许人、受许人、供应商、顾客、员工、竞争企业、金融机构、股东、政府、社区、新闻媒体等。

3. 沟通的目的

沟通的目的是促成特许人和受许人的团结和相互理解，各自扮演完整的角色，使特许经营关系更加协调和密切。

4. 沟通的流程

在调查与分析的基础上确定沟通的目标和原则—制定策略和行动计划—实施沟通计划—评估评估沟通效果，改进行动计划。

5. 沟通的方式

①人员接触。

人员接触是特许人和受许人双方沟通关系的重要特征，受许人与特许人的经常对话能使其保持和增强从属于特许经营体系的高度意识。人员接触包括打电话、写信、相互访问等。

②督导员定期访问。

督导员是特许经营体系的宣传者和体系的支持、控制与沟通的执行者和重要节点。督导员必须定期提供《与受许人沟通记录表》《访谈备忘录》的书面报告。

③书面沟通。书面沟通采用如下形式：正式通信、业务通信、更新过的操作手册、现场访问报告。

④会议沟通。特许人每年举行定期或不定期的受许人会议，了解受许人的感觉、疑问、担心、想法和抱怨等，并提出改进经营的方法，介绍新观念，介绍正在进行的研究和开发工作，并提出建议。

⑤与员工顾客和供应商沟通的建立。建立员工顾客、供应商定期或不定期的沟通系统。

【拓展阅读】

有效沟通的方式

在特许人和受许人之间进行有效沟通的各种方式中，下面几种方式是最行之有效的：电话、互联网、电子邮件、信件、特许人现场对受许人的个人访问、受许人小组会议和公司大会。

1. 电话联系

一对一语言交流是最有效的沟通方式之一。经常联系可以维持和巩固关系。随着合同逐渐到期关系会变得疏远，在发展和维持关系方面也会出现问题。

（1）定期电话。

每周或每月特定的日子打给受许人的定期电话非常有用，这样的电话通常是特许人打给受许人的，目的是讨论销售水平、产品服务网、广告促销计划，并回答上次电话中受许人提出的问题。这可以发展特许人和受许人之间的关系，并可能成为主要的支持形式之一，电话应该以友好友谊和积极的态度进行，并非是为了挑毛病或强化特许人对受许人的控制力而进行的。

(2) 不定期电话。

不定期电话联系,只是为了鼓舞受许人的士气和加强特许人和受许人之间的相互依赖感。受许人可能会很高兴接到一个总部打来的只是问问情况的电话。这样的电话可以使特许人了解受许人当前的问题和一贯的态度,从而决定母公司是否能够在通常的服务之外提供其他服务。

(3) 电话会议。

电话会议是一种同时联系多个受许人的手段,这需要事前信件或电话安排以保证一个区里的受许人都能出席。电话会议的目的通常是特许人通知受益人新产品/服务的活动、新的广告促销活动、新的竞赛或者客户关系项目等情况。

2. 互联网

互联网是世界范围范围内的远程通信网络。互联网已经成为世界上最好的联系方式之一,大多数特许经营公司都建立了自己的网站。今天人们可以通过互联网发布广告、联系受许人、建立品牌意识、提供赠券、发展目标客户群、争取领先潮流的一代、进行销售和开展营销调查。此外,还可以把互联网扩展为内联网,这样受许人通过密码就能够获取特许人提供的机密信息,阅读特许人发布的报告,复习运行手册和了解其更新信息。内联网还能为受许人提供一个聊天室,他们可以讨论自己的感受和活动。受许人和特许人还可以通过外联网与供应商联系,他们可以先检验供应商提供的产品,再下订单。

3. 电子邮件

电子邮件作为一种联系方式已经得到很多人的喜爱,很多个人和公司不再使用电话和普通信件,而是通过电子邮件与员工、其他公司进行联系,随着特许经营的发展通过电子邮件进行联系。特许人可以通过电子邮件对受许人进行鼓励、支持和指导,而且成本远远低于其他联系方式。

4. 书信

书信是提供和解释指导意见、提供广告促销材料和讨论任何相关法律事宜的主要方式,也是报告销售水平和公司内人员变动、散发书面报告、向受许人提供评估报告的主要方式。

5. 访问

(1) 特许人现场对受许人的个人访问。特许经营总部代表的亲自访问对受许人是非常重要的,这样的访问经常由特许人区域代表进行,但偶尔也会由特许总部的总裁、副总裁进行。

(2) 培训访问。培训访问通常由总部员工进行。这些员工通常已经参与过相应受许人的开业前培训和开业培训,受许人必须看到所付的专利使用费又偿还到受评企业头上,而其中一种重要的方式就是通过培训访问提供服务。

6. 受许人小组会议

受许人之间的会议对受许人和母公司都非常有用。许多特许人从经验得知,对于较弱的受许营业点最成功的一种支持形式便是让其与更强、成功的受许人一起分享经验、技术和意见。

你的行为背叛了你——5种有效沟通心理学

7. 公司大会

特许人通常利用公司大会将受许人定期集中起来进行培训和分享信息，这样的会议通常以晚宴或社交集会的方式进行，从而营造一种非正式的气氛。培训会议或讨论会以更新和改善管理技能为目的，并提供一个展示公司业绩新产品服务或营销技巧运作程序和报告要求的变化的场所。正式讨论、互问互答和非正式集会时也鼓励大家畅所欲言。

任务一 认识特许经营关系

学习任务二　特许经营关系的维护

●●●【案例导入】

7—11对于加盟主的甄选相当严谨，需经八方访谈与面试，相互了解，希望与加盟主之间在共存共荣的基础上，建立起长期的合作伙伴关系，加上完整的希望教育训练与经营辅导支援，使得加盟店能维持与直营店相同的整体报务品质，一般人很难从店面判断出该门市的店形态。

累积长期的产业知识，建立起完整的经营辅导体系，派有专责区顾问经常性地到店辅导，提供加盟主充分的经营知识支援及经验交流的机会。另外，还定期发行加盟事务联络单（Focus）、设立加盟咨商专线等，以强化总部加盟主之间的沟通管道。

有关加盟事务之规章制度相当完整，如沟通系统、共济制度、年度满意度调查、训练制度、激励制度等，且定期检视，使得加盟系统得以顺利运作，以提供社会人士及内部员工的创业机会。

1. 管理系统的改良

（1）完整人力培育计划与训练体系——自新进人员的职前训练，乃至中高级主管的特训。针对不同阶段人员的职能需求，设计相关训练课程。

（2）经营知识（Know - How）手册化、系统化、电脑化：建立门店及后勤之SOP（标准作业程序）。

（3）1985年10月1日起全面启用人力资源系统电脑化作业，可强化人员的选、训、晋用等作业，有助于整体人力资源之掌握、运用与规划作业。

工程保修制度全面导入，可将单一门市的设备故障风险分散，尤其对加盟友店而言，可减少加盟主之预期外支出，使加盟主能更安心地经营门市；另设有Call Center。

7—11便利店（上）

2. 弹性组织精减人力

定期检视组织运作效能及人员生产力，全面提升经营管理效益，加速国际化。

（资料来源：百度文库，https://wenku.baidu.com/view/6df581aef7ec4afe05a1df11.html）

【案例分析】

7—11对于特许经营关系的管理从构建开始就极为重视，在关系的存续期间也是从多方面进行维护与完善，从而使得加盟关系良好有序地发展。

7—11便利店（下）

当特许人和受许人构建他们的关系的时候，可能会出现很多问题，特许人必须认识到他们需要进行更多的沟通，并且要壮大特许经营体系。对于特许人来说倾听受许人的意见很重要。事实上，通过公司总部的研发部门，许多特许人更愿意从受许人那里获得关于新产品和服务的信息，因为受许人总是最了解顾客最需要的产品和服务。

一、引发特许经营关系危机的常见因素

(一) 角色与理念差异

一般来说，特许人需要顾全特许经营体系的整体利益和长远利益，非常重视维护产品服务品质标准和品牌的良好形象，而受许人更倾向于快速收回投资或获得更高盈利，可能因此而急功近利，出现不执行统一产品或服务标准等有损品牌形象等状况。因此，角色定位不一样，可能导致双方在经营理念上和行为上的差异，进而影响特许经营合作关系。

(二) 商业利益的冲突

商业利益是特许人与受许人的共同追求，是双方维系合作关系的物质基础，同时也是双方最容易产生纠纷与冲突的因素。双方在经济利益上的冲突，往往表现在以下几个方面。

(1) 统一配送价格过高。有的特许人为了获得更大的利益，在合同约定的由特许人提供或配送的商品、原材料或设备加价过高，使受许人在采购成本上无法获得价格优势，甚至比受许人自行采购的价格还要高。在这种情况下，最容易出现的情况就是受许人绕开特许人独自进货，甚至因此而退出特许经营体系。

(2) 特许后续费用过高。受许人往往可以承受前期的加盟费，但如果后期需要持续缴纳的特许经营费用过高，受许人会认为是一个沉重的负担，特别是在受许人遇到经营困境时，受许人与特许人发生冲突的概率是非常高的。

(3) 受许人的业绩不佳。受许人在加盟一个特许经营体系时，常常对特许经营盈利抱有良好的期望，但当实际经营业绩与期望差距较大时，往往会产生怀疑态度，并可能向特许人抱怨或采取种种行动抵制特许人的统一管理要求，进而激发双方的矛盾。

(三) 特许人支持不力

在特许经营体系中，特许人需要具备相应的支持服务能力。如果特许人对受许人的支持不到位，加盟店在当地的市场竞争中无法获得优势，甚至可能受到生存的威胁。这个时候特许人和受许人会发生严重的冲突。

(四) 特许人的经营管理决策影响

如果特许人对特许经营体系的重大经营管理决策出现失误或给受许人带来不便，就可能遭到受许人的抵制并可能引起冲突或纠纷。或者特许人对受许人的业务发展限制过多，例如对想发展多家门店的受许人提出的条件和审批的程序过于复杂，甚至做出否决受许人的要求等阻碍受许人发展的决定，这也是双方关系上出现冲突的一个普遍原因。另外，特许人对受许人的自主性经营干预过多，没有给予受许人足够的空间去发挥其能动性，那么受许人要么完全依赖特许人，要么反感特许人的强权干预，无论哪种局面的出现，对于特许人与受许人的关系都会有不良影响。

(五) 违反合同约定或法律规定

违反合同或法律规定而引发的冲突，有可能出现在特许人方面，也可能出现在受

许人方面。例如，有的企业不具备开展特许经营的资格或能力，却打着特许加盟旗号进行广告招商，使得不少创业投资者轻信而加盟，最终引起法律纠纷。而受许人违反合同约定或法律的表现通常有：在合同规定的区域、店数之外擅自开店；违反特许人的统一化规定，如擅自提供非特许体系规定的产品或服务，擅自改变价格，擅自改变产品或服务的质量，擅自从非指定供应商处进货等，这些行为都会对特许人的品牌带来很大的损害。

特许经营
法律风险

二、特许经营关系的维护

1. 树立正确的特许经营理念

良好的特许经营关系，首先要建立在正确的特许经营理念基础上。特许人和受许人双方，尤其是在特许经营关系中处于主导地位的特许人，只有在正确认识特许经营运作的规律和原则基础上，本着平等协作、互利双赢、共同发展的基本理念，通过多种方法和措施努力塑造和维系平衡的特许经营关系，减少特许人和受许人之间的冲突，避免不必要的损失，才可能使特许人和受许人皆获得成功，实现真正的双赢。

2. 建立受许人选择评估系统

建立良好的特许经营关系，必须把握好受许人选择关。受许人的评估甄选是特许经营关系的开始，如果一开始的时候就选错了合作伙伴，可以想象未来的合作历程会多么艰难。在这一环节特许经营企业可能出现的现象，一是急功近利，一味追求发展速度，不管什么人只要交钱就可以加盟；二是对特许经营的后期运营管理缺乏足够认识，走一步看一步，反正先招到加盟商再说；三是特许人自己也不知道什么样的才是合格的受许人。这些现象都为合同签订后的特许经营关系管理埋下巨大的隐患（图8-3）。

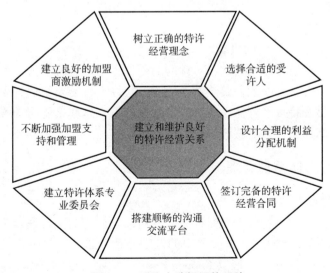

图8-3 受许人选择评估系统

3. 设计合理的利益分配机制

不管是加盟费、特许权使用费，还是统一配送的商品或原材料价格等，均需要考虑到是否具有市场竞争力，是否能为受许人所接受或承受。只有在利益机制上达到平衡，特许人和受许人都能获得合理的投资回报，特许经营关系才能够持续和长久。

4. 签订完备的特许经营合同

尽管特许经营合同不能解决特许经营关系中的所有问题，但是通过完备的特许经营合同明确双方的权利、义务关系，使双方的合法权益都建立在法律保护的基础之上，这样可以避免很多不必要的纠纷，即便万一发生冲突和纠纷，特许经营合同也是一个很好的权益保护的依据。

5. 搭建顺畅的沟通交流平台

特许人应该加强与受许人的交流，让受许人总是能感到他是这个特许体系的一员。有效的交流是任何商业合作取得成功的关键。成功的特许经营企业经常定期或不定期组织加盟商论坛、专题研讨会、培训等以保证有效交流，了解受许人的想法以及在其经营过程中遇到的各种问题。有的还利用先进的互联网技术或者通过编辑内部报刊等方法来加强与受许人的沟通。有的特许人还通过赠送生日礼物、进行节日问候等方式建立与受许人的良好个人关系。

6. 建立特许体系专业委员会

对于涉及整个特许经营体系的重大管理决策，有的特许经营企业利用广大的受许人资源，建立受许人顾问委员会、地区管理协调委员会、广告基金管理委员会、新产品开发委员会等专业委员会，让受许人也参与其中，充分听取他们的意见和建议，让他们也参与相关事务的决策，以此来协商解决特许经营体系中的共同事务，起到了很好的效果。

7. 不断加强加盟支持和管理

受许人之所以加盟某一个特许经营体系，就是因为能得到特许人的支持而更容易获得成功。特许人只有通过加强对受许人的支持，使受许人获得成功，才能使自己获得成功。也只有持续不断的支持和管理，才能增进受许人对特许人的信任和依赖，才能维护长期的特许经营关系。

8. 建立良好的加盟商激励机制

特许人应建立有效的激励机制，对优秀的受许人予以各种形式的奖励，以表示对其努力和贡献的认可，不断激发其热情。同时，特许人也需要给优秀受许人一定的发展空间，使其能够在特许经营体系中得到不断的发展。这些措施将加强特许人和受许人之间的了解，增加受许人对特许人的认同感。

首都经济报道 100418 特许加盟展：如何安全地投资加盟项目

三、特许经营体系的管理

（一）特许经营中的 CARE

在特许经营关系中，特许人对受许人的成功以及行为的关心程度是一个很重要的组成部分。"CARE"指的是这种关系中的几项重要组成部分——沟通（Communication）、了解（Awareness）、和谐（Rapport）以及专业技能（Expertise）。不断完善 CARE 有助于这种关系的完善，而沟通则是重中之重。

1. 沟通

一位有能力的特许人考虑的主要问题之一就是经常与受许人沟通并且能将受许人当作特许人组织中的一部分。有效的沟通是任何成功经营活动的关键。多数特许经营组织都建立了实时通信以帮助整个体系加强沟通。此外,许多特许人利用受许人来组织广告委员会、新产品开发委员会、申诉委员会以及经营委员会。特许人经常组织研讨会,实施培训计划并任命执行代表,以保证沟通的顺畅。

2. 了解

了解是成功的特许经营体系中非常重要的组成部分,特许人应该使他的受许人了解到他们是被欣赏的,而且是组织成功的很重要的组成部分。多数特许人设置了激励措施,以表明他们了解受许人的业绩水平,一些特许人还提供业绩激励措施,比如为成功的授予人提供现金和旅游。这些措施增进了特许人和受许人之间的了解。特许人还应该定期进行调查,以了解受许人的感觉和顾虑。

特许人提供的支持和培训可以培育和维持特许经营的联系体系,该体系的有效与否将极大地影响特许体系的成败。当公司试图提高业绩和盈利能力时,受许人必须清楚地了解特许体系里发生的各种活动和变化。通过精心设计的信息、认知和报告系统实现有效的沟通,对于特许经营企业的持续发展是至关重要的。沟通对于维系特许人和受许人各子公司内部的上下级关系也是必需的。沟通越有效,监督也越有效。

3. 和谐

特许人应该努力与每个受训人建立一种坚固、和谐的个人关系。有一些特许人通过赠送生日礼物、在特殊的日子送上鲜花以及为实施的服务或达到的目标发放纪念品的方式达到这样的效果。建立和谐的关系有助于保持特许经营体系的强大。

赛百味:一家坚持加盟模式快餐店的成长启示录

4. 专业技能

随着关系逐渐成熟,受许人应该关注一些具体的方面,比如财务管理、个人发展、营销甚至一些特殊的提拔。公司可以设置热线以使受许人可能从总部获得专业的技能以及产品和服务的研发。

特许人在处理问题时必须公开、诚实并尊重受许人。以上法则可直接应用于特许经营关系的处理。如果遵守这一原则,那么成功、繁荣和成长都更可能会实现,如果不遵守,受许人则不再会专注经营,法律问题会发生,特许经营通常会失败。

全球加盟网专访赛百味大中华区经理

(二) 特许经营关系的管理

特许人与受许人之间除了特许经营合同这种正式契约将契约双方的期望(如权利、义务等)清楚正确地界定下来,还存在一种心理契约,它包含了特许人与受许人之间彼此的权利、义务,所怀有的主观的、非书面形式的期望和承诺。这种非正式契约固然没有严格的法律约束力,但它也可以影响特许双方的信任与合作。

心理契约这个概念最早是由哈佛大学商学院教授. 克里斯?阿吉里斯、美国著名管理心理学家施恩等人提出来的。他们以为心理契约是组织成员与组织间交换关系和相互责任的一种心理期望。详细来说,在特许经营体系中,特许人与受许人的心理契约是组织与组织成员之间的一系列相互的心理期望,它包括了双方的期待、愿望及精神激励和物质奖赏等。特许经营组织中,心理契约的基础是特许人与受许人之间的相互理解和信任,是联系特许人与受许人之间的心理纽带,是影响受许人行为和立场的重要因素,也影响受许人对特许经营体系的情感投入和资金投入程度。

赛百味加盟快餐加盟全球加盟网

速8(中国)特许加盟发展部_宣传片

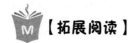
【拓展阅读】

社会交换理论

社会交换理论是霍曼斯等人借用经济学概念来解释社会行为有赖于相互强化而得以持续发展的一种社会心理学理论。古尔德纳也强调了这种互惠关系构成社会生活中的动力机制，他指出：在社会关系中的双方获得利益就需要对既得利益进行回报，这种需要被作为社会互动的"启动装置"；在社会生活中，这种互惠关系之所以发生作用是因为社会规范的作用，它包括两个方面，一是人们应该帮助那些帮助过自己的人，二是人们不应该亏待那些帮助过自己的人。由此可见，社会交换指的是存在于人际关系中的社会心理、社会行为方面的交换，其核心是"互惠原则"。其中所涉及的报酬与成本并不限于物质财富，报酬可能是心理财富，如精神上的奖励、享受或安慰等，而成本可能是体力或时间的付出、放弃享受、忍受惩罚或精神压力等。这种理论可以用一道公式来表明：报酬－代价＝后果。如果双方所得到的后果都是正向的，则关系将持续下去；如果双方或一方得到的后果是负向的，彼此之间的关系就将出现问题。

（资料来源：360 百科，https：//baike.so.com/doc/5532736-5754750.html）

1. 受许人心理契约的形成

我们把受许人心理契约定义为受许人所设想的对特许人的付出和特许方应给予的回报。在这个定义中包含两方面的内容：一方面是受许人以为的自己对特许方的责任，如加盟费、特许权使用费、保证金等；另一方面是受许人以为的特许方应承担的责任，如持续的培训督导、技术和治理经验的指导参谋、适当的投资回报率等。

受许人心理契约的形成受一系列因素的影响，我们把这些因素区分为内部因素和外部因素。外部因素主要包括社会环境、特许方提供的信息和社会信息；内部因素主要包括心理编码和受许人个人特征。

社会环境包含的内容相当广泛，既包括社会文化、社会道德，又包括社会规范、社会环境等很多因素。它们构成了受许人对其权利义务的广泛理解和信念，是受许人心理契约形成的背景和操纵前提。

特许人提供的信息是受许人形成心理契约的主要来源，这些信息包括了特许人必须表露的基本信息，如特许人的名称、住所、注册资本、经营范围、从业年限，特许人的财务经营、纳税状况、受许人的数目、分布地点、经营情况及特许经营网点投资预算表，商标的注册、许可使用和诉讼情况，特许经营费的种类、金额、收取方式和保证金的返还方式，能够为受许人提供培训、指导的能力证实和实际指导情况，特许方法的负责人及其主要负责人的基本情况及是否受过刑事处罚，是否曾对企业的破产负有个人责任，等等。

社会信息是来自特许人以外的各种信息，如财经媒体的报道、证券分析师的评论、财务猜测信息、其他受许人对特许方的评价等。社会信息有时会对受许人心理契约的形成产生相当大的影响。当其他受许人对特许方形成一致评价时，个人受许人就会受群体意见的影响，其心理契约也逐渐向群体靠拢。受许人个人特征是指受许人个体自身的一些详细特点，它们会影响个体对信息的理解和使用，其内容包括受许人的性别、学历、风险承受能力等。

【拓展阅读】

心理契约的特性

（1）可猜测性。可猜测性是心理契约得以建立的条件。在人际交往中，只有当双方的行为具有可猜测性时，才会存在信任关系；只有存在信任关系时，双方才能真正建立心理契约，实现一个组织和组织成员之间不断的互动过程。经由不断的磨合，双方可能达成较多的心理默契。

（2）主观性。心理契约理解本身是一个主观知觉的过程，不同成员对心理契约的认同和违反存在差异，具有主观倾向性。而且心理契约的形成也不是通过文字、书面的方式达成的，而是组织和组织成员之间对双方义务和责任隐含的理解。

（3）动态性。任何契约都是一定环境、前提下的产物。当这种环境、前提发生变化时，契约也随之发生变化。随着社会环境的变迁、出产技术的革新、组织的成长，心理契约也将进行不断变更和修改。

（资料来源：360 百科，https：//baike.so.com/doc/2184072-2310979.html）

2. 受许人契约违反心理

受许人心理契约的理论基础是社会交换理论和公平理论。受许人与特许人之间是一种互惠互利的关系，双方均要有一定的付出，也需要一定的收益。当受许人以为其付出和回报等值时，那么受许人倾向于与特许人保持一种长久、积极的关系；然而，当受许人的付出没有得到应有的回报时，那么受许人与特许人的关系就会被破坏。受许人契约违反心理是指受许人感觉在履行了对特许人的责任以后，特许人没能履行对受许人的责任。

当受许人向特许人缴纳了加盟费、特许权使用费等相关投资后，他就会在主观上期望特许人或者说所投资的特许经营体系给予他相应的回报。受许人对特许人回报的设想来自很多方面，首先来自受许人对特许人相关信息的主观评价。受许人通过收集特许人的信息，形成对自身投资风险、收益的主观熟悉。假如受许人以为该特许经营体系发展状况良好，远景广阔，受许人会期望特许人给予一个较高的回报。相反，假如受许人以为特许人远景黯淡，则受许人就会对特许人的回报给予较低的设想。受许人对特许人所设想的回报是影响受许人心理契约的重要因素，受许人所设想的回报与特许人所能给予的回报的偏离程度越大，发生受许人心理契约违反的可能性也越大。

受许人会根据心理契约的不同内容作出反应。心理契约的一项或多项内容被违反，会导致受许人对特许人的信任下降，或者不再相信特许人；同时，受许人对特许人的情感投入减少，修改与特许人原来意义的心理契约，使心理契约向负面心理契约方向转化。当受许人以为没有必要信任特许人时，他就更多关注自己的经济利益，与特许人之间的关系会变得更具交易性特征，甚至会拒交特许权使用费以及故意破坏特许人在外界的形象。

3. 运用心理契约治理特许人与受许人的关系

第一，恰当的信息表露可以降低心理契约执行本钱，建立特许人与受许人之间的信任基础。心理契约所遵循的是社会交换的原则，契约双方的交换关系不像经济交换那样具有即时性，一方的付出可能要在未来才能得到另一方的回报，而且回报的方式也不确定，那么这就需要契约双方之间相互信任。特许人一旦愿与受许人之间建立良好的心理契约，那么就必须获得受许人对特许人的信任。在特许人与受许人最初建立心理契约时，往往也就是在特许人进行招募加盟商时，特许人就应该留意建立受许人的信任。特许人应该让受许人对特许经营体系有一个真实的了解，对受许人所关注的信息进行真实表露、如实相告，避免作出不能实现的承诺，这样才有利于建立特许人的信任。

第二，要有公平、公正的立场和政策。公平理论是心理契约的理论基础之一，特许人必须让受许人感触到一种公平的治理机制，让受许人感触到可以通过公正、透明的程序解决题目。假如把特许体系看作一个大家庭，把直营店看作总公司的亲生儿子，把加盟店看作抱养的儿子，那么家长对待亲生儿子和抱养儿子的立场，将直接关系到他们的感觉。假如加盟店感觉家长的立场是公平和公正的，那么就会感到家庭的暖和，否则就会产生不痛快。特许人与受许人之间不是一种简朴的贸易"买断"关系，而是一种持续的、合作博弈型的契约关系，公平、公正的立场和政策就是这种契约关系健康发展的最佳保证。

第三，要常常进行心理契约层面的沟通。心理契约是一个动态的过程，需要不断根据双方期望的变化进行修订，因此，在日常工作中要不断与受许人进行沟通，将特许人的期望传达给受许人，同时了解受许人的期望，建立健康满足的心理契约。尽管心理契约是一种隐含的协议，但是沟通能够帮助组织和员工更加了解双方的期望和义务。特许人应当采取积极、主动的姿态与受许人进行沟通。为此，特许人可以考虑会议、走访、邀请、电话等多种沟通方式，并制定一定的沟通机制。除了特许人与受许人之间的沟通外，总公司还应当组织一些连锁店（包括加盟店和直营店）之间的沟通，让他们彼此交流经验，在交流中获得进步。

第四，实施心理救治以补救心理契约的破坏。当发现特许人与受许人的心理契约泛起了裂缝，应当及时实施心理救治，发现问题所在，使受许人重新建立对特许人的信任，弥合心理契约的裂缝。

当特许人与受许人之间产生信任危机时，受许人必定会产生种种猜疑，特许人应积极主动地进行有效沟通以削弱或消除受许人的有关猜测，在对心理契约的曲解信息进行消除时，不要掩盖真相，更不要错误地估计危机影响，试图把表露时间往后拖，假如得不到有效沟通，受许人心中的猜疑就会越来越严峻，加大危机的人为色彩，从而导致特许人与受许人之间的心理契约彻底破坏。及时实施心理救治，不仅关系到受许人的信任，而且有利于进一步合作，有利于巩固特许人与受许人以前建立的心理契约。

【案例】

麦当劳之父：奠造"蚂蚁雄兵"奇迹

如果说麦当劳的"共荣"有什么法宝的话，那就是：只做能给加盟商增加价值的事情，只挣自己该挣的那份钱，对简单事情的坚持做到位，对合作伙伴的公平对待，以及对自由市场经济和公平交易原则的坚定信念。

2011年4月21日，全球最大的餐饮连锁店运营商麦当劳发布2010财年第一季度财报：第一季度销售额为61.1亿美元，比去年同期增长8.9%；净利润12.1亿美元，比去年同期增长11%。可能很多人不知道，麦当劳帝国的缔造者不是麦当劳兄弟，而是雷·克洛克（Ray Kroc，1902—1983）。克洛克所缔造的麦当劳系统——"一个由小商人组成的强大联盟"，可能比世界上其他任何一家公司都创造出了更多的百万富翁，可谓"共荣得天下"，彰显了和利益相关者共赢的力量。

1954年，克洛克不断从客户电话中听到"要订购麦当劳兄弟餐厅里的那种多头搅拌机"。他特意飞到加州去考察，一个不足200平方英尺①的八角形建筑，甚至没有用餐座位，但顾客满门。克洛克惊奇于这家餐厅的运营效率，他们只提供有限的几样食物——汉堡包、炸薯条和软饮料，因而可以高度关注每一个环节的质量。克洛克试图说服麦当劳兄弟把这种餐厅开设到全美国，但麦当劳兄弟很满足于现状，不想自己劳顿。于是，克洛克提出让麦当劳兄弟授权他来开设麦当劳连锁餐厅。

获得授权后，克洛克开始复制麦当劳餐厅的模式，开展连锁经营，并统一使用"麦当劳"名称。回芝加哥后，克洛克筹资建造了自己的第一家麦当劳餐厅作为样板，以让加盟者仿效。第一家餐厅1955年4月开张。在餐厅的建造和经营过程中，克洛克发现并逐一解决了连麦当劳兄弟也没有意识到的技术细节问题，例如因气候差异带来的房屋结构改变。经过三个多月的努力并且餐厅运营良好之后，克洛克信心大增，开始寻找加盟者。

有了好的商业模式和专业人才之后，麦当劳的发展也并非一帆风顺。1957到1958年间，麦当劳遭遇了财务危机。1959年，只有约9万美元净资产的麦当劳想要扩张。在向银行申请贷款无果后，以让出22.5%股份的代价，从三家保险公司获得150万美元的贷款，克洛克持有的麦当劳股份降到54.25%，这150万美元成了麦当劳火箭起飞的推动器。

1960年，克洛克让麦当劳兄弟开价，由麦当劳收购他们的麦当劳餐厅品牌的特许经营权利。麦当劳兄弟开价270万美元。到1972年，麦当劳连本带息全部还清，总计支付近1 400万元。1976年时麦当劳餐厅营业额超过30亿美元。

1966年，麦当劳股票以20倍市盈率的定价在柜台交易市场发行和上市，成为公众公司。现在麦当劳是纽约股票交易所的上市公司。

遍布全球的麦当劳餐厅只有一少部分是麦当劳自己所有的，更多的是加盟店，各

---

① 1平方英尺＝0.092 9平方米。

有自己的所有者（加盟商或称持牌人，一个持牌人可能会有多家麦当劳餐厅）。克洛克把麦当劳喻为一个三条腿的凳子：麦当劳、加盟商和供应商。1961开始，克洛克启动了麦当劳的培训项目，发展成麦当劳大学，目前已有8万多人从麦当劳大学毕业。1967年麦当劳制定了一个统一的广告和市场推广计划，每家加盟餐厅每月将营业额的1%贡献给"全国加盟商广告基金"统一使用。每家加盟餐厅还要贡献其营业额的1%给其当地市场的广告互助协会统一使用。

（资料来源：价值中国网，http：//www.chinavalue.net/Management/Article/2011-6-16/195753.html）

任务二 特许经营关系的维护与管理

 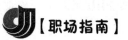【职场指南】

职场新人指南 如何提高工作效率

很多刚刚毕业的大学生进入职场工作，俗称"职场新人"。有些人会觉得工作难做，工作少就做得很慢。那么，到底是为什么才会导致新人的工作效率低下呢？面对如此之大的竞争，如何提高工作效率呢？

1. 确定职业导向

职场新人如果对手上的工作不够熟练，应该尽早确定自己的职业导向，将自己在某几个方面的能力迅速提高，使自己的能力快速提高，这样就能节约更多的时间。

2. 保持项目管理的概念

如果职场新人的任务分解能力不足，这就需要他们时刻持有项目管理的概念，不论事情多么细微，一律按照项目来处理，抓到问题就分解，按类别来逐步完成自己的工作，形成自己的任务分解能力。

3. 了解自己的时间分配

职场新人最主要的就是找出自己的时间分配，找出浪费时间的原因，考虑如何解决问题，每天用日程表记录自己的工作内容，强化自己的工作统筹能力。

（资料来源：七丽女性网，http：//www.7y7.com/zhichang/36/99036.html）

【特许经营创业故事】

星巴克创业故事

1981年，霍华萧兹突然发现，西雅图居然有家星巴克咖啡店跟他们公司订购了很多的滴泡式咖啡壶，而且订购数量比西雅图当地的知名百货公司还多，好奇的霍华萧兹觉得事出必有因，于是千里迢迢地从纽约到西雅图一探究竟。

到了西雅图星巴克咖啡，喝下第一杯星巴克咖啡之后，霍华萧兹立即不能自已！霍华萧兹当下就决定放弃一切，投入星巴克，让美国人告别喝劣质咖啡的时代，迎向星巴克烘焙咖啡时代！

不过，1981年的星巴克咖啡并不是现在我们耳熟能详的连锁咖啡厅，而是一家成立十年、专门贩卖烘焙咖啡豆的迷你连锁店。霍华萧兹回到纽约之后，马上辞去了高薪的工作，在亲朋好友的质疑下，立即投入了星巴克的行列。

霍华萧兹跟麦当劳之父克洛克不同，克洛克是帮麦当劳兄弟贩卖加盟权，而霍华萧兹却是选择直接进入星巴克上班，担任行销经理一职。

霍华萧兹加入星巴克两年后，某次意大利米兰之行，他又开始对米兰拥有一千五百家咖啡厅的浓缩咖啡文化痴迷！所以他开始对星巴克只卖咖啡豆而不卖咖啡的经营方向产生了极大的怀疑，而与公司的同事、股东发生了极大的争执。

星巴克的元老们认为星巴克应该要坚持咖啡豆零售的本业，不应该变成咖啡厅，而霍华萧兹则鼓吹引入米兰的意识咖啡厅文化，应该立即将星巴克转型成咖啡厅。

经过两年的不停争论，一直想卖咖啡的霍华萧兹终于与只愿卖咖啡豆的星巴克分道扬镳，冒险地借了一笔钱去开意式连锁咖啡店，这家由霍华萧兹创业的咖啡厅叫作每日咖啡厅。

霍华萧兹自行创业两年之后，开设了三家不错的但还没开始赚钱的每日咖啡厅，但是这时霍华萧兹一直难以忘怀的星巴克咖啡居然在这个时候要拍卖，而且开价还颇高，远远超过霍华萧兹的能力范围！不过霍华萧兹仍冒着身败名裂、债台高筑的危险，借了一笔大钱买下了星巴克，并且将自己的每日咖啡厅改名为"星巴克咖啡厅"。

从此之后，霍华萧兹马不停蹄地在世界开设了两千余家的星巴克咖啡厅，创造了无数的咖啡奇迹，也使得星巴克成为新兴的美国文化象征。在2001年8月，星巴克还成为世界品牌价值成长最快速的企业，成为咖啡界不折不扣的样板企业。

（资料来源：360新闻，http：//sh.qihoo.com/pc/963f6101ffb66ef4b？cota = 4&tj_ url = so_ rec&sign = 360_ e39369d1&refer_ scene = so_ 1）

项目小结

本项目对特许经营关系的概念和内涵、特许经营关系的阶段以及维护和完善特许经营关系的方法进行了解析，并对一些术语的细节问题做了必要的阐述，旨在帮助学生或创业者更加清晰地把握特许经营关系的维护与完善。

通过本项目的学习，使学生或创业者能对特许经营关系的内涵有准确的认知，在今后的工作中能够熟练掌握维护特许经营关系的方法与措施；结合实际情况，完成特许经营关系的维护与完善。

同步测试

一、复习与思考

1. 什么是特许经营关系及其特征？
2. 引发特许经营关系危机的常见因素有哪些？
3. 简述特许经营关系的维护。

复习与思考答案

二、案例分析

李女士于2013年10月加入某知名餐饮企业的特许经营体系，主营欧式特色小吃，特许方和受许方约定，李女士经营的小吃的原料必须向特许方采购，不得向第三方采购，李女士加盟该品牌后经营的前两个月效益还不错，根据这两个月的经营状况，眼看2014年3月基本可以收回投资成本，但是2014年2月，李女士发现有不少客户提出食品中有异味，口感没有原来的好，很多常客因此也不光顾了。李女士立即组织员工对产品做了初步检查，发现是从特许方采购的原料有问题，2013年的原料配方和2014年的原料配方明显存在不同，2014年的原料明显存在配方不足及质量问题，而从特许方进货的价格却没有变化。

为此，李女士多次打电话和总部沟通，希望就原料问题取得总部的支持，对于已经造成的损失希望得到一定的补偿，但特许方对此置若罔闻。最后导致双方因原料问题产生分歧，并且一直无法得到解决，加盟店的经营也每况愈下。

思考题：
1. 加盟方的经营状况不好的原因是什么？
2. 通过本案例，加盟商能获得什么样的启示？

案例分析答案

实践训练

自选一个真实的特许经营体系，了解其特许经营关系所处阶段，分析影响其关系的因素有哪些，并完成其关系维护与管理。

【实训目标】

使学生掌握特许经营关系的维护与管理。

【实训内容与要求】

（1）自由组合成小组，每组6~7人。

（2）团队协作，虚拟完成项目。

（3）小组进行项目报告。

【成果与检测】

1. 特许经营体系维护与管理项目书一份；
2. PPT汇报展示；
3. 学生提出问题，汇报人解答；
4. 教师现场点评与总结。

参 考 文 献

[1] 韩翠兰. 特许经营原理与实务 [M]. 北京：北京理工大学出版社，2015.

[2] 潘渝棱. 特许经营原理与实务 [M]. 重庆：重庆大学出版社，2011.

[3] 曹静. 特许经营原理与实务 [M]. 上海：立信会计出版社，2015.

[4] 孙玮琳，韩雨廷. 特许经营原理与实务 [M]. 北京：高等教育出版社，2014.

[5] 刘文献. 特许经营与连锁经营手册编制大全 [M]. 北京：经济管理出版社，2017.

[6] 马瑞光. 连锁经营发展历史给我们的启示 [J]. 企业管理，2012 (3).

[7] 陈欢. 浅析特许经营在中国遭遇的难题. [J]. 中国证券期货，2011 (5).

[8] [荷] 里克·莱兹伯斯，等. 品牌管理 [M]. 北京：机械工业出版社，2011.

[9] 李维华. 特许经营大趋势 [J]. 经营管理者，2014 (4).

[10] 陈欢. 浅析特许经营在中国遭遇的难题 [J]. 中国证券期货，2011 (5).

[11] 杨楠楠. 国际"快时尚"服装零售品牌北京市场布局分析 [J]. 市场透视，2010.

[12] 侯吉建. 特许经营概论 [M]. 北京：中国人民大学出版社，2014.

[13] 毛劲宇. 特许经营优势分析 [J]. 商业研究，2016 (3).

[14] 张璐. 我国经济型酒店特许经营模式研究 [J]. 首都师范大学学报，2012 (3).

[15] 于瑞刚. 如何加强特许经营管理体系的建设 [J]. 现代经济信息，2013 (18).

[16] 肖永添. 总部管理 [M]. 北京：中国人民大学出版社，2014.

[17] [美] 贾斯特斯，[美] 贾德. 特许经营管理 [M]. 张志辉，王丹，等译. 北京：清华大学出版社，2005.

[18] 陈阿兴，武云亮. 特许经营 [M]. 北京：中国对外经济贸易出版社，2006.

[19] 毛太田. 连锁零售供应链优化关键问题研究 [D]. 长沙：国防科学技术大学，2008.

[20] 赵剑锋. 经济型酒店连锁经营模式关键要素分析 [J]. 东南大学学报（哲学社会科学版），2012 (2).

[21] 赵涛. 特许经营管理 [M]. 北京：北京工业大学出版社，2002.

[22] 巩梦圆. 我国特许经营的发展前景分析 [J]. 知识经济，2009 (14).

[23] 李维华，李松. 特许经营与连锁经营手册编制大全 [M]. 北京：经济管理出版社，2017.

[24] 朱明侠，王之琼. 国际特许经营 [M]. 北京：中国人民大学出版社，2016.

［25］陈翔宇. 特许加盟领域你所不知道的十个真相［J］. 大众投资指南, 2014 (3).

［26］叶碧华, 廖可茵. 洋快餐中国寻找新跑道: 特许加盟成趋势［J］. 中国连锁, 2016 (10).

［27］陈晋文, 周一菡, 徐振宇. 我国特许加盟、地缘网络与"桐庐派"快递业扩散型集群演化探讨［J］. 商业经济研究, 2017 (3).

［28］马轶男. 特许经营模式及其知识管理模型构建研究［M］. 昆明: 云南人民出版社, 2014.

［29］童宏祥. 连锁经营管理法律法规实务［M］. 上海: 复旦大学出版社, 2015.

［30］罗天宇. 特许经营行业分析［M］. 北京: 中国人民大学出版社, 2016.

［31］韩肃. 特许经营实务［M］. 北京: 中国铁道出版社, 2015.

［32］许新宇. 特许经营体系培育加盟商的机制研究: 以麦当劳为例［J］. 江苏商论, 2011 (7).

［33］樊亚男, 李红云, 侯阳. 中餐业特许经营的问题与管理对策［J］. 全国流通经济, 2017 (5).

［34］蔡中焕, 张莉莉. 连锁企业特许经营体系构建探析.［J］. 经济师, 2013 (7).

［35］朱明侠. 特许经营［M］. 北京: 对外经济贸易出版社, 2007.